1592년 4월 28일부터 10월 7일까지 156일간 쓴 전쟁 일기
당시의 전황과 황해도의 의병 활동, 연안 대첩 기록
친필 초서 이미지 영인

사류재 이정암 서정일록

四留齋 李廷馣 西征日錄

李廷馣 원저 · 申海鎭 역주

머리말

임진왜란의 3대첩은 행주대첩, 진주대첩, 한산대첩이고, 육전 3대첩은 진주대첩, 연안대첩, 행주대첩이다. 이 책은 바로 연안대첩을 이끈 사류재(四留齋) 이정암(李廷馣, 1541~1600)이 선조(宣祖)가 파천하기 전날인 1592년 4월 28일부터 8월 14일을 제외한 10월 7일까지 156일간 쓴 일기를 번역하였다.

그 일기가 곧 《서정일록(西征日錄)》인데, 이정암의 친필 초서본을 14대손 이장희(李章熙, 1938~2016) 교수가 2006년 플러스예감을 통하여 영인해 공개하였다. 이보다 앞서 1969년 『사총』(고대사학회)에 초서본을 탈초하여 소개하였고, 또한 『월간중앙(月刊中央)』 1976년 4월호부터 3회에 걸쳐 번역문을 연재한 바 있는데, 이것들이 1977년 탐구당에 의해 문고판으로 출판되기도 하였다.

그러나 실기문헌의 번역에 있어서 사람 간의 관계망, 지리적 위치에 대한 정밀한 주석이 필수적 요소라 할 수 있는데, 이장희 교수의 번역은 그러한 것들의 친절한 안내에 소홀한 면이 없지 않다. 이 책이 보다 알찬 번역서와 주석서가 되어야만 이장희 교수가 이룩해 놓은 업적에 누가 되지 않을 터라 참으로 마음의 부담이 크다.

《서정일록》은 7월 중순을 기점으로 앞부분에는 왜란 초기 왜적을 피해 다니는 피난기사가 주로 차지하고, 뒷부분에는 해서지방(海西地方)에서 의병을 일으켜 연안성 전투에서 대승을 거두는 의병활동이 주로 차지한다. 이정암과 그의 가족들이 고양(서산) → 파주 → 초현천 → 천마산(태안사) → 송도 → 풍덕 서면 → 채련리 → 송경 → 전포리 → 소포리 → 연안 지경 냇가 → 신원 → 서화산 → 화산 → 시첩 → 화산 → 노동리 → 모촌리 → 노동리 → 쌍암사 → 여채리 → 금산리(은산리) → 대교포 → 추곡(추정리) → 강화로 이어지는 피난 생활한 여정, 그 여정에서 겪은 전쟁 체험 및 의병 창의 과정, 연안성 전투의 전말 등이 소상하게 기록되어 있다. 뿐만 아니라 당시 전란으로 인해 혼란이 극심한 상황 속에서 떠돌아다니던 각종 잘못된 소문이나 정보도 여과없이 그대로 기록되어 있는 원자료(原資料, original document)이다. 예컨대, 용인(龍仁) 전투가 하삼도(下三道) 관군 7만여 명에 의해 조선군의 승리로 끝났다는 소문, 이순신(李舜臣)과 원균(元均)이 합세하여 순천(順天)에서 왜선 100여 척을 격파한 뒤 풍신수길(豐臣秀吉)의 머리를 베고 그의 금빛 갑옷을 노획했다는 소문, 원균이 왜선 900여 척을 격파했다는 소문 등등이다.

이는 원래의 일기 내용이 그대로 전해온 것을 보여준다는 점에서, 사후에 일기 내용의 신뢰성을 높이기 위해 후세인들이 첨삭을 통하여 가필하는 등 손댄 문헌과는 다른 점이라 하겠다. 이정암은 임진왜란 발발 당시 이조 참의(吏曹參議)였는데도 선조(宣祖)를 호종하지 못하였고, 이때 개성 유수(開城留守)였던 아우 이정형(李廷馨)과 함께 개성을 굳게 지키려 했으나 도원수 김명원(金命元)의 임진강 방어선이 무너지는 바람에 그것도 허사가 되고 말았다. 그리하여 이정암은 칠순 노모와 집안 가족들을 이끌고 피난하지 않을 수 없었으니 앞부분의 피난기사가 그것인데, 7월 21일 일기를 보면 의병의 주장(主將)이 되어 달라는 요청에 '기관봉모(棄官奉母)'의 모습이 적나라하게 그대로 기록되어 있는 것도 어쩌면 같은 맥락이라 하겠다.

이정암은 공교롭게도 임진왜란 이전에 연안 부사(延安府使)와 평산 부사(平山府使)를 지낸 이력이 있었던 인물이다. 그런 그가 의병을 일으키기로 결심하게 된 데는 왜적의 분탕질이 막심했고 백성들이 왜적들의 앞잡이 노릇을 할 뿐만 아니라, 감사와 각 고을 수령들이 도망쳐 숨은 데다 그로 인하여 반민(叛民)들의 기고만장한 작태 등을 목도했기 때문이며, 또한 주변 사람들의 권유가 있었기 때문이다. 그가 의병을 일으키기로 결심한 이상, 집안 가족들을 강화도로 떠나보낸 뒤에는 해주·평산·연안 등 각 고을에 통문(通文)을 보내어 의병을 일으켰다. 그는 토산→도하→지척→호의→무구리→도마동→교동 연해 정박→연안 지경 정박→식척→연안성 남산→남신당 신성리→각산보→지천→우피포→지촌을 계속 이동하면서 의병을 규합하여 연안성 입성을 했는데, 부사 시절의 그를 믿고서 왜적을 피해 떠났던 연안의 백성들이 모여들기 시작해 일심동체가 되어 8월 27일부터 9월 2일까지 왜적과 치열한 공성전(攻城戰)을 벌이다가 끝내 패퇴시키고 승리를 거둔 것이 바로 '연안대첩(延安大捷)'이다. 임진왜란기 해서지역 의병 활동과 연안성 전투를 연구하는 데 있어 매우 중요한 사료라 하겠다.

이정암의 문집은 1625년 증손 이정(李靖, 생몰년 미상)이 수안 군수(遂安郡守)로 있을 때 《퇴우정집(退憂亭集)》 상하 2권을 간행하였고, 그후 현손 이여주(李汝柱, 1649~1681)가 5책의 정고본(定稿本)으로 만들었고, 이후 1736년 5세손 이성룡(李聖龍, 1672~1748)이 황해도 관찰사로 있을 때 《퇴우정집》을 보완하여 서명을 《사류재집(四留齋集)》으로 바꾸고 12권 5책의 목판본을 간행하였다. 1928년 11세손 이종학(李鍾學)이 석인본으로 중간하기도 하였다.

이 문집의 8권에는 〈행년일기(行年日記)〉(상 · 하)가 수록되어 있는데, 《서정일록》과 겹치는 부분이 상당히 있다. 장준호가 친필 초서본 《서정일록》과 《사류재집》에 수록된 〈행년일기〉의 목차와 내용을 비교하고 검토한 결과에 의하면, 《서정일록》은 이정암의 피난 여정과 의병 창의의 동기와 과정이 윤색없이 기술되어 있는 반면, 〈행년일기〉는 이정암의 개인적 피난 생활과 관련된 내용을 대폭 줄이고, 임진왜란의 전황과 조정의 동향에 관한 기술을 중심으로 정리된 것이라 하였다.

실상이 이러하다면 인물론을 비롯해 당대의 실상을 논할 때 목판본의 문헌들을 상당히 조심스럽게 접근해야 함을 알 수 있다. 이에, 연구자들이 문헌의 변주 실상을 확인할 수 있도록 친필초서본의 이미지를 함께 영인하였다. 이정암의 친필초서본 이미지를 이 책에 영인할 수 있었던 것은 플러스예감 강선미 사장의 친절한 안내를 통해 이장희 교수의 자제 이재준 씨와 연락할 수 있었고, 이재준 씨도 기꺼히 영인하도록 호의를 베풀어 주었다. 두 분께 진심으로 고마운 마음을 전한다.

한결같이 하는 말이지만 나름대로 최선을 다하고자 했다. 그러함에도 불구하고 여전히 부족할 터이니 대방가의 질정을 청한다. 이 책과 같은 실기 문헌은 인물과 시간, 그리고 장소에 대해 정밀하게 주석 작업을 해야 하는데 아직도 채우지 못한 곳이 많아 아쉽기만 하다. 끝으로 편집을 맡아 수고해 주신 보고사 가족들의 노고와 따뜻한 마음에 심심한 고마움을 표한다.

2023년 2월 빛고을 용봉골에서

무등산을 바라보며 신해진

차례

1592(만력 20년)

일러두기

이 책은 다음과 같은 요령으로 엮었다.

01. 번역은 직역을 원칙으로 하되, 가급적 원전의 뜻을 해치지 않는 범위 내에서 호흡을 간결하게 하고, 더러는 의역을 통해 자연스럽게 풀고자 했다. 다음의 자료가 참고되었다.
    - 『서정일록』(탐구신서 204), 이장희 역, 탐구당, 1977.
02. 원문은 저본을 충실히 옮기는 것을 위주로 하였으나, 활자로 옮길 수 없는 古體字는 今體字로 바꾸었다.
03. 원문표기는 띄어쓰기를 하고 句讀를 달되, 그 구두에는 쉼표(,), 마침표(.), 느낌표(!), 의문표(?), 홑따옴표(‘ ’), 겹따옴표(“ ”), 가운데점(·) 등을 사용했다.
04. 주석은 원문에 번호를 붙이고 하단에 각주함을 원칙으로 했다. 독자들이 사전을 찾지 않고도 읽을 수 있도록 비교적 상세한 註를 달았다.
05. 주석 작업을 하면서 많은 문헌과 자료들을 참고하였으나 지면관계상 일일이 밝히지 않음을 양해바라며, 관계된 기관과 여러분께 진심으로 감사드린다.
06. 이 책에 사용한 주요 부호는 다음과 같다.
    ( ) : 同音同義 한자를 표기함.
    [ ] : 異音同義, 出典, 교정 등을 표기함.
    “ ” : 직접적인 대화를 나타냄.
    ‘ ’ : 간단한 인용이나 재인용, 또는 강조나 간접화법을 나타냄.
    〈 〉 : 편명, 작품명, 누락 부분의 보충 등을 나타냄.
    「 」 : 시, 제문, 서간, 관문, 논문명 등을 나타냄.
    《 》 : 문집, 작품집 등을 나타냄.
    『 』 : 단행본, 논문집 등을 나타냄.

07. 이 책과 관련된 안내 사항과 논문은 다음과 같다.

- 플러스예감에 의해 2006년 영인된 친필초서본을 주텍스트로 하되, 사류재 이정암의 14대 후손인 성균관대학교 사학과 李章熙 교수가 탈초하여 1969년 『사총』(고대사학회)에 소개한 것과 또 번역하여 1977년 탐구당을 통해 간행한 것을 비교하며 활자화하였다.
- 이정암의 친필 초서본 이미지가 이 책에 영인될 수 있었던 것은 플러스예감 강선미 사장과 이장희 교수의 자제 이재준 씨가 베푼 후의에 힘입은 바이다.
- 장경남, 「임란 실기문학의 유형과 그 특성」, 『인문학연구』 28, 숭실대학교 인문과학연구소, 1998.
- 김경태, 「임진전쟁기 이정암의 활동과 연안성 전투」, 『한국인물사연구』 24, 한국인물사연구회, 2015.
- 장준호, 「《서정일록》의 사학사적 고찰」, 『한국사학사학보』 43, 한국사학사학회, 2021.

| 번역과 원문 |

서정일록

西征日錄

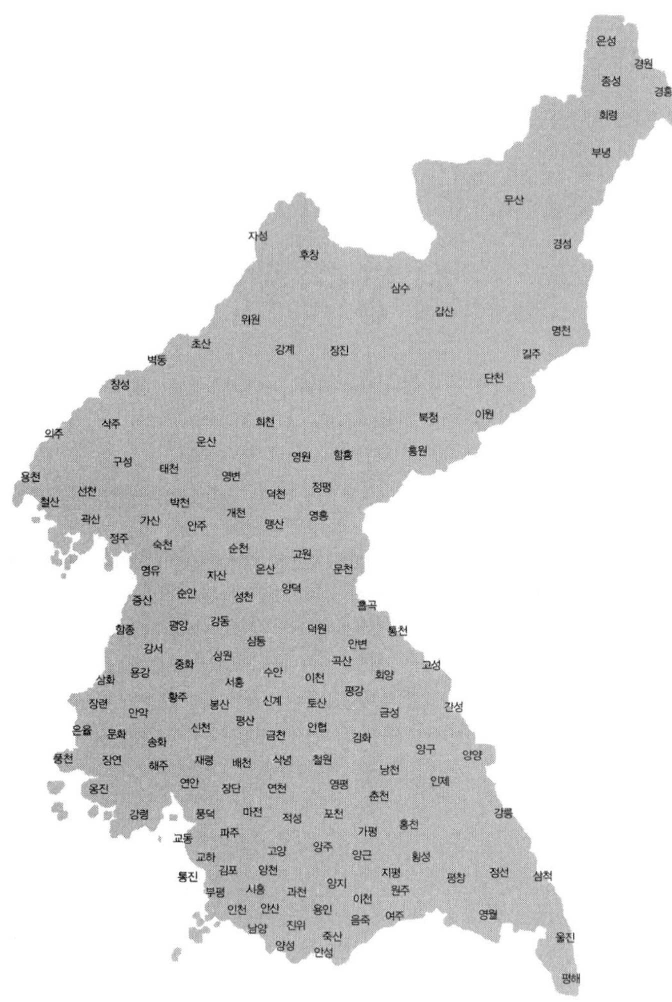

온성
경원
종성
경흥
회령
부령
무산
자성
후창
경성
삼수
갑산
위원
명천
초산
강계
장진
길주
벽동
단천
창성
북청
이원
의주
삭주
희천
운산
영원
함흥
홍원
구성
태천
용천
영변
정평
선천
덕천
철산
박천
개천
영흥
곽산
가산
안주
맹산
정주
숙천
순천
고원
영유
자산
은산
문천
양덕
증산
순안
성천
흡곡
함종
평양
강동
덕원
통천
삼등
안변
강서
상원
중화
곡산
고성
용강
수안
이천
회양
삼화
서흥
평강
황주
장련
봉산
신계
토산
간성
안악
금성
평산
은율
문화
신천
안협
금천
송화
김화
양구
양양
풍천
장연
해주
재령
배천
삭녕
철원
낭천
인제
연안
옹진
장단
연천
영평
춘천
강령
풍덕
마전
적성
포천
강릉
홍천
가평
파주
교동
고양
양주
교하
양근
횡성
김포
양천
통진
지평
평창
정선
삼척
양지
부평
시흥
과천
이천
원주
인천
안산
용인
음죽
여주
영월
남양
진위
죽산
울진
양성
안성
평해

관서 · 해서 · 관북 · 경기 · 강원

1592
만력萬曆 20년

4월 28일

광해군을 세자로 책봉하니, 고인이 된 김숙의(金淑儀: 恭嬪金氏)의 둘째 아들이다. 백관들이 권정례(權停例: 임금 불참의 임시방편적 조촐한 의식)를 행하며 축하의 뜻을 표하였다.

이날 왜적이 침입하여 상주(尙州)를 함락하자, 순변사 이일(李鎰)이 혼자 탈출하고 휘하의 온 군대는 모두 몰살되었다. 왜인은 우리나라 왜통사(倭通事: 왜역관 景應舜)를 찾아서 서계(書契: 풍신수길의 외교문서)를 보내어 이르기를, "양대신(良大臣: 바른말 하는 대신)으로 예조판서(禮曹判書: 權克智)나 지난날 선위사(宣慰使)였던 이덕형(李德馨)을 군진(軍陣) 앞으로 보내면 응당 의논하여 처리할 일이 있을 것이다."라고 하니, 주상이 즉시 이덕형을 불러 선사사(宣謝使)로 삼아서 보냈으나 미처 상주까지 가지 못한 채 돌아왔다고 한다.

萬曆二十年 四月二十八日。

冊封光海君[1]爲世子, 故金淑儀[2]弟二子也。百官權停例[3]陳賀。

是日, 倭寇陷尙州[4], 巡邊使李鎰[5]獨脫, 一軍皆沒。倭人得我國倭通事[6], 送書契[7]曰: "若送良大臣[8], 或禮曹判書[9], 或前日宣慰使李

---

1 光海君(광해군, 1575~1641): 본관은 全州, 이름은 李琿. 宣祖의 둘째아들로, 어머니는 恭嬪金氏이다. 妃는 판윤 柳自新의 딸이다. 1592년 임진왜란이 일어나자 피난지 평양에서 서둘러 세자에 책봉되었다. 선조와 함께 의주로 가는 길에 영변에서 만약의 사태에 대비해 分朝를 위한 國事權攝의 권한을 위임받았다. 그 뒤 7개월 동안 강원·함경도 등지에서 의병 모집 등 분조 활동을 하다가 돌아와 行在所에 합류하였다. 서울이 수복되고 명나라의 요청에 따라 조선의 방위체계를 위해 軍務司가 설치되자 이에 관한 업무를 주관하였다. 또 1597년 정유재란이 일어나자 전라도에서 모병·군량 조달 등의 활동을 전개하였다. 1594년 尹根壽를 파견해 세자 책봉을 명나라에 주청했으나, 장자인 임해군이 있다 하여 거절당하였다.

2 金淑儀(김숙의): 恭嬪金氏(1553~1577)인 듯. 宣祖의 후궁으로 臨海君과 光海君의 생모이다. 영돈녕부사를 지낸 金希哲(?~1592)의 딸이다. 선조의 애정을 한 몸에 받아 임해군과 광해군을 낳았으나, 1577년 산후병으로 일찍 죽었다. 종2품 淑儀으로 있던 1572년 임해군을 낳아 종1품 貴人이 되었고, 1575년 광해군을 낳아 정1품 恭嬪이 되었다. 원문은 의도적인지 몰라도 착종이다.

3 權停例(권정례): 朝賀 때 임금이 임석하지 않고 권도로 식만을 거행하던 일. 절차를 간략하게 줄여서 하는 의식이다.

4 尙州(상주): 경상북도 서북부에 있는 고을. 동쪽은 예천군 · 의성군, 서쪽은 충청북도 옥천군 · 보은군 · 영동군, 남쪽은 구미시 · 김천시, 북쪽은 문경시와 접한다.

5 李鎰(이일, 1538~1601): 본관은 龍仁, 자는 重卿. 1558년 무과에 급제하여, 전라도 수군절도사로 있다가, 1583년 尼湯介가 慶源과 鐘城에 침입하자 慶源府使가 되어 이를 격퇴하였다. 임진왜란 때 巡邊使로 尙州에서 왜군과 싸우다가 크게 패배하고 충주로 후퇴하였다. 충주에서 도순변사 申砬의 진영에 들어가 재차 왜적과 싸웠으나 패하고 황해로 도망하였다. 그 후 임진강·평양 등을 방어하고 東邊防禦使가 되었다. 이듬해 평안도 병마절도사 때 명나라 원병과 평양을 수복하였다. 서울 탈환 후 訓鍊都監이 설치되자 左知事로 군대를 훈련했고, 후에 함북 순변사와 충청도·전라도·경상도 등 3도 순변사를 거쳐 武勇大將을 지냈다. 1600년 함경남도병마절도사가 되었다가 병으로 사직하고, 1601년 부하를 죽였다는 살인죄의 혐의를 받고 붙잡혀 호송되다가 定平에서 병사했다.

德馨[10]于軍前, 當有議處之事."云, 上卽召李德馨, 爲宣諭使送

---

6 倭通事(왜통사): 李鎰이 상주 전투에서 패전했을 때 포로가 된 景應舜을 가리킴. 본관은 泰仁. 1592년 임진왜란이 일어나자 倭學通事로 尙州를 방어하고 있던 李鎰의 진중에 있다가, 왜장 고니시[小西行長]에게 포로로 잡혔다. 고니시는 경응순으로 하여금 豊臣秀吉의 강화를 요청하는 書契를 조정에 전달하게 하였는데, 내용은 일찍이 宣慰使로 倭使) 접대한 적이 있는 李德馨을 강화사절로 보내라는 것이었다. 조정의 명에 의하여 이덕형을 따라 다시 충주로 향하여 가던 도중, 충주가 함락되었다는 소식을 듣고 이덕형을 가지 못하게 만류하고 스스로 敵情을 살피러 나섰다가 加藤淸正의 군사에게 잡혀 피살되었다.

7 書契(서계): 조선시대 일본과 주고받은 공식외교문서.

8 良大臣(양대신): 唐太宗 李世民과 魏徵 사이에서 나온 良臣을 활용한 말. 자신의 주군에게 적절히 바른말을 하는 신하를 가리킨다.

9 禮曹判書(예조판서): 權克智(1538~1592)를 가리킴. 본관은 安東, 자는 擇中. 1558년 사마시에 합격하여 진사가 되었다. 이듬해 식년문과에 병과로 급제하여 검열이 되었다. 봉교와 전적을 거쳐 예조좌랑 · 형조좌랑 · 병조좌랑에 이어 충청도사, 직장, 사예, 사성, 직제학, 지평 등을 역임하였다. 1589년 대사헌으로서 謝恩使가 되어 명나라에 다녀온 뒤 1591년 형조참판에 이어 동지경연, 예조판서에 올랐다. 1592년 4월 임진왜란이 일어나자 備邊司有司堂上을 맡아 밤낮으로 나랏일을 챙기다 병을 얻어 사직하였다. 전란 걱정에 식음을 전폐하고 애통해하다가 4월 28일 피를 토하고 죽었다.

10 李德馨(이덕형, 1561~1613): 본관은 廣州, 자는 明甫, 호는 雙松·抱雍散人·漢陰. 1592년 임진왜란 때 북상 중인 왜장 고니시[小西行長]가 충주에서 만날 것을 요청하자, 이를 받아들여 單騎로 적진으로 향했으나 목적을 이루지 못하였다. 왕이 평양에 당도했을 때 왜적이 벌써 대동강에 이르러 화의를 요청하자, 단독으로 겐소와 회담하고 대의로써 그들의 침략을 공박했다 한다. 그 뒤 정주까지 왕을 호종했고, 請援使로 명나라에 파견되어 파병을 성취하였다. 돌아와 대사헌이 되어 명군을 맞이했으며, 이어 한성판윤으로 명장 李如松의 接伴官이 되어 전란 중 줄곧 같이 행동하였다. 1593년 병조판서, 이듬해 이조판서로 훈련도감 당상을 겸하였다. 1595년 경기·황해·평안·함경 4도체찰 부사가 되었으며, 1597년 정유재란이 일어나자 명나라 어사 楊鎬를 설복해 서울의 방어를 강화하였다. 그리고 스스로 명군과 울산까지 동행, 그들을 慰撫하였다. 그해 우의정에 승진하고 이어

之, 未達而還云。

4월 29일

왜적들이 충주(忠州)를 침입하니, 순변사 신립(申砬)이 패주했다는 소문이 들려 곧장 제반 일을 미리 대비하도록 명하였으나 온 나라가 허둥지둥 어찌해야 할지 몰랐다.

二十九日。

倭寇忠州[11], 巡邊使申砬[12], 敗走聞至, 卽命諸事預備, 擧國遑遑, 不知所爲。

4월 30일

새벽에 주상이 왕세자를 이끌고 돈의문(敦義門: 서대문)을 열고 나서서 평양(平壤)으로 향했으나, 백관(百官)들은 대부분 호종하지 못

좌의정에 올라 훈련도감 도제조를 겸하였다. 이어 명나라 제독 劉綎과 함께 순천에 이르러 통제사 李舜臣과 함께 적장 고니시의 군사를 대파하였다.

11 忠州(충주): 충청북도 북부에 있는 고을. 동쪽은 제천시, 서쪽은 음성군, 남쪽은 괴산군, 북쪽은 강원도 원주시 · 경기도 여주시와 접한다.

12 申砬(신립, 1546~1592): 본관은 平山, 자는 立之. 1567년 무과에 급제하여 1583년 북변에 침입해온 尼湯介를 격퇴하고 두만강을 건너가 野人의 소굴을 소탕하고 개선, 함경북도 병마절도사에 올랐다. 임진왜란 때 三道都巡邊使로 임명되어 忠州 㺚川江 彈琴臺에서 背水之陣을 치며 왜군과 분투하다 패배하여 부하 金汝岉과 함께 강물에 투신 자결했다.

하였다.

이날 두 궁궐(宮闕: 경복궁과 창덕궁) 및 쌀과 돈을 보관해둔 부고(府庫: 왕실의 재물을 보관하던 內帑庫)에 모두 불이 나서 연기와 불길로 하늘을 뒤덮었다. 이날 비바람이 거세게 몰아치며 종일토록 그치지 않았다.

三十日。

曉, 上率王世子, 開敦義門[13], 出向平壤, 百官多不能從。是日, 兩厥[14]及米貨所藏府庫皆火, 烟焰漲天矣。是日, 風雨大作, 終日不止。

5월 1일

새벽에 나는 이준(李濬)과 이위(李湋) 두 아들 및 처남 윤흥문(尹興門)을 데리고 풍덕(豐德)을 향해 나서면서 잠깐 노모를 뵌 후에 행재소(行在所)를 향해 갔는데, 벽제관(碧蹄館) 냇가에 이르러 생각건대 늙은 아내[파평윤씨] · 종녀대모(種女大母: 서녀대모) · 이위(李湋)의 처(妻: 고흥류씨)를 경성(京城)에 내버려 두면 며칠 안으로 적에게 욕을 입게 될 것이니 그 처지가 매우 애처롭고 참혹하였다. 서로 함께

13 敦義門(돈의문): 조선시대에 건립된 四大門의 하나. 도성의 서쪽에 있는 성문으로 일명 서대문이라 일컫는다.

14 兩厥(양궐): 景福宮과 昌德宮을 가리킴.

의논하여 우선 서산(西山: 경기도 고양군 벽제면 선유리)에 있는 선영(先塋)의 초가집에 머물러 있기로 하고, 아들 이준에게 마부와 말을 이끌고 다시 경성에 들어가 처자식들을 데려오도록 하여 이곳에 머물러 있다가 나중에 떠날 계획을 세웠다.

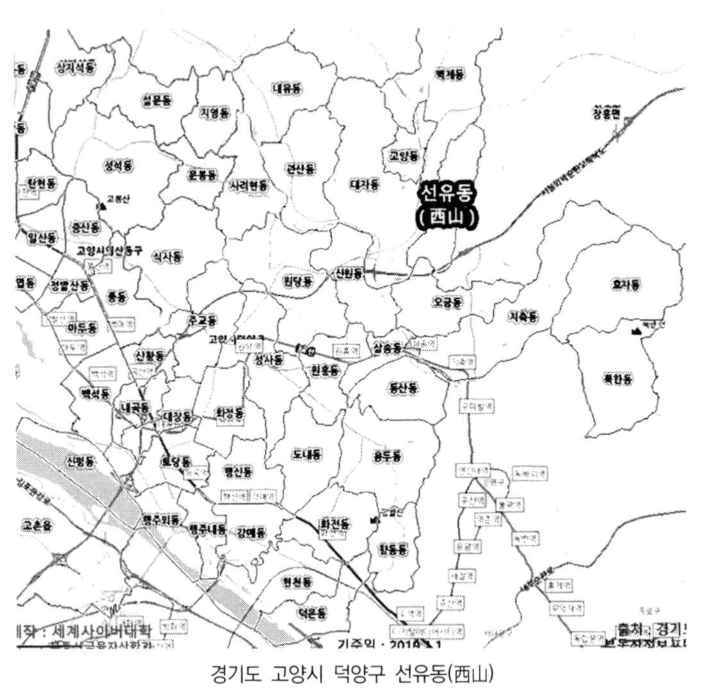

경기도 고양시 덕양구 선유동(西山)

五月初一日。

曉, 予率濬·漳[15]二子及妻娚尹興門, 出向豐德[16], 暫見老母後, 向行在所, 到碧蹄[17]川邊思之, 則老妻·種女大母·漳妻[18], 委棄京城, 不日爲賊所辱, 情甚矜慘。相與商議, 姑留于西山[19]先塋草舍, 令子濬領人馬, 更入京城, 獲率妻孥[20], 留止于此處, 後爲發行之計。

5월 2일

아침밥을 먹은 뒤에야 가족들이 경성(京城)에서 떠나왔다. 오후에 아들 이준(李濬)을 데리고 길을 떠나 파주(坡州)의 남돈(南豚)에 있는 시골집에 투숙하였다.

오는 길에 승지(承旨) 신잡(申碟)과 정랑(正郎) 이홍로(李弘老)를 만났는데, 사제(舍弟: 아우 李廷馨)가 승진하여 개성 유수(開城留守)로 제수되었고, 승여(乘輿: 大駕)가 송경(松京: 개성)에 머물러 있다는 것을 알게 되었다.

---

15 濬湋(준위): 李廷馣과 尹光富의 딸 坡平尹氏 사이에 태어난 直長 셋째아들 李濬(1570년생)과 증 공조 좌랑 넷째아들 李湋(1572년생). 첫째아들은 현감을 지낸 李溠(1562년생), 둘째아들은 증 형조정랑 李湳(1565년생), 다섯째아들은 奉事 李浲(1574년생)으로 李沔으로 개명하였고, 두 딸은 宋廷光과 尹湽에게 시집갔다. 송광정은 宋大立의 아들이고, 윤진은 尹安性의 아들이다.

16 豐德(풍덕): 경기도 개풍군 남부에 있는 고을.

17 碧蹄: 碧蹄館. 조선시대 경기도 고양군 碧蹄驛에 설치된 客館. 벽제역은 고양군 동쪽 15리 지점에 있는데, 우리나라 사신이 중국으로 갈 때나 중국의 사신이 우리나라에 와서 서울로 들어가기 하루 전에 반드시 머물렀던 곳이다.

18 湋妻(위처): 李湋의 처로 柳淮(1530~?)의 딸 高興柳氏.

19 西山(서산): 경기도 고양군 벽제면 仙遊里. 현재 경기도 고양시 덕양구 선유동이다.

20 妻孥(처노): 처와 자식들.

初二日。

食後家眷, 自京出來。午後, 携濬兒發行, 投宿于坡州[21]南豚村舍, 道逢申承旨碟[22]·李正郎弘老[23], 知舍弟[24]陞拜開城留守, 乘

---

21 坡州(파주): 경기도 북서부에 있는 고을. 동쪽은 양주시, 서쪽의 남부는 한강을 경계로 김포시, 북부는 임진강을 경계로 개풍군과 접한다.

22 申承旨碟(신승지잡): 申碟(1541~1609). 본관은 平山, 자는 伯俊, 호는 獨松. 1583년 정시 문과에 급제하여 정언·지평·우부승지를 거쳐 이조 참판·형조 참판을 지냈다. 1592년 임진왜란 때에는 비변사 당상으로 활동하였고, 이듬해에는 병조참판을 거쳐 평안도 병마절도사로 부임하였으나, 관내 철산군에 탈옥 사건이 발생하여 그 책임으로 파직되었다. 1593년 다시 기용되어 밀양 부사·형조판서를 거쳐 特進官·동지중추부사가 되었다. 1600년에는 호조 판서를 거쳐 병조판서 겸 세자 빈객이 되었다.

23 李正郎弘老(이정랑홍로): 李弘老(1560~1608). 본관은 延安, 자는 裕甫, 호는 板橋. 1579년 진사시에 합격되고, 1583년 정시 문과에 장원으로 급제하였다. 1592년 임진왜란이 일어나자 병조 좌랑으로서 왕을 호종하다가 도망하고, 뒤에 함경도도검찰사의 종사관을 지내면서 또 도망하였으며, 다시 선전관이 되었으나 兩司(사헌부와 사간원)의 탄핵으로 유배되었다. 그 뒤 풀려나와 경기도 관찰사가 되었다. 1608년 柳永慶 등 소북의 일파로 몰려 다시 제주에 유배되었고, 유배지에서 사사되었다.

24 舍弟(사제): 남에게 자기 아우를 겸손하게 일컫는 말. 李廷馨(1549~1607)을 가리킨다. 본관은 慶州, 자는 德薰, 호는 知退堂·東閣. 1567년 사마시에 합격하고, 이듬해 별시 문과에 급제해 平市署直長이 되었다. 1570년 형조좌랑·전적, 이듬해 호조 좌랑 겸 춘추관 기사관·형조정랑, 1574년 사간원정언·경성 판관, 이듬해 사간원 헌납·예조정랑을 거쳐 1576년 개성부 경력이 되었다. 1578년 賀至使 書狀官으로서 명나라에 다녀와 사헌부장령·승정원 좌부승지·대사성을 거쳐 1589년 형조참의가 되었다. 1592년 임진왜란이 일어나자 우승지로 왕을 호종하였다. 개성 유수가 되었으나 임진강 방어선이 무너지자 의병을 모아 聖居山을 거점으로 왜적과 항전했으며, 장단·삭녕 등지에서도 의병을 모집해 왜적을 물리쳐 그 공으로 경기도 관찰사 겸 병마수군절도사가 되었다. 1593년 장례원 판결사가 되고 이듬해 告急使로 遼東에 다녀와 홍문관 부제학·이조참판·

輿[25]駐蹕[26]于松京[27]。

5월 3일

아침 일찍 길을 떠나 임진강(臨津江)을 건넜는데, 경기감사(京畿監司) 권징(權徵)이 동파역(東坡驛)에 있다는 소식을 듣고 만나러 갔더니 신잡(申磼)·이홍로(李弘老)가 이미 이 역에 돌아와 있었다. 어제 왜적들이 침입하여 한강(漢江)을 건너려다 건너지 못하고 돌아갔다고 들었으나 아마도 그것은 잘못 전해진 소문 같았으며, 지금 다시 한양 도성으로 향하고 있다고 한다.

정오쯤 초현천(招賢川) 가에 이르러 말을 쉬게 하는데, 지나가던 사람이 이르기를, "승여(乘輿)가 그저께 낮에 이곳에서 쉬었다."라고 하였다. 신할(申硈)이 경성 수호사(京城守護使)로서 군사를 거느리고 올라가며 그의 종사관(從事官) 조신도(趙信道)를 보내와 나에게 말하기를, "지금 듣건대 신립(申砬)·이일(李鎰)이 한양 도성에 돌아와 집결하니 왜놈의 날카로운 기세가 이미 쇠하고, 철환(鐵丸)도 거의

승문원 부제조·비변사 당상을 역임하고, 1595년 대사헌에 이어 四道 都體察副使가 되었다. 1600년 강원도 관찰사가 되었고, 1602년 예조참판이 되어 聖節使로 다시 명나라에 다녀왔다.

25 乘輿(승여): 大駕. 임금이 타는 수레.

26 駐蹕(주필): 임금의 행차가 잠시 멈춘 곳.

27 松京(송경): 조선시대 이후 고려시대의 도읍지인 開城을 松嶽山 밑에 있던 서울이란 뜻으로 일컫는 말.

바닥난 데다 군수 물자를 쟁여두었던 한 창고 또한 이미 불탔는지라, 만약 힘을 합하여 적들의 공격을 막으면 승리를 거둘 수 있으리니 계속하여 원군(援軍)을 부디 속히 올려보내도록 행재소에 말해주시오."라고 하였다.

오후쯤 행재소에 도착했는데, 주상은 유후사(留後司)가 있던 곳에 머무르고 백관(百官)들은 문밖의 맨땅에 앉아 있었으니 근심 걱정으로 애타는 마음에 차마 말할 수가 없었다. 조금 있다가 신잡(申磼)과 이홍로(李弘老)가 달려와서 말하기를, "왜적은 한강(漢江)을 건넌 것이 적실하옵니다."라고 하자, 주상이 즉시 말을 올라타고 나서서 금교(金郊)를 향하였다. 승여(乘輿)와 의복 같은 물건들을 버려둔 채로 가고 종묘사직의 신주(神主)도 모두 목청전(穆淸殿) 뒤에 파묻었으니, 종묘사직이 다 망하건만 다시 어찌할 수 없단 말인가.

아우[이정형]가 주상에게 아뢰기를, "형 아무개[이정암]는 오늘 행재소에 뒤좇아 이르렀으나 관직이 이미 바뀌었습니다. 신(臣)이 바라옵건대 함께 개성(開城)을 지키며 생사를 같이하고자 합니다."라고 하니, 전교(傳敎)하기를, "심히 옳다. 모든 일에 힘써 강구(講究)하라."라고 하였다.

이보다 앞서 영의정(領議政: 李山海)과 좌의정(左議政: 柳成龍)이 모두 논핵(論劾)을 받아 파직되고 최흥원(崔興原: 崔興源의 오기)과 윤두수(尹斗壽)로 그들을 대신하도록 하였는데, 수행하던 경상(卿相: 삼정승과 육판서)들 태반이 체차(遞差)되었다. 윤탁연(尹卓然)을 함경도로, 황정욱(黃廷彧)·구사맹(具思孟)을 평안도로, 한준(韓準)·이기(李墍)

를 강원도로 보내어 각기 왕자를 모시고 병란을 피할 만한 곳으로 삼도록 했다고 한다.

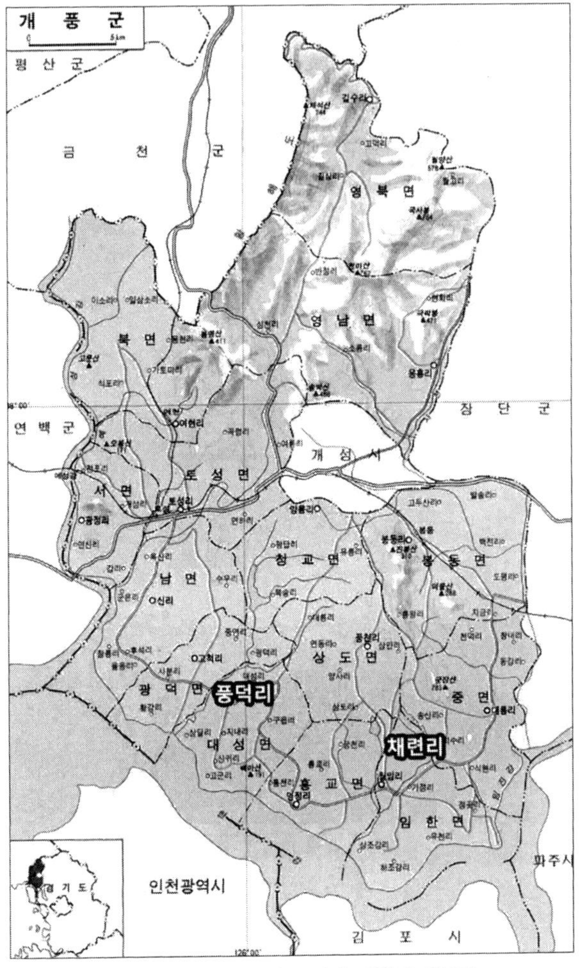

경기도 개풍군 대성면 풍덕리 · 임한면 채련리

유수(留守: 아우 이정형)는 대가(大駕)를 따라 산예역(狻猊驛)에 이르러 전송하고 돌아와서 나와 함께 우사(寓舍: 임시 처소)에 유숙하였다. 이날 아우 이정혐(李廷馦)이 풍덕(豐德)에서 오고나서야 비로소 천지(天只: 어머니)의 소식을 들을 수 있었고 화아(澕兒: 장남 李澕)가 서산(西山)에 머물러 있던 가족들을 이끌고 채련(采蓮: 採蓮의 오기)에 있는 처남(妻娚: 윤홍문)의 집에 이르렀다는 것도 듣게 되었다.

初三日。

早發渡臨津, 聞京畿監司權徵[28]在東坡驛[29], 投見, 則申碟·李弘老, 已還到此驛。昨聞倭寇渡漢江, 不得達而回, 恐其虛傳也, 今復還向京都云。午到招賢川邊, 歇馬, 行人云: "乘輿昨昨, 晝停于此處."云。申硈[30], 以京城守護使, 領軍上去, 使其從事官趙信

28 權徵(권징, 1538~1598): 본관은 安東, 자는 而遠, 호는 松菴. 1586년 형조참판이 되고 전후해서 충청·함경도 관찰사를 거쳐, 1589년 병조판서로 승진하였다. 그러나 서인 鄭澈이 실각할 때 그 黨與로 몰려 평안도 관찰사로 좌천되었다. 1592년 임진왜란이 일어나자 경기도 지방의 중요성을 감안해 경기 관찰사에 특별히 임명되어 임진강을 방어해 왜병의 서쪽 지방 침략을 막으려고 최선을 다하였다. 그러나 패배하고 삭녕에 들어가 흩어진 군사를 모아 군량미 조달에 힘썼으며, 權慄 등과 함께 경기·충청·전라도의 의병을 규합해 왜병과 싸웠다. 1593년 서울 탈환 작전에 참전했으며, 명나라 제독 李如松이 추진하는 화의에 반대, 끝까지 왜병을 토벌할 것을 주장하였다. 그 뒤 공조판서가 되어 전년 9월 왜병에 의해 파헤쳐진 宣陵(성종릉)과 靖陵(중종릉)의 보수를 주관하였다.

29 東坡驛(동파역): 경기도 파주시 진동면 민통선 지역에 있었던 驛站. 조선시대의 동파역은 碧蹄驛·馬山驛과 함께 使行路로 이용되었는데, 그로 인해 사신 일행을 접대하는 등 잡역의 부담이 다른 驛보다 심하였다.

30 申硈(신할, 1548~1592): 본관은 平山. 申砬의 동생. 1589년 경상도 좌병사가 되어 활동하였다. 임진왜란이 일어나자 함경도 병사가 되어 선조의 몽진을 호위

道[31], 來語于予, 曰: “今聞, 申砬 · 李鎰, 還集京師[32], 倭人銳氣已衰, 鐵丸垂盡, 軍資一倉, 亦旣焚燼, 若協力捍禦, 則可以得捷, 繼援軍須速上送事, 言于行在所.”云。午後, 到行在所, 上禦留後[33]所, 百官于門外, 草草[34]不忍言。俄而, 申磼 · 李弘老, 馳到言曰: “倭渡漢江, 的實.”云, 上卽上馬, 出向金郊[35]。乘輿服御[36]之物, 棄置而去, 廟社神主, 盡埋于穆淸殿[37]後, 宗社亡矣, 無復可爲? 舍弟啓曰: “兄某今日, 追到于行在所, 官職已遞。臣願與同守開城[38],

---

함으로써 그 공을 인정받아 좌승지 閔濬, 병조판서 金應南, 대사헌 尹斗壽 등의 추천으로 경기 수어사 겸 남병사로 임명되었다. 이후 막하의 劉克良, 이빈, 李薦, 邊璣를 亞將으로 삼고 도원수 金命元과 병사를 이끌고서 임진강을 지키며 적과 대치하였다. 9일 동안 적과 대치하던 신할과 그의 병사들은 당시 도순찰사였던 韓應寅의 병력을 지원받아 작전을 세우고 심야에 적진을 기습하였으나 복병이 나타나 그 자리에서 순절하였다.

31 趙信道(조신도, 1554~1595): 본관 咸安, 자는 叔由. 1583년 별시 무과에 급제하였다. 온양 군수로 재직 중일 때 임진왜란을 맞아 宣祖를 호종하였다.

32 京師(경사): 국가의 수도를 가리키는 말.

33 留後(유후): 留後司. 조선 초기에 개성을 맡아 다스리던 留後가 행정 사무를 보던 관아. 1438년 留守府로 고치고 留守를 파견했다. 개성 유수부는 조선말까지 계승되었다.

34 草草(초초): 애타는 모양.

35 金郊(금교): 황해도 金川郡 서북면 江陰里 남서쪽에 있는 지명인데, 이곳에 金郊道의 중심 역참인 金郊驛이 있었음.

36 服御(복어): 御服. 임금이 사용하는 의복.

37 穆淸殿(목청전): 開城 崇仁門 안 安定坊에 있던 조선 太祖의 옛 집. 1418년 태종이 태조의 어진을 모실 사당을 짓고 殿直 2인을 두었으며, 임진왜란 때 소실되었다가 肅宗 때 閣을 중건하였다.

38 開城(개성): 경기도 북서부에 있는 고을. 동쪽은 장단군, 서·남·북쪽은 개풍군

與同死生." 傳曰: "甚善, 凡事勉講勉講." 先是, 領[39] · 左相[40], 皆被論見罷, 崔興原[41] · 尹斗壽[42], 爲其代, 隨行卿相, 太半移遞矣。遺

과 접한다.

39 領(영): 領相 李山海(1539~1609)을 가리킴. 본관은 韓山, 자는 汝受, 호는 鵝溪 · 終南睡翁. 영의정을 지낸 조선 중기의 문신, 정치인, 시인이며 성리학자, 교육자, 화가이다. 당적은 동인, 북인에 속했으며 당의 주요 수뇌부이자 전략가였다.

40 左相(좌상): 좌의정 柳成龍(1529~1603)을 가리킴. 본관은 豊山, 자는 而見, 호는 西厓. 李滉의 제자이다. 1566년 별시 문과에 급제하였다. 1569년 聖節使 서장관으로 명나라에 다녀왔다. 1583년 부제학이 되어 〈備邊五策〉을 지어 올렸으며, 1589년에는 왕명으로 〈孝經大義跋〉을 지어 올리기도 하였다. 왜란이 있을 것을 대비해 형조정랑 權慄과 정읍현감 李舜臣을 각각 의주 목사와 전라도 좌수사에 천거하고 1592년 4월 판윤 申砬과 軍事에 대하여 논의하여 일본침입에 대한 대비책을 강구하였다. 4월 13일 왜적의 내침이 있자 도체찰사로 군무를 총괄하고, 영의정이 되어 왕을 扈從하였다. 1593년 명나라 장수 이여송과 힘을 합해 평양성을 수복하고 4도의 도체찰사가 되어 군사를 총지휘하여, 이여송이 碧蹄館에서 대패하여 西路로 퇴각하자 권율 등으로 하여금 파주 산성을 방어케 하였다. 1604년 扈聖功臣 2등에 책록되고 다시 豊山府院君에 봉해졌다. 영남 유생의 추앙을 받았다.

41 崔興原(최흥원): 崔興源(1529~1603)의 오기. 본관은 朔寧, 자는 復初, 호는 松泉. 1555년 소과를 거쳐 1568년 증광문과에 급제하여, 장령 · 정언 · 집의 · 사간을 역임하였으며, 이어 동래와 부평의 부사를 지냈다. 1578년 승지로 기용되고, 1588년 평안도 관찰사가 되었다. 이후 지중추부사를 거쳐 1592년 임진왜란이 일어나자 경기도와 황해도 순찰사, 우의정 · 좌의정을 거쳐 柳成龍의 파직에 따라 영의정에 기용되었다. 임진왜란 당시 왕을 의주까지 호종했던 공으로 1604년 扈聖功臣에 追錄되었다.

42 尹斗壽(윤두수, 1533~1601): 본관은 海平, 자는 子仰, 호는 梧陰. 1592년 임진왜란이 일어나자 기용되어 선조를 호종, 어영대장이 되고 우의정 · 좌의정에 올랐다. 1594년 三道體察使로 세자를 시종 남하하였다. 1595년 중추부 판사로 왕비를 海州에 시종하였다. 1598년 다시 좌의정이 되고, 1599년 영의정에 올랐으나 곧 사직하였다.

尹卓然[43]于咸境道, 黃廷彧[44]·具思孟[45]于平安道, 韓準[46]·李塈[47]

---

43 尹卓然(윤탁연, 1538~1594): 본관은 漆原, 자는 尙中, 호는 重湖. 1558년 생원시에 합격하고 1565년 알성 문과에 급제, 승문원에 보임되었다. 승정원 주서를 거쳐 1568년 전적·사간원정언을 역임하고 千秋使 서장관이 되어 명나라에 다녀왔다. 1574년에도 奏請使의 서장관으로 명나라에 다녀와 사헌부 지평·장령·교리·검상·사인 등을 역임하고, 이듬해 외직으로 동래부사·상주목사를 지냈다. 1580년 좌승지·도승지·예조참판을 지내고, 1582년 영남지방에 큰 흉년이 들자 왕이 윤탁연의 재능을 믿고 경상도 관찰사로 특채하였다. 1585년 경기도 관찰사에 오른 뒤 한성부판윤에 승진하고 세 차례의 형조판서와 호조판서를 지냈다. 1591년 宗系辨誣의 공으로 漆溪君에 봉해졌으며, 특히 備邊司有司堂上을 역임하였다. 1592년 임진왜란이 일어나자 왕을 모시고 북으로 가던 도중 檢察使에 임명되었다. 그때 함경도 지방에는 이미 적이 육박했으며, 함경도에 피난한 왕자 臨海君과 順和君이 회령에서 北邊叛民과 적에게 아부한 무리에 의해 적의 포로가 되자, 조정은 勤王兵을 모아 적을 격퇴시킬 계획을 세웠다. 윤탁연은 왕의 특명으로 함경도 도순찰사가 되어 의병을 모집하고, 왜군에 대한 방어계획 등 시국 타개에 노력하다가 그곳에서 객사하였다.

44 黃廷彧(황정욱, 1532~1607): 본관은 長水, 자는 景文, 호는 芝川. 1592년 임진왜란이 일어나자 號召使가 되어 왕자 順和君을 陪從, 강원도에서 의병을 모으는 격문을 8도에 돌렸고, 왜군의 진격으로 會寧에 들어갔다가 모반자 鞠景仁에 의해 임해군·순화군 두 왕자와 함께 安邊 토굴에 감금되었다. 이때 왜장 加藤淸正으로부터 선조에게 항복 권유의 상소문을 쓰라고 강요받고 이를 거부하였으나, 왕자를 죽인다는 위협에 아들 赫이 대필하였다. 이에 그는 항복을 권유하는 내용이 거짓임을 밝히는 또 한 장의 글을 썼으나, 體察使의 농간으로 아들의 글만이 보내져 뜻을 이루지 못하고 이듬해 부산에서 풀려나온 뒤 앞서의 항복 권유문 때문에 東人들의 탄핵을 받고 吉州에 유배되고, 1597년 석방되었으나 復官되지 못한 채 죽었다.

45 具思孟(구사맹, 1531~1604): 본관은 綾城, 자는 景時, 호는 八谷. 仁獻王后의 아버지이다. 1592년 임진왜란이 일어나자 임금을 호종해 의주로 피난하고, 평양으로부터 왕자를 호종한 공으로 이조참판에 올랐다. 1594년 지중추부사, 이듬해 공조판서가 되었으며, 李夢鶴의 逆獄을 다스릴 때 鞫問에 참여하였다. 1597년 정유재란이 일어나자 왕자와 후궁을 시종해 성천에 피난했으며, 이어서 좌참

于江原道, 各率王子, 爲避兵之地云。留守隨駕, 送至狻猊驛[48]而還, 與予留宿于寓舍。是日, 舍弟廷馦[49], 自豊德來到, 始聞天只[50]

찬·이조판서 등을 거쳐 좌찬성이 되었다. 그러나 1602년 맏아들인 具宬이 유배되자 곧 사직하였다. 선조 때 신진 사류들의 원로 사류에 대한 탄핵이 심해질 때 대부분의 사류들이 뜻을 굽혔으나, 끝내 신진을 따르지 않아 자주 탄핵을 받았다. 왕실과 인척이면서도 청렴결백하고 더욱 근신해 자제나 노복들이 함부로 행동하지 못하게 하였다.

46 韓準(한준, 1542~1601): 본관은 淸州, 자는 公則, 호는 南崗. 1566년 별시 문과에 급제하여 예문관에 등용되었다. 예조 좌랑 · 장령 · 좌승지 · 전라도 관찰사 · 호조 참판 등을 지냈다. 1588년 우참찬이 되어 聖節使로 명나라에 다녀와 황해도 관찰사가 되었다. 이듬해 안악 군수 李軸, 재령 군수 韓應寅 등이 연명으로 鄭汝立의 모역 사건을 알리는 告變書를 조정에 비밀 장계로 올렸다. 그 공으로 1590년 平難功臣 2등이 되고 좌참찬에 올라 淸川君에 봉해졌다. 1592년 임진왜란 때 호조 판서로 順和君을 호종, 강원도로 피난하였고, 이듬해 한성부판윤에 전임되었으며, 進賀兼奏聞使로 다시 명나라에 다녀와 이조판서가 되고, 1595년 謝恩兼奏請使로 또다시 명나라에 다녀왔다.

47 李墍(이기, 1522~1600): 본관은 韓山, 자는 可依, 호는 松窩. 1555년 식년문과에 급제하였다. 1565년 掌令, 1567년 修撰 등을 역임하였다. 1571년 직제학이 되었고, 이듬해 좌승지에 올랐으며, 1573년 강원도관찰사에 제수되었다. 1578년 다시 양주목사로 나갔다가, 1583년에 다시 중앙으로 돌아와 부제학을 역임했다. 이어 장흥부사를 거쳐 1591년에는 대사간이 되었다. 1592년 임진왜란이 일어나자 順和君을 보필하면서 강원도에 내려가 의병을 모집하였다. 1595년 다시 부제학이 되었다. 이듬해 대사간 · 대사헌 · 동지중추부사를 차례로 역임한 뒤 이조판서에 올랐다. 1597년에 다시 지중추부사·대사헌 · 지돈녕부사 · 예조판서 등을 차례로 역임하였다. 1599년에 다시 대사헌이 되고, 이어 예조판서 · 이조판서를 역임했다.

48 狻猊驛(산예역): 황해도 개성에 있던 驛站.

49 廷馦(정혐): 李廷馦(1562~1637). 본관은 慶州, 자는 士薰, 호는 石泉. 이정암의 동복 다섯째 동생이다. 1588년 식년시에 급제하고 1594년 별시에 급제하였다. 1595년 예문관 검열 · 대교, 1596년 병조 좌랑, 1599년 부수찬, 1600년 정언 · 홍문관 수찬 · 부교리, 1602년 정언 · 홍문관 교리, 1603년 이조 좌랑, 이듬해 이조

消息, 及聞濬兒率西山家眷, 得到采蓮[51]妻娚家云。

5월 4일

새벽에 사제(舍弟: 아우 이정형)와 울며 헤어진 뒤, 준아(濬兒: 셋째아들 李濬)를 이끌고 서문(西門)으로 나서서 천마산(天摩山)으로 들어가 태안사(胎安寺)의 동상실(東上室)에 이르러 쉬려고 묵었다.

송도(松都: 개성)에서 피란 온 남녀들로 산골짜기에 가득하니 전혀 심신이 안온하지 않았으나 곳곳마다 모두 그러하여 어떻게 할 수 없었으니, 애당초 스스로 책임지고서 자살하지 못하고 수풀 사이에서 구차하게 살고자 하여 옛사람에게 부끄러워진 것이 깊이 후회스럽다.

방주승(房主僧: 주지승)은 일현(一玄)으로 연안(延安) 사람이다.

정랑·홍문관 응교·전한, 예조 정랑, 1606년 성균관 사성, 1623년 경기감사 등을 역임하였다.

50 天只(천지): 모친의 별칭. 《詩經》〈柏舟〉의 "어머니는 하늘이신데, 이처럼 사람 마음 몰라주시나.(母也天只, 不諒人只.)"라는 말에서 나온 것이다. 더러는 부모를 가리키기도 하나, 이정암의 아버지인 李宕이 1584년에 졸하였기 때문에 모친을 가리킨다. 그의 생모 義城金氏는 1597년에 졸하였다. 이탕은 첫째부인 全州李氏 사이에 李廷馠(1534년생)과 봉화현감 李美善에게 시집간 딸이 있으며, 둘째부인 義城金氏 사이에 李廷馣(1541년생)·李廷馨(1549년생)·李廷馚(1553년생)·李廷馧(1557년생)·李廷馩(1562년생)·李廷馞(1565년생)과 金就鏡·韓詗에게 시집간 두 딸이 있다.

51 采蓮(채련): 경기도 개풍군 임한면 採蓮里의 오기.

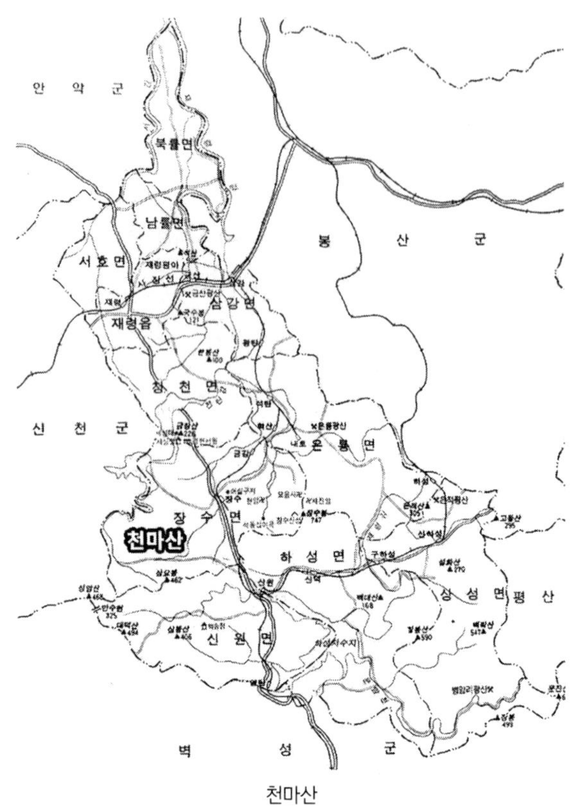

천마산

初四日。

曉, 與舍弟哭別, 率濬兒, 由西門出, 入天磨山[52], 投胎安寺[53]東上室歇泊。松都士女避亂者, 彌滿山谷, 甚非安靜, 而處處皆然,

---

52 天磨山(천마산): 황해도 載寧郡의 남서부 장국리와 천마리의 경계에 있는 산.
53 胎安寺(태안사): 황해도 재령의 天摩山에 있던 절.

無可奈何, 深悔當初不自引決[54], 草間求活[55], 爲愧古人也。房主僧一玄, 延安人也。

5월 5일

태안사(胎安寺)에 머물러 있으면서 소식을 알아보도록 금수(今壽)를 송경(松京: 개성)에 보냈더니, 왜적들이 쳐들어와 성을 함락시키고 제멋대로 약탈을 일삼자 경기감사(京畿監司: 권징)가 송경에 와서 성을 지키려는 계획을 세우고자 하였으나 성은 크고 사람이 없음을 보고 도로 임진강(臨津江)으로 돌아갔다고 한다.

아침밥을 먹은 뒤, 준아(濬兒: 셋째아들 李濬)를 데리고 승려 신문(信文)·쌍민(雙敏)과 아울러 뒷고개에 올라 적조암(寂照庵)을 찾아보고 싶었으나 늙은이의 다리가 제대로 말을 듣지 않아서 오르막길을 절반쯤 오르다가 그쳐야 했다. 산허리에 옛사람이 태(胎)를 감춘 곳이라 하니 절의 이름을 취한 것은 이 때문이었다. 나월(蘿月), 천마(天磨), 원녕(員寧), 청량(淸涼), 보현(普賢) 다섯 봉우리가 빽빽이 늘어선 데

---

54 引決(인결): 어떤 일에 책임을 지고 자살함.

55 草間求活(초간구활): 晉나라 周顗가 패전한 뒤에 피란하라는 주위의 권고를 듣고는 "내가 대신의 자리를 채우고 있는 신분으로, 조정이 결딴이 난 이 마당에, 어떻게 다시 수풀 사이에서 구차하게 살려고 하면서, 밖으로 호월에 몸을 던질 수가 있겠는가.(吾備位大臣, 朝廷喪敗, 寧可復草間求活, 外投胡越邪.)"라고 말한 데서 나오는 말.

다 뒷산의 풍경이 짙고 푸르러 가히 볼만하였으나 심사가 비참하고 고달파서 흐르는 눈물을 금할 수 없었다.

저녁에 절간으로 도로 내려오니 금수(今守: 今壽)가 돌아와 있었고, 유수(留守: 아우 이정형)가 백미 20말과 간장 1항아리를 보내와 있었다. 유수 또한 형편을 보다가 산으로 들어오려고 먼저 노자(路資)를 보낸 것이리라. 산인(山人: 승려) 신문(信文)은 나와 동년생인데 나를 매우 후하게 대우하였다.

初五日。

留胎安, 送爲今壽, 探消息于松京, 則倭入落城, 咨行搶掠, 京畿監司, 來到松京, 欲爲城守之計, 見城大而無人, 還向臨津云。食後, 携濬兒及僧信文·雙敏, 登後嶺, 擬尋寂照庵, 老脚不利, 登陟半道而止。山腰爲昔人藏胎處, 寺之得名以此。蘿月·天磨·員寧·淸凉·普賢, 五峰森列[56], 而後山容濃翠可觀, 而情事悲楚, 淚流不禁。夕還下寺, 今守之還, 留守送白粒二十斗·醬一缸。留守亦欲觀勢入山, 先送其盤纒[57]矣. 山人信文, 與我同年生, 遇我甚厚。

5월 6일

태안사(胎安寺)에 머물렀다.

---

56 森列(삼렬): 촘촘히 늘어서 있음.

57 盤纒(반전): 먼길을 떠나 오가는데 드는 비용.

아침밥을 먹은 뒤에 준아(濬兒: 셋째아들 李濬)를 데리고 장차 지족사(知足寺)를 향하려는데, 아이를 데리고 가는 어떤 사람이 시내를 따라 천천히 걸으며 씻기도 하고 양치질도 하였다. 피난하는 것이 비록 괴로울지라도 그윽한 정취 또한 즐길 만하였다.

오후에 유수(留守: 아우 이정형)가 기별을 보내어 말하기를, "이미 함께 같이 지키겠다고 주상에게 아뢰었는데 피하여 나가 있는 것은 온당하지 않은 듯하니 바삐 행재소로 가는 것이 좋겠습니다."라고 하였다. 내가 생각건대 이미 맡은 관직도 없고 유수가 또 함께 같이 지키겠다고 아뢰었다고 하니 피난하는 것보다 송경(松京)을 같이 지키는 것이 훨씬 나은 것 같았다. 즉시 준아를 데리고 산을 내려왔다.

저녁 무렵 부(府: 개성부)에 다다르니, 유수가 남대문(南大門) 누각에서 도원수(都元帥: 金命元)의 공사(公事: 공문서)로 말미암아 군사 100명을 소집하여 경력(經歷) 심예겸(沈禮謙)에게 거느리고 임진강(臨津江)으로 달려가도록 하였다.

初六日。

留胎安。食後, 携濬兒, 將向知足寺, 偕童行一人, 沿溪徐步, 或濯或漱。避兵雖苦, 幽境亦堪賞也。午後, 留守通言曰: "旣啓以與之同守, 而避出似爲未安, 奔走行在爲可."云。吾思之, 則旣無官守, 留守又啓與之同守, 不如同守松京也。卽携濬兒下山。夕抵于府, 則留守在南大門樓, 因都元帥[58]公事, 招集兵士百名,

58 都元帥(도원수): 金命元(1534~1602). 본관은 慶州, 자는 應順, 호는 酒隱. 1568

令經歷沈禮謙[59], 領赴臨津矣。

5월 7일

송도(松都: 개성)에 머물렀다.

매부 한언오(韓彦悟: 이정암의 둘째매부 韓詗), 아우 이정봉(李廷䄷), 습독(習讀) 김탁립(金卓立)이 아침밥 먹은 뒤에 왔는데, 왜적들이 도성에 쳐들어온 이후 제멋대로 약탈하지만 서로(西路: 관서지방)로 나갈 생각이 없다는 말을 듣게 되었다. 비록 믿을 수는 없었으나 답답한

년 종성부사가 되었고, 그 뒤 동래부사·판결사·형조참의·나주 목사·정주 목사를 지냈다. 1579년 의주 목사가 되고 이어 평안 병사·호조 참판·전라 감사·한성부 좌윤·경기 감사·병조참판을 거쳐, 1584년 함경감사·형조 판서·도총관을 지냈다. 1587년 우참찬으로 승진했고, 이어 형조 판서·경기 감사를 거쳐 좌참찬으로 지의금부사를 겸했다. 1589년 鄭汝立의 난을 수습하는 데 공을 세워 平難功臣 3등에 책록되고 慶林君에 봉해졌다. 1592년 임진왜란이 일어나자, 순검사에 이어 팔도도원수가 되어 한강 및 임진강을 방어했으나, 중과부적으로 적을 막지 못하고 적의 침공만을 지연시켰다. 평양이 함락된 뒤 순안에 주둔해 行在所 경비에 힘썼다. 이듬해 명나라 원병이 오자 명나라 장수들의 자문에 응했고, 그 뒤 호조·예조·공조의 판서를 지냈다. 1597년 정유재란 때는 병조판서로 留都大將을 겸임했다.

59 沈禮謙(심예겸, 1537~1598): 본관은 青松, 자는 文叔. 1570년 식년시에 생원으로 합격한 뒤, 관직에 나아가 한산 군수, 성천 부사 등을 역임하였다. 병조판서를 지낸 沈忠謙의 형이며, 판중추부사, 우의정, 영의정 등을 역임한 沈悅의 양아버지이다. 1592년 임진왜란 때에는 군량 보급에 공을 세우기도 하였으나 명나라 군대에 군량을 제때 보급하지 못한 책임으로 곤장을 맞은 적이 있으며 나중에 간원의 탄핵을 받아 파직 당하였다.

가슴을 조금 펼 수 있었다. 저녁에 한언오(韓彦悟: 이정암의 둘째매부 韓詷) 등이 모두 되돌아갔다.

이날 가족들이 서산(西山: 경기도 고양군 벽제면 선유리)에서 모두 떠나와 채련리(採蓮里)에 머물러 있다는 소식을 듣고 금수(今守)에게 가서 알아오도록 하였더니 정말이어서 틀림없었다.

初七日。

留松都。妹夫韓彦悟[60]·舍第延馣·金習讀卓立, 食後來到, 聞倭寇入城之後, 猶肆搶掠, 無意西出。雖不可信, 稍豁煩懷。夕, 彦悟等皆還。是日, 聞家眷自西山, 皆來住採蓮, 遣爲今守往探, 則的實矣。

5월 8일

송도(松都: 개성)에 머물렀다.

변변하지 못한 아들 이화(李澕)·이강(李洚)이 채련리(採蓮里)에서 찾아와 만났는데, 난리 통에 서로 헤어졌다가 요행히 만날 수 있게 되었으니 희비가 뒤섞임을 가히 알겠다.

낮에 선전관(宣傳官) 민종신(閔宗信) 등으로부터 전라도와 충청도

---

60 彦悟(언오): 韓詷(1546~?)의 字. 본관은 淸州. 韓浚謙의 재종숙부이다. 이정암의 둘째 매부이다. 1598년까지 거창 현감을 지내고 장수 현감으로 옮겨 1602년 장수 향교를 중건하고 凝碧亭을 중건하였다.

에서 군사 수만 명을 징발하여 며칠 안으로 장차 경성(京城) 도성에 이르러 앞뒤에서 협공할 형세를 이룰 것이다는 말을 듣고서 군사들의 기세가 점차 떨치게 되자, 부중(府中: 개성부)의 피난갔던 백성들이 도로 모여드는 자들이 계속 뒤를 이었다.

저녁에 선전관 전인룡(田仁龍)으로부터 왜적이 침입하여 파주(坡州)를 이미 통과하였고, 도원수가 보낸 군사들 가운데 경성(京城)으로 향하던 자들이 도로 임진강(臨津江)을 건너와서 그때그때 필요에 따라 대응할 길이 없다라는 것을 들으니, 답답한 마음에 침묵만 할 뿐이었다. 부평 부사(富平府使) 남유(南踰)가 찾아와서 만나니, 관속(官屬: 관청의 아전과 하인) 수십 명을 거느리고 장차 임진강으로 향하려 함에 마치 고기를 호랑이에게 던져주는 격이니 크게 탄식한들 어찌하겠는가 어찌하겠는가.

송도에 오고부터는 연이어 어머니의 소식을 들었는데, 지금 왜적이 침입했다는 소문을 들으니 그 종말이 어떻게 될지 알 수 없어 생각만 해도 목이 메었다.

이날 아들 이준(李濬: 셋째아들)이 풍덕(豐德)에 갔다.

初八日。

留松都。家豚[61]濰·浲, 自採蓮來見, 亂離相失, 幸得爲見, 悲喜可知。午, 因宣傳官閔宗信[62]等, 聞全羅·忠淸徵兵數萬, 不日

---

61 家豚(가돈): 변변하지 못한 아들. 남에게 자기의 아들을 낮추어 이르는 말이다.

62 閔宗信(민종신, 1555~?): 본관은 驪興, 자는 彦實. 1588년 무과에 급제하였다.

將至京師, 以爲挾擊之勢云, 士氣稍振, 府中避兵之民, 還集者相續。夕, 因宣傳官田仁龍[63], 聞倭寇已通坡州, 元帥之遣兵, 向京者, 還渡臨津, 策應[64]無路, 悶默而已。富平府使南踰來見, 將官屬數十人, 將向臨津, 如以肉投虎, 浩歎奈何奈何? 自來松都, 連聞慈氏消息, 今聞倭寇聲息, 未知厥終之如何? 思之咽塞。是日, 濬往豐德。

5월 9일。비。

송도(松都)에 머물렀다.

이날 큰비가 쏟아 붓듯 내렸다. 목청전 참봉(穆淸殿參奉) 서경직(徐敬直)이 찾아와서 만났다. 도원수(都元帥: 김명원)가 적의 수급(首級) 4개를 베어 행재소에 보냈다.

저녁에 왜적이 쳐들어와 고양군(高陽郡) 경내에 이르러서 멈추고 파주(坡州)로 쳐들어오지 않았음을 처음 들었는데, 전날 전인룡(田仁龍)이 전해준 소식은 모두 터무니없었다. 심신이 조금 안정되었을 때, 도사(都事: 개성부 도사) 조희철(趙希哲)이 행재소에서 돌아와 일방(一房)과 이방(二房)에 나누어 준 다음 술을 실컷 마시고 헤어졌다.

初九日。雨。

---

63 田仁龍(전인룡, 1564~?): 본관은 長鬐. 1583년 무과에 급제하였다.

64 策應(책응): 벌어진 일이나 사태에 대하여 알맞게 헤아려서 대응함.

留松都。是日，大雨如注。穆清殿參奉徐敬直來見。都元帥得賊馘四介，送于行在所。夕，始聞倭寇止到高陽郡[65]境，不入坡州，前日田仁龍所傳，皆虛妄也。心神稍定，都事趙希哲[66]，自行在所還來，與一二房，痛飮而罷。

5월 10일。흐림。

이날은 곧 태종(太宗)의 국기일(國忌日: 제삿날)이다.

아우 대훈(大薰: 셋째동생 李廷馚의 字)과 김기(金祺)·김시(金禔) 형제가 찾아와서 만났는데, 저녁이 되어서 풍덕(豐德)으로 되돌아갔다.

장연 현감(長淵縣監) 김여률(金汝嵂)이 자원하여 도성에 들어가 왜적을 무찔러 특별히 당상관(堂上官)의 품계를 더하여 조방장(助防將)에 임명되었고 군사 800명을 거느리고서 이달 9일에 길을 떠났으니, 그것을 들은 사람들의 마음을 조금 흡족하게 하였다. 강화 부사(江華府使) 윤담(尹湛) 또한 군사 400명을 거느리고 장차 임진강(臨津江)으로 향하려 한다고 하였다.

이날 유수(留守: 아우 이정형)가 하인과 구사(丘史: 지방의 관노비) 두서너 사람에게 가서 가족들의 거처를 찾도록 하였더니 이경(二更:

65 高陽郡(고양군): 경기도 북서부에 있는 고을. 남동쪽은 서울특별시, 북동쪽은 양주시, 북서쪽은 파주시, 남서쪽은 한강을 사이에 두고 김포시와 접한다.

66 趙希哲(조희철, 1566~1592): 본관은 林川, 자는 晦叔. 아버지는 趙瑗이다. 1589년 증광시에 급제하였다.

밤 10시 전후)쯤 돌아와서 말한 것에 의하면, 파주(坡州) 땅에 이르러 왜적을 만났는데 이미 파주에 쳐들어와 관사(官舍)를 불태우고 약탈하고 있어서 길이 막혀 거처를 찾지 못한 채 돌아왔다고 하였다.

신할(申硈)이 강을 건너 진(陣)을 쳤고 도원수(都元帥: 김명원)가 임진강(臨津江)에 진을 쳤는데도 만약 방어가 끝장난다면, 인심은 흩어지고 한결같이 물러갈 것만 생각하여서 의지가 되지 못할 것이다. 만약 임진이 지키지 못하고 무너진다면 오랑캐가 내일쯤 당장 송도를 향해 올 것이니, 우려스럽기 그지없어 바로 일방(一房)과 이방(二房)을 불러서 이야기를 나누며 각기 두어 잔의 술을 마시고 헤어졌다.

初十日。陰。

是日, 乃太宗國忌也。舍弟大薰[67]·金祺[68]·金禔[69]來見, 夕還豐德。長淵[70]縣監金汝崞[71], 自願入城擊賊, 特加堂上, 差助防將,

---

67 大薰(대훈): 李廷馪(1553~?)의 字. 본관은 慶州. 李廷馣의 동복 셋째동생이다. 1573년 식년시에 급제하였다.

68 金祺(김기, 1509~?): 본관은 延安, 자는 子綏. 金安老의 장남이자 金禔의 형이다. 1533년 별시 문과에 급제하여 이조 좌랑과 홍문관 수찬을 지냈다.

69 金禔(김시, 1524~1593): 본관은 延安, 자는 季綏, 호는 養松堂·養松軒·養松居士·醉眠. 金安老의 아들이자, 金祺의 동생이다. 당시 명성이 높던 선비 화가로서 궁중의 그림 그리는 일에도 참여한 듯하다.

70 長淵(장연): 황해도 서단에 있는 고을. 동쪽은 벽성군, 서쪽은 황해, 남쪽은 대동만을 건너 옹진군, 북쪽은 송화군과 접한다.

71 金汝崞(김여률, 1551~1604): 본관은 順天, 자는 士挺. 아버지는 金壎이고, 형은 金汝屹과 金汝岉이다. 1589년 증광시 무과에 급제하였다. 長淵縣監·所江僉使·濟州判官·晉州判官·豊川府使·晉州牧師 등을 역임하였다. 1592년 장연현감 시절 임진강에서 5월 18일에 벌어진 전투에서 군사 8백여 명을 거느린

領兵八百, 初九發程, 聞之差强人意。江華府使尹湛, 亦領兵四百, 將向臨津云。是日留守, 使奴子及丘史[72]數人, 往尋家眷去處, 二更量還來, 言內, 到坡州地, 逢倭賊, 已入坡州, 官舍焚劫, 道梗不得達而回云。申硈越江結陣, 都元帥結陣于臨津, 若可禦截, 而人心渙散[73], 一向[74]思退, 不足爲恃。若臨津失守, 則虜騎明間, 當向松都, 憂慮罔極, 卽邀一二房敍話, 各飮數盃而罷。

5월 11일。 비。

아침 일찍 길을 떠나 풍덕(豐德) 서면(西面)에 이르러 임시 피난 거처에서 어머니를 만나뵈었는데, 포구의 누추하고 작은 집은 사람들이 거처하지 못할 지경이었는데도 백발의 노친이 떠돌며 옮겨다니느라 의탁해야 했으니 참혹하여 차마 말할 수 없었고, 한씨 집에 출가한 누이가 곁에서 모셨다.

대훈(大薰: 셋째동생 李廷馩의 字)과 언오(彦悟: 이정암의 둘째매부인

斥候將으로서 劉克良이 적들과 힘들게 전투를 벌이는 것을 보고도 도우러 가지 않고 있다가 달아났다. 그 후에도 계속 부임하는 곳마다 고을 백성들의 원성을 받아왔기 때문에 새로 관직이 제수될 때마다 대관들의 반대에 부딪쳤고 부임지마다 사고를 일으켰다. 1604년 6월 5일 밤에 집에 든 도둑의 손에 살해되었다.

72 丘史(구사): 조선시대에 종친·공신·당상관 등에게 배당되어 이들을 모시고 다니는 하인무리.

73 渙散(환산): 군중이나 단체가 해산하여 흩어짐.

74 一向(일향): 한결같이. 꾸준히.

韓訶의 字)가 읍내에서 왔고, 김여신(金汝信) · 김충신(金沖信) 형제 또한 같은 동네에 와서 임시로 살다가 내가 왔다는 소식을 듣고 모두 찾아와 만났다. 언오의 부친도 가까운 이웃에 옮겨와서 지냈고, 유수(留守: 아우 이정형)의 두 아들도 또한 이곳으로 왔다.

한낮에 왜적들이 쳐들어와 이미 임진(臨津)에 이르렀다는 것을 듣고 촌민들은 허둥지둥하니, 비록 그것이 거짓인지 참말인지 몰랐지만 놀랍고 무섭기가 그지없었다.

아들 이준(李濬: 셋째아들)이 오늘 새벽 곡양(曲陽: 포구 이름인 듯)에서 도로 송도(松都: 개성)로 향했다고 한다. 석수(汐水: 저녁 밀물)가 시내에서 빠지기를 기다려 장차 곡양의 집에 가서 잠잘 요량으로 저녁밥을 먹은 후에 비를 무릅쓰고서 소를 타고 갯가를 건너 곡양의 집에 이르니, 아들 이위(李湋: 넷째 아들)가 채련(采蓮: 採蓮의 오기)에서 와 있었고, 아우 이정혐(李廷馦: 다섯째동생)이 감기에 걸려 누워 앓고 있었다. 이정분(李廷馚: 셋째동생) · 이정혐(李廷馦)의 가솔들이 모두 떠돌다가 이곳에 일시적이나마 머물고 있어서 마침내 유숙할 수 있었다.

十一日。雨。

早發, 投豐德西面, 省慈氏于避寓所, 浦口蝸舍[75], 人不堪處. 而白髮老親, 流離捿托, 慘不忍言, 韓妹侍旁。大薰 · 彦悟, 自邑內來到, 金汝信 · 冲信, 亦來寓于同里, 聞予之來, 皆來見焉。彦悟父親, 亦來捿于近隣, 留守二子, 亦來此矣。午聞倭寇已到臨

75 蝸舍(와사): 누추하고 작은 집.

津, 村氓遑遑, 雖不知其虛的, 驚恐罔極。濬兒今曉, 自曲陽還向松都云。俟汐水[76]退溪, 將向曲陽家, 宿焉, 夕食後, 冒雨騎牛渡浦, 抵曲陽家, 男湋自采蓮來到, 舍弟廷馦, 得寒疾臥痛。廷馩·廷馦家屬, 皆漂寄于此, 遂留宿。

5월 12일。비。

아침 일찍 길을 떠나 채련(采蓮: 採蓮의 오기)을 향하였다. 늙은 고모·늙은 아내·세 며느리 등 10여 식구가 모두 목숨을 보존하여 떠도는 중에도 서로 얼굴을 볼 수 있으니 희비가 뒤섞임을 가히 알겠다.

정자(正字) 조유한(趙維韓) 또한 근처 지역에 피난하였는데, 양식을 얻기 위하여 처남(妻娚: 윤흥문)이 있는 곳으로 와 있었다. 마당가에서 마주 앉아 각기 괴로운 심정을 하소연하다가 근처의 왜적이 노략질하여 가직(家直: 가지기)·비복(婢僕)이 모두 목숨을 보존할 수가 없었을 것이라는 말을 듣고 참담하여 차마 더 들을 수가 없었는데, 기부(起夫: 처남 尹興門의 字)가 술을 권하여 잔뜩 취하였다.

오후에 아들 이위(李湋: 넷째 아들)를 데리고 도로 송경(松京: 개성)으로 향하였다. 유수(留守: 아우 이정형)가 남문(南門)에 앉아 있었고, 아들 이준(李濬: 셋째아들)이 어제 이미 이곳에 도착해 있었다. 듣건대 왜적이 임진(臨津)에 이르러 아군과 교전하여 성패의 결말이 금명간

76 汐水(석수): 저녁때에 밀려들어왔다가 나가는 바닷물.

에 있을 것이라고 하니 하늘이 뜻이 무엇인지 알 수가 없었다. 답답한 마음에 침묵하고 서로 바라볼 뿐이었다.

十二日。雨。

早發, 向釆蓮。老姑 · 老妻 · 三婦十餘口, 皆保存, 流離中得相面, 喜悲可知。趙正字維韓[77], 亦避難近地, 因覓粮, 到于妻娚處。對坐場邊, 各訴苦情, 得聞近處倭賊搶掠, 家直[78]婢僕, 皆不能保存, 慘不忍聞, 起夫勸飮醉倒。午後, 携湋還向松京。留守坐于南門, 男濬昨已到此矣。聞倭賊到臨津, 與我軍交鋒, 成敗之決, 在於今明, 未知天意之如何? 悶默相視而已。

5월 13일。비。

송경(松京: 개성)에 머물렀다.

새벽에 정탐하러 갔던 사람이 와서 전하는 말에 의하면, 지난 밤에

---

77 趙正字維韓(조정자유한): 趙維韓(1558~1613). 본관은 漢陽, 자는 持國. 趙緯韓의 형이다. 1589년 증광문과에 급제하여 1593년 검열 · 기사관 · 대교, 시강원 설서 · 사서를 두루 지냈으나 1594년 사람됨이 경망하여 講官의 반열에 끼어있게 할 수 없다는 사간원의 탄핵을 받고 파직되었다. 1599년 권세가의 도움으로 형조 좌랑에 재등용되었다. 평안도 도사 · 호조 좌랑 · 大同察訪 · 전주 판관을 역임한 다음 1605년 咸從縣令, 1610년 南平縣監을 지냈다.

78 家直(가직): 가지기. 과부로서 다른 남자와 동거하는 여자. 청상과부들이 정식으로 혼인을 치르지 않고 곧바로 남자의 집으로 가서 살림을 차려 사는 것을 이른다.

피차가 서로 굳게 지키기만 하고 승부를 결정짓지 못했다고 하였다.

오후에 조방장(助防將) 김여률(金汝嵂)이 군마(軍馬)를 거느리고 지나가는데, 대오를 갖추어 기율 있게 행진하는 것이 성패를 결정지을 수 있을 것 같아서 매우 위안이 되었다.

이날 세자를 책봉했다는 교서(敎書)와 역적의 당여(黨與)를 의논하여 석방했다는 교서가 왔다.

十三日。雨。

留松京。曉，探候人來傳，去夜彼此相持，勝負未決云。午後，助防將金汝嵂，領軍馬過去，行軍爲律，似可有爲，深慰深慰。是日，冊封世子敎書，及逆賊黨與，議放敎書來到。

5월 14일。 맑음。

송경(松京: 개성)에 머물렀다.

왜적들이 쳐들어와 임진(臨津)에 있으면서 속전(速戰)을 벌리며 물러나지 않고 유군(遊軍: 배후를 교란하는 특수군)이 사방에 나타나 불태웠는데, 성혼(成渾) · 이이(李珥) 등의 집이 모두 면하지 못하였으니 병화의 참상을 차마 말할 수 없었고 차마 말하지 못하겠다.

한밤중에 원수(元帥: 김명원)의 공문이 왔는데 평안도의 원병(援兵)이 올 양이면 성화같이 달려오라고 하였으나, 그 원병이 오는 것이 오히려 더더 경력(經歷) 심예겸(沈禮謙)에게 개성부 경내에 있는 잡색군(雜色軍) 400여 명을 가려 뽑아서 먼저 가게 하였다.

사제(舍弟: 유수 이정형)는 노모에게 편지를 보내어 개성부 지경인 전포(錢浦)로 옮겨 피난하라고 하였다. 유수와 상의하여 이튿날 마부와 말을 보내어 임시 거처를 옮길 계획이었다.

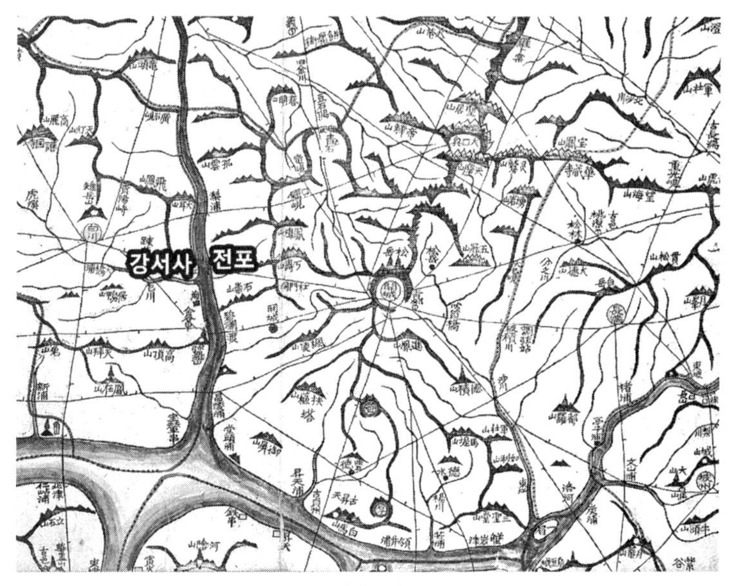

강서사 · 전포

十四日。晴。

留松京。倭寇在臨津，急戰不退，遊兵[79]四出焚燒，成渾[80] · 李

79 遊兵(유병): 遊軍. 주로 적의 배후나 측면에서 기습하거나 교란하거나 파괴하는 등의 활동을 하는 특수 부대.

珥[81]等家, 皆不得免, 兵火之慘, 不忍言不忍言。夜半, 元帥文移, 平安援兵若到, 則星火馳赴, 而其來尙遲, 經歷沈禮謙, 抄出府境雜色軍四百餘名, 前去。舍弟送書老母, 欲移避于府地錢浦[82]云。與留守相議, 明日送人馬, 移寓爲計。

5월 15일。비。

송경(松京: 개성)에 머물렀다.

---

80 成渾(성혼, 1535~1598): 본관은 昌寧, 자는 浩原, 호는 默庵·牛溪. 1594년 石潭精舍에서 서울로 들어와 備局堂上·좌참찬에 있으면서 〈편의시무14조〉를 올렸다. 그러나 이 건의는 시행되지 못하였다. 이 무렵 명나라는 명군을 전면 철군시키면서 대왜 강화를 강력히 요구해와 그는 영의정 柳成龍과 함께 명나라의 요청에 따르자고 건의하였다. 그리고 또 許和緩兵(군사적인 대치 상태를 풀어 강화함)을 건의한 李廷馣을 옹호하다가 선조의 미움을 받았다. 특히 왜적과 내통하며 강화를 주장한 邊蒙龍에게 왕은 비망기를 내렸는데, 여기에 有識人의 동조자가 있다고 지적하여 선조는 은근히 성혼을 암시하였다. 이에 그는 용산으로 나와 乞骸疏(나이가 많은 관원이 사직을 원하는 소)를 올린 후, 그 길로 사직하고 연안의 角山에 우거하다가 1595년 2월 파산의 고향으로 돌아왔다.

81 李珥(이이, 1536~1584): 본관은 德水, 자는 叔獻, 호는 栗谷·石潭·愚齋. 아버지는 사헌부감찰로 좌찬성에 증직된 李元秀이며, 어머니는 申命和의 딸인 師任堂申氏이다. 본가는 파주 율곡리이며, 외가인 강릉 오죽헌에서 태어났다. 관직에 있으면서 당쟁의 조정에 힘쓰는 한편, 여러 가지 폐정을 개혁하고 민생을 안정시켰으며, 후에 《향약》을 지었다. 성리학을 깊이 연구하여 자신의 학설을 정립했는데, 主氣派의 종주로 사상계·정치계에 큰 영향을 끼쳤다.

82 錢浦(전포): 포구 이름. 개성 서쪽 36리에 있었다. 당나라 宣宗이 장삿배를 따라 바다를 건너 이곳에 이르렀을 때 감탕[泥濘]이 갯가에 가득하여 배 안에 있는 돈을 꺼내어서 깔고 뭍에 올랐기 때문에 붙여진 이름이라 한다.

어머니 · 이정혐(李廷馦)의 처자식들이 전포리(錢浦里)로 임시 거처를 옮겼다.

한낮에 듣건대 왜적이 퇴각할 계획으로 영사(營舍)의 벽을 불태우고서 서찰을 보내어 화친(和親)을 맺고자 한다고 했는데, 밤이 되어 또 듣건대 외로이 떨어져 돌아다니는 적들이 양화진(楊花津)을 건너 양천(陽川)을 공격하여 함락하고 장차 조강(祖江)을 향한다고 하니, 근심하고 번민한들 어떠하겠는가.

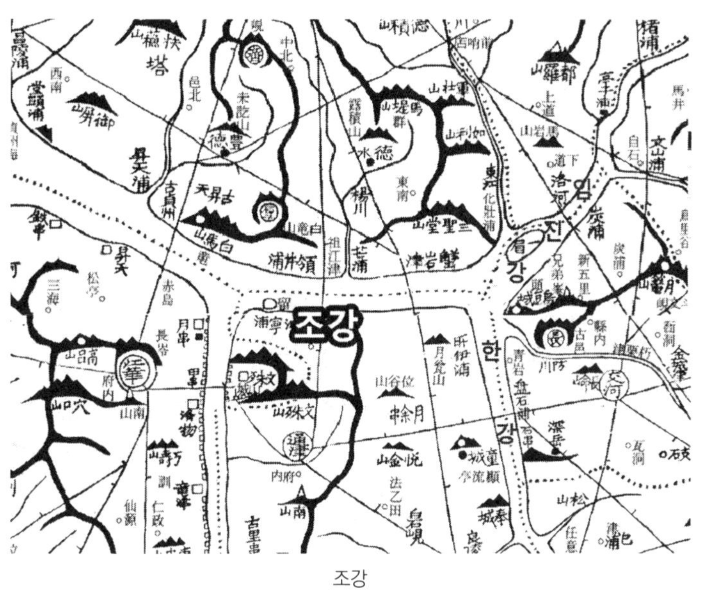

조강

저녁에 조방장(助防將) 이천(李薦)이 평안도 병마(兵馬)를 거느리고 먼저 도착하였고, 전적(典籍) 이명생(李命生)이 피난하여 이곳에 이르렀다.

十五日。雨。

留松京。慈氏及廷馡妻子，移寓于錢浦里。午，聞賊倭爲避退之計，焚燒營壁，投書欲講和，向夜又聞，零賊渡楊花[83]，功陷陽川[84]，將向祖江[85]云，憂悶如何？夕，防助將李薦[86]，領平安兵馬先到，典籍李命生[87]，避亂到此。

5월 16일。맑음。

송경(松京: 개성)에 머물렀다.

---

83 楊花(양화): 楊花津. 서울 마포구 합정동 한강 북안에 있던 나루. 楊花渡라고도 하였다. 조선시대에 漢陽에서 江華로 가는 주요 간선도로상에 있던 교통의 요지였을 뿐만 아니라, 한강의 漕運을 통하여 三南 지방에서 올라온 稅穀을 저장하였다가 재분배하는 곳이었다.

84 陽川(양천): 서울특별시 강서 지역의 옛 지명.

85 祖江(조강): 경기도 開豊郡 德水 남쪽, 通津 동쪽 15리 한강과 임진강이 합하는 곳의 나루. 한강과 임진강이 만나는 한강 하류 끝의 한강 물줄기를 일컫는 이름이다. 경기도 김포시 월곶면 조강리 앞에 조강나루터가 있었다.

86 李薦(이천, 1550~1592): 본관은 全州. 고조부는 정종의 10번째 아들 德泉君 李厚生이고, 부친은 駒興副守 李元卿이다. 6촌 형으로 文遠 李蕡이 있다. 무과에 급제한 후 관직에 올라 京畿水使 등을 역임하였으며, 선조가 왕위에 오른 후 訓將에 제수되는 등 여러 관직을 거쳐 同知中樞府事에까지 이르렀다. 1592년 임진왜란 때 왜적과 싸우다 전사하였다.

87 李命生(이명생, 생몰년 미상): 본관은 全州, 자는 應期. 1561년 식년시에 급제하여 司直을 거쳐 僉正을 지냈다.

도순찰사(都巡察使) 한응인(韓應寅), 종사관(從事官) 오억령(吳億齡)·김신원(金信元), 군관(軍官) 조의(趙誼)·황원(黃瑗) 등이 4천의 병마를 거느리고, 만월대(滿月臺)에 잠시 머물러 군사에게 음식을 주어 위로한 뒤 임진(臨津)으로 내달려 가서 서로 만나지 못하였다.

저녁에 둘째아들 이남(李湳)이 유수(留守: 아우 이정형)에게 편지로 알려왔는데, 곧 며칠 전에 적을 만나 그의 처(妻: 閔百朋의 딸)는 살해되었고 두 아들도 살았는지 죽었는지 알지 못하며, 자신도 창에 찔려 10여 군데나 상처를 입었으나 요행히 아직 숨이 끊어지지 않아 낙하(洛河)로 건너왔다고 하였다.

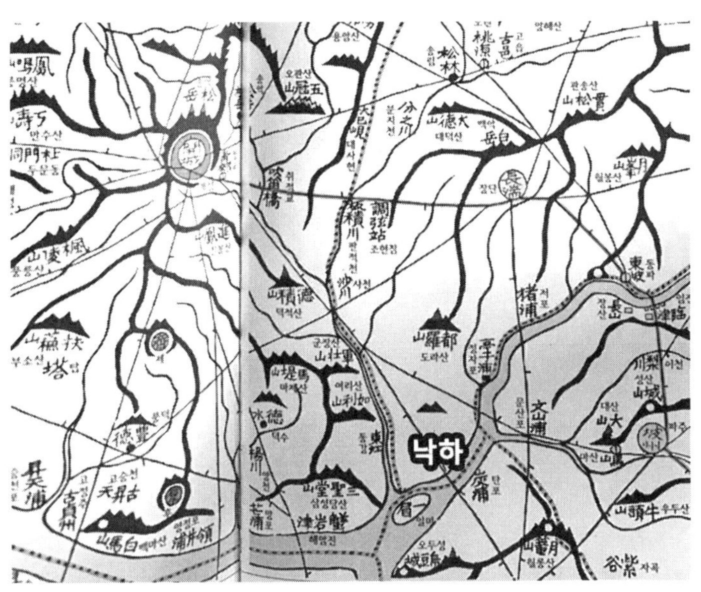

낙하

왜적이 임진에 이르렀다고 듣고부터는 소식을 알지 못하여 밤낮으로 애태우며 걱정했는데, 지금 적의 손에 부서졌는데도 모진 목숨이라 아직 죽지 않고 이런 참혹한 화를 만났으니 통곡한들 어찌하겠는가. 연안 부사(延安府使)의 부인이 부사(府使)를 따라 지나가다가 나의 상사(喪事) 소식을 듣고 찾아와서 위로하고 갔다.

十六日。晴。

留松京。都巡察使韓應寅[88]，從事官吳億齡[89]·金信元[90]，軍官

---

88 韓應寅(한응인, 1554~1614). 본관은 淸州, 자는 春卿, 호는 百拙齋·柳村. 1576년 사마시에 합격하고, 다음해 謁聖文科에 급제, 注書·예조좌랑·병조좌랑·持平을 지내고, 1584년 宗系辨誣奏請使의 서장관으로 명나라에 다녀왔다. 1588년 신천군수로 부임하여, 이듬해 鄭汝立의 모반사건을 적발하여 告變, 그 공으로 호조참의에 오르고 승지를 역임하였다. 1591년 예조판서가 되어 진주사로 재차 명나라에 가서 이듬해 돌아왔다. 임진왜란이 일어나자 八道都巡察使가 되어 요동에 가서 명나라 援軍의 출병을 요청하고, 接伴官으로 李如松을 맞았다. 이듬해 請平君에 봉해지고, 서울이 수복되자 호조판서가 되었다. 1595년 주청사로 명나라에 다녀오고, 1598년 우찬성에 승진, 1605년 府院君에 진봉되고, 1607년 우의정에 올랐다. 1608년 선조로부터 遺敎七臣의 한 사람으로 永昌大君의 보호를 부탁받았으며, 1613년 癸丑獄事에 연루되어 관작이 삭탈당하였다가 후에 신원되었다.

89 吳億齡(오억령, 1552~1618): 본관은 同福, 자는 大年, 호는 晩翠. 1591년 陳奏使 質正官이 되어 명나라에 갔다가, 이듬해 귀국하는 도중에 임진왜란이 일어나 개성에서 선조를 扈從하였다. 의주에서 直提學에 임명되고, 그 뒤 이조참의 우부승지가 되고 대사성을 거쳤다. 接伴使 尹根壽 밑에서 명나라 經略 宋應昌과 만나, 전쟁의 여파로 발생하는 양국간의 마찰을 해결하는 데 진력하였다. 1593년 환도한 뒤 대사간·도승지·대사헌·이조참판을 두루 역임했다.

90 金信元(김신원, 1553~1614): 개명은 金履元. 본관은 善山, 자는 守伯, 호는 素菴. 1576년 사마시에 합격하고, 1583년 알성 문과에 급제, 호조 좌랑·수찬·교리·정언을 지냈다. 1593년 의주 목사, 1597년 정유재란 때 형조참판에서 경

趙誼[91] · 黃瑗[92]等, 領四千兵馬, 暫駐于滿月臺[93]犒師, 馳赴臨津, 未得相會。夕, 次子湳, 通書于留守, 卽前數日逢賊, 其妻殺死, 二子不知存沒, 身被創十餘處, 幸未絶喘, 移渡于洛河[94]云。自聞賊到臨津, 未知消息, 日夜憂慮, 今聞碎於賊手, 頑命[95]未死, 逢此酷禍, 慟哭奈何? 延安夫人, 隨府使[96]過去, 聞吾遭服[97], 來慰而去。

기도 관찰사가 되었는데, 선임자 柳熙緖가 명나라 군사에게 수모를 받고 사임한 까닭에 모두 걱정하였으나 명나라 병사들을 잘 다루어 도내 행정을 바로잡았다. 大北에 속하여 1609년 臨海君을 사사하게 하고, 1612년 소북을 제거하기 위한 계축옥사를 잘 다스렸다 하여 翼社功臣에 책훈되었다.

91 趙誼(조의, 1548~1621): 본관은 漢陽, 자는 景由. 1579년 무과에 급제하였다. 1592년 임진왜란이 발발했을 때 증산 현령, 1593년 전라도 조방장, 남원 부사 등을 지냈다.

92 黃瑗(황원, 1534~?): 본관은 昌原, 자는 伯玉. 1583년 별시 무과에 급제하였다.

93 滿月臺(만월대): 개성시 송악산 남쪽 기슭에 있는 고려시대의 왕궁지.

94 洛河(낙하): 조선시대 경기도 파준군 長湍면에 있는 나루터 이름.

95 頑命(완명): (죽어야 할 터인데) 죽지 않고 모질게 살아 있는 목숨.

96 府使(부사): 延安府使 金大鼎(1541~1601)을 가리킴. 경상도 彦陽 사람으로 1592년 임진왜란 때 延安城을 굳게 지켰다. 왜적이 서울과 평양을 함락시킨 뒤 그해 8월 왜장 오토모[大友吉統]가 白川 · 평산을 거쳐 연안을 향해 공격해오고, 구로다[黑田長政]는 평양에서 해주를 지나 연안으로 쳐들어왔다. 이때 연안부사로 있으면서 일단 적의 주력부대의 공격을 피하여 섬으로 가 있었다. 전 연안부사 李廷馣이 황해도 초토사에 임명되어 평산으로부터 연안에 도착하고, 배천 사람 金德誠 · 朴春榮도 각지로 격문을 보내어 수백인의 의병을 모아 이에 호응하였다. 그리하여 의병장 朱德潤 · 張應祺 · 趙光庭 등과 연합, 1,400여 인을 모았으며, 초토사의 助防將이 되어 8월 28일부터 4일간에 걸친 대접전 끝에 5,000여 명의 왜적을 물리치고 성을 굳게 지켰다.

97 遭服(조복): 喪을 당함.

5월 17일。 맑음。

새벽에 아들 이준(李濬: 셋째아들)에게 마부와 말을 이끌고 낙하(洛河)로 가서 아들 이남(李湳: 둘째아들)을 실어 채련(采蓮: 採蓮의 오기)으로 데려오도록 하였다.

아침에 한황(韓滉)의 처자식들이 난리를 피해 도보로 이곳에 이르러 수안(遂安)으로 향하려 하였으나 나아갈 수 없게 되었다는 기별을 듣고, 곧 유수(留守: 아우 이정형)에게 관인(官人)을 빌어서 수안으로 급히 갈 수 있도록 그들을 데려가게 하였다.

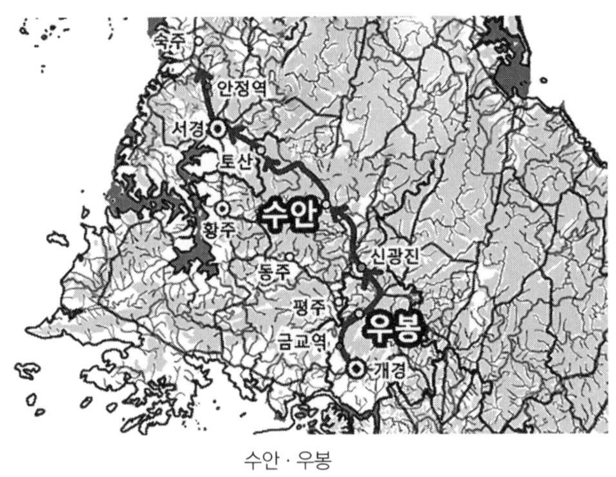

수안 · 우봉

저녁에 순찰전사(巡察殿使) 이성임(李聖任)이 군사 3천 명을 거느리고 서경(西京: 평양)에서 부(府: 개성부)에 도착했다. 이틀 전에 아들 이강(李洚: 다섯째아들)이 처(妻: 李潔의 딸)를 데리고 우봉(牛峯)에 있는 처가로 향하였다. 인마(人馬)를 폐해 없이 호송한 뒤에 돌아온 이전적(李典籍: 李命生)이 적전(籍田: 西籍田)에 있는 촌가로 되돌아갔다.

十七日。晴。

曉, 遣濬兒, 率人馬, 送洛河, 搬運湳兒于采蓮。朝聞韓滉妻子, 避亂徒步到比, 欲向遂安[98], 未能發進[99]之奇, 卽借官人于留守, 走送遂安, 使之率去。夕, 巡察殿使李聖任[100], 領兵三千, 自西京到府。前二日, 洚兒率妻, 向于牛峯[101]妻家。其人馬無弊護送後, 還來李典籍, 還籍田[102]村家。

---

98 遂安(수안): 황해도 동북부에 있는 고을. 동쪽은 곡산군, 서쪽은 서흥군 · 평안남도 중화군, 남쪽은 신계군, 북쪽은 평안남도 강동군 · 성천군과 접한다.

99 發進(발진): 출발하여 나아감.

100 李聖任(이성임, 1555~?): 본관은 全州, 자는 君重, 호는 月村. 太祖의 7대손이며, 아버지는 李泗이다. 1583년 聖節使의 書狀官으로 명나라에 다녀왔고, 이듬해 암행어사로 파견되어 안산 군수 洪可臣과 삭녕 군수 曺大乾이 선치가 있음을 아뢰어 승진하도록 하였다. 1590년 담양 부사가 되었으며, 1592년 임진왜란이 일어나자 자청하여 경상도 관찰사가 되어, 몸소 군사를 모집하여 왜적을 토벌하려 하였으나 전선이 막혀 뜻을 이루지 못하고 돌아왔다. 곧 순찰부사가 되어 민병 800여 명을 거느리고 전선으로 나아가 참찬 韓應寅의 군무를 도왔으나, 임진강의 방어선이 무너져 사태가 급박하여지자 패주하였다. 패주한 죄로 사헌부의 탄핵을 받아 한때 파직당하였으나, 1594년 강원 감사 · 길주 목사 · 황해도 관찰사가 되었다.

101 牛峯(우봉): 황해도 금천지역의 옛 지명.

102 籍田(적전): 조선시대 권농책으로 국왕이 농경의 시범을 보이기 위해 儀禮用으로 설정한 토지. 조선시대에는 태종 때 옛 서울 개성의 保定門 밖에 西籍田 약 300結을 설치하였다.

5월 18일。 맑음。

송경(松京: 개성)에 머물렀다.

듣건대 왜적이 퇴각하여 파주(坡州)의 앞들에 주둔하자 임진(臨津)의 장사(將士)들이 세 길로 나누었는데, 이천(李薦) · 박홍(朴泓)은 두지(豆只: 고랑포)에서 강을 건너고, 신할(申硈) · 김여률(金汝嵂)은 낙하(洛河)에서 강을 건너고, 이빈(李贇) · 성응길(成應吉)은 임진에서 직접 나아가면, 이일(李鎰) · 신각(申恪)은 양주(楊州)에서 군사를 이끌고 광탄(廣灘)으로 들어가서 협공할 계책을 세웠다고 한다.

사내종 복세(卜世)가 채련(采蓮: 採蓮의 오기)에서 되돌아와 말하기를, "아드님 이남(李湳: 둘째아들)이 상처가 비록 많으나 기력으로 보아 살 방도가 있을 듯합니다."라고 하였다. 아들 이강(李洚: 다섯째아들)이 개성부의 심약(審藥: 약재를 감독하는 종9품 외관)을 이끌고 채련으로 달려갔다. 개성부에 사는 동년(同年: 같은 해에 함께 과거 급제한 사람) 고흡(高洽)과 생원 김충범(金忠範)이 찾아와서 마음 아파하였다.

오후에 듣건대 아군이 세 길로 나누어 들어갔는데 왜적과 접전하였으나 승리하지 못하고 패배하여 신할(申硈) · 유극량(劉克良) 등이 모두 죽고 군사들이 물에 빠져 죽은 자가 그 수를 헤아릴 수 없다고 하였다. 바랐던 것은 평안도(平安道)의 군마(軍馬)였으나 또 패하여 함몰되었으니, 하늘인들 어찌할 수가 없는 것이로다.

十八日。晴。

留松京。聞倭賊退屯坡州前坪，臨津將士，分三道，李薦 · 朴泓[103]，自豆只[104]渡江，申硈 · 金汝嵂，自洛河渡江，李贇[105] · 成應

吉[106], 自臨津直接以進, 李鎰 · 申恪[107], 自楊州[108]率軍, 入于廣

---

103 朴泓(박홍, 1534~1593): 본관은 蔚山, 자는 淸源. 1556년 무과에 급제하여 宣傳官 · 江界府判官 · 鍾城府使 등을 거쳐 임진왜란 때 경상좌도 水軍節度使로서, 左水營(동래)에서 적과 싸웠으나 중과부적으로 패하였다. 평양으로 피난 간 선조를 찾아가던 중에 도원수 金命元을 만나 左衛大將에 임명되어, 임진강을 방어하나 다시 패하였다. 成川에서 우위대장·義勇都大將이 되었다가, 이듬해 전사하였다.

104 豆只(두지): 경기도 연천군 장남면 고랑포리에 있었던 나루터. 斗只渡, 長湍渡, 頭耆津, 高浪津으로도 불렸다. 예로부터 임진강을 통하여 농산물을 운반하는 나루터였다.

105 李薲(이빈, 1537~1603): 본관은 全州, 자는 聞遠. 1570년 무과에 급제, 여러 관직을 거쳐 회령부사가 되었다. 1592년 임진왜란이 일어나자, 경상좌도병마절도사로 충주에서 申砬의 휘하에 들어가 싸웠으나 패하였다. 그 뒤 金命元의 휘하에 들어가 임진강을 방어하다가 다시 패하고, 평안도병마절도사로 평양을 방어하였으나 성이 함락되자 李元翼을 따라 順安에서 싸웠다. 1593년 1월에 명장 李如松이 평양을 탈환하자 군사를 이끌고 명나라 군대에 종사하였으며, 李鎰을 대신하여 巡邊使에 임명되었다. 같은 해 2월 權慄이 幸州山城에서 왜군을 크게 격파하고 坡州山城으로 옮기자, 권율과 함께 파주산성을 수비하였다. 같은 해 왜군이 진주와 구례 지방을 침략할 때 남원을 지켰다. 1594년 경상도순변사에 복직되었다.

106 成應吉(성응길, 생몰년 미상): 본관은 昌寧, 자는 德一. 成渾의 재종당질이다. 무과에 급제한 뒤 여러 관직을 거쳐 1563년 사복시판관이 되었는데 私奴를 馬賊으로 잘못 알고 살해하여 파직당하였다. 그 뒤 복직되어 1587년에 順川府使, 1589년에 전라병사를 역임하였다. 1592년에 임진왜란이 일어나자 左防禦使로 임명되어 경상도로 가던 중 조방장 朴宗男과 함께 義興에서 왜적을 만나 죽령을 거쳐 의주 行在所로 향하였다.

107 申恪(신각, ?~1592): 본관은 平山. 아버지는 申景顔이다. 작은아버지 申景閔에게 입양되었다. 1586년 강화부사를 거쳐 이듬해 경상도방어사가 되었으나, 영흥부사 재직 시에 新昌縣監 趙希孟이 그의 첩에서 난 아들을 納粟시켜서라도 벼슬길에 나갈 수 있게 해달라는 요청을 받고 관의 곡식을 꺼내 그 납속을 충당해주었다가 파직되었다. 1592년 임진왜란이 일어나자 다시 기용되었으며 서울

灘[109], 爲夾攻之策云。奴卜世, 自采蓮還言: "滷兒創處雖多, 氣力似有生道."云。浲兒率府審藥[110], 馳往采蓮。府居同年高洽[111]·生員金忠範[112]來吊。午後, 聞我軍三道分入, 接戰敗衄[113], 申砬·劉克良[114]等, 皆死, 軍士墮水死者, 不可勝數。所望者, 平安道軍馬, 而又爲敗沒, 天也無如之何矣。

수비를 위하여 守城大將 李陽元 휘하의 中衛大將에 임명되었고, 다시 도원수 金命元 휘하의 부원수로서 한강을 지켰다. 이때 김명원은 임진에 가 있었으므로 留都大將 이양원을 따라 양주에 가서 흩어진 군졸들을 수습하고 함경도병마사 李渾의 원군과 합세하여, 양주 蟹踰嶺에서 일본군을 크게 무찔렀다. 그 결과 적의 머리 70級을 베었는데 이것은 왜란 초기 처음 있는 승첩이었다. 그런데 이 무렵 이양원이 산골에 숨어 있어 소식이 끊겼는데, 신각이 명령을 따르지 않고 이양원을 따라 도망쳤다는 내용의 狀啓가 올라가 당시 우의정 兪泓에 의해 참형을 당하였다. 이날 오후 양주에서 다시 첩보가 도착하여 왕이 신각을 죽이지 말라고 선전관을 뒤따라 보냈으나, 이미 처형된 뒤였다.

108 楊州(양주): 경기도 중북부에 있는 고을. 동쪽은 포천시, 서쪽은 파주시·고양시, 남쪽은 고양시·서울특별시, 북쪽은 연천군·동두천시와 접한다.

109 廣灘(광탄): 경기도 파주의 남쪽으로 10리 지점에 있는 여울 이름.

110 審藥(심약): 조선시대 궁중에 진상할 藥材를 심사하고 감독하기 위하여 각 도에 파견하던 종9품 벼슬아치.

111 高洽(고흡, 1538~?): 본관은 龍潭, 자는 公澤. 1558년 식년시에 급제하였다.

112 金忠範(김충범, 1547~?): 본관은 星州, 자는 德容. 1591년 식년시에 급제하였다.

113 敗衄(패뉵): 승리하지 못하고 패배함.

114 劉克良(유극량, ?~1592): 본관은 延安, 자는 仲武. 당시의 신분제도에서는 과거에 응시할 수 없는 노비 출신이었으나, 洪暹의 깊은 배려로 노비 신분을 면제받았다. 여러 무관직을 거친 뒤 1591년 전라 좌수사가 되었다. 1592년 임진왜란이 일어나자 申砬의 助防將이 되어 전임하였다. 竹嶺을 방어하다가 패배하자, 군사를 영솔해 방어사 申硈의 밑에 들어가 그 부장이 되었다. 대장 신할과, 마침 1,000명의 군졸을 이끌고 그곳에 달려온 도순찰사 韓應寅 등과 함께 임진강을 방어하다가 전사하였다.

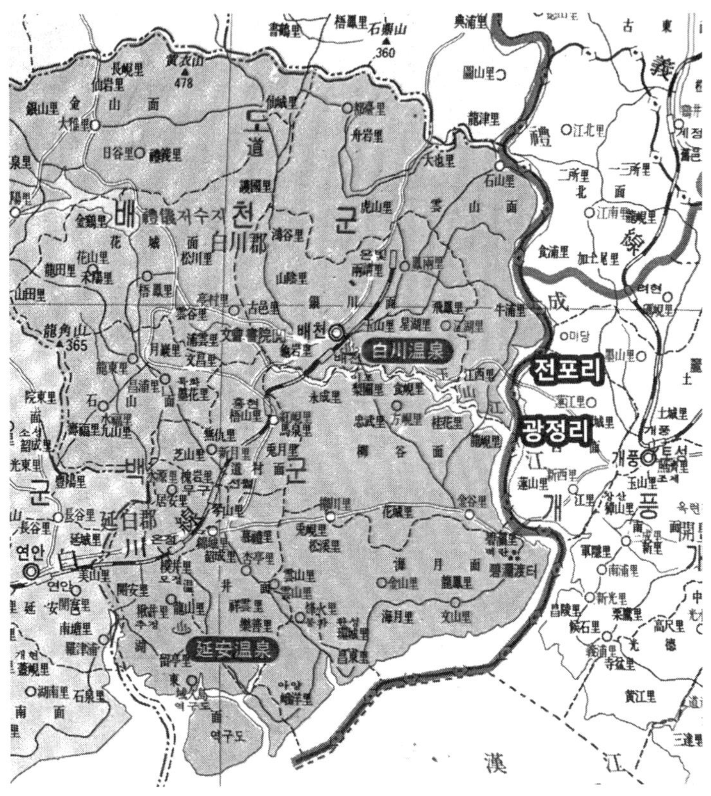

전포리 · 광정리

5월 19일. 비.

새벽에 아들 이준(李濬: 셋째아들)을 광정(匡井: 光井의 오기)으로 보내어 선박을 얻어서 난리를 피할 계획을 세우려 하였다. 아침밥을 먹은 뒤에 가족 수십 명이 채련(采蓮: 採蓮의 오기)에서 이곳으로 왔는데, 비를 무릅쓰고 산을 넘고 물을 건너느라 행색이 비참하였다. 하늘이 장차 극히 그들에게 곤액을 치르도록 하여서 다 죽이고 남겨놓지 않을 것인지, 아니면 떠돌다가 한 모퉁이에서라도 몸을 붙여 살아서 다 죽는 데까지는 이르지 않을 것인지 알 수가 없다. 단지 믿는 것은 우리 집의 선조들이 조금도 악행을 쌓지 않았으니, 어찌 한 사람도 남기지 않는 데까지 이르겠는가? 그러나 대운(大運: 천운)이 극도로 꽉 막히어 어진 이든 어리석은 이든 같이 어육(魚肉)이 되어도 하늘에게 물을 수도 없으니 망극하고 망극하다.

계본(啓本: 국왕에게 올리는 문서)을 받들어 가지고 간 사람이 되돌아왔는데, 윤선수(尹善修: 尹又新) 영공(令公)의 답서를 받아보니 판사(判事) 윤섬(尹暹)이 적의 칼날을 피할 수 있었다고 했지만, 나중에 들으니 잘못 전해진 것이었다.

十九日。雨。

曉, 送濬兒于匡井[115], 欲得船隻, 爲避亂之計。食後, 家眷數十口, 自采蓮來到于此, 冒雨跋涉[116], 行色慘慘。不知天將極其困苦, 而殘滅莫之遺乎? 抑將漂寄一隅, 不至於泯滅乎? 所恃者, 吾家先世, 少無積惡, 豈至於無遺種乎? 而大運極否, 賢愚同爲魚肉, 天不可問, 罔極罔極。啓本陪持人回來, 得尹善修[117]令公復

115 匡井(광정): 光井의 오기인 듯. 황해도 개풍군 서면에 있는 광정리이다.

116 跋涉(발섭): 산을 넘고 물을 건너 먼길을 수고하며 돌아다니는 것을 말함.

117 善修(선수): 尹又新(생몰년 미상)의 字. 본관은 南原. 아버지는 尹澄이다. 1561년 식년시 급제하였다. 1573년 안악 군수에 이어 함흥 판관이 되었다. 1581년

書[118], 則尹判事暹[119], 得免鋒刃云, 後聞, 虛傳。

5월 20일。비。

송도(松都: 개성)에 머물렀다.

가솔들이 아침밥 먹은 뒤에 전포(錢浦)를 향해 떠났는데, 아들 이위(李湋)가 처자식을 이끌고 우봉(牛峰)으로 가서 충식(沖湜)의 농장에 덧붙어서 지내려고 하였다.

병조 정랑(兵曹正郞) 이홍로(李弘老)가 도검찰사(都檢察使)의 종사관(從事官)으로서 행재소로 가려던 차 지나가면서 말한 것에 의하면, "왜적들이 동쪽에서 출현하여 양주(陽州: 陽川)를 함락시켰으나, 신각(申恪) · 이일(李鎰) 등이 왜적 70여 명의 머리를 참획하며 도로 그 고을을 회복하였다. 그런데 19일 왜장 평의지(平義智)가 대군 1천여명을 이끌고 나오는 바람에 아군이 패배하고 퇴각해 대탄(大灘)에

창원 부사로 있다가 파직되었다. 이후 迎慰使, 안주 목사, 나주 목사를 거쳤다. 1592년 임진왜란 때에는 지중추부사로 急告使가 되었으며, 같은 해 호조참판이 되었다. 이후 동지의금부사가 되었다.

118 復書(복서): 회답하는 편지. 答狀.

119 尹判事暹(윤판사섬): 尹暹(1561~1592). 본관은 南原, 자는 汝進. 호는 果齋. 1583년 별시 문과에 급제한 뒤 검열·주서·정자·교리·정언·지평을 지냈다. 1587년 사은사의 서장관으로 명나라에 가서 李成桂의 조상이 李仁任으로 오기된 명나라의 기록을 정정한 공으로, 1590년 龍城府院君에 봉해졌다. 교리로 있던 1592년 임진왜란이 일어나자 巡邊使 李鎰의 종사관이 되어 싸우다가 尙州城에서 전사하였다.

주둔하자, 왜적의 무리들은 흩어져 가평(加平) · 포천(抱川) 등지로 쳐들어갔으니 피살된 남녀가 그 수를 헤아릴 수 없다."라고 하였다.

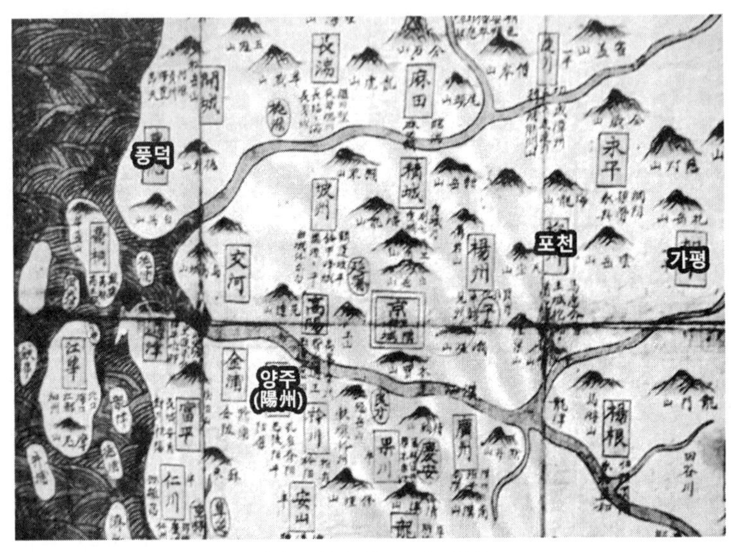

풍덕 · 양주(陽州) · 포천 · 가평

승지(承旨) 민여경(閔汝慶)이 행재소에서 이곳에 이르러 어머니와 아내가 간 곳을 찾아나섰는데, 그들이 떠돌다가 풍덕(豐德) 땅에 와 있다는 소식을 듣고 마침내 내달려 갔다.

二十日。雨。

留松都。家屬食後, 發向錢浦, 瑋兒率妻子, 向牛峰, 投寄于沖湜農莊。兵曹正郎李弘老, 以都檢察使從事官, 將往行在所過去, 言內, 賊倭東出, 陷陽州[120], 申恪 · 李鎰等, 獲七十餘級, 還復其州矣。十九日，倭酋平義智[121]，率大軍千餘出來，我軍敗北，退屯于大灘[122]，賊徒散入于加平[123]·抱川[124]等地，士女被殺者，不可勝數云。閔承旨汝慶[125]，自行在所到此，尋覓[126]母妻去處，聞漂到豊德地，遂馳去。

5월 21일。흐림。

아침밥을 먹은 뒤에 길을 떠나 전포(錢浦)의 촌가에 도착하니, 친가와 외가의 집안 가족들이 모두 이곳에 모여 있었다. 아들 이남(李湳)

---

120 陽州(양주): 陽川. 서울특별시 남서부에 있는 고을. 가양동으로 추정된다.

121 平義智(평의지): 平義知 소 요시토시. 일본 쓰시마 섬(對馬島) 島主. 1579년 형 소 요시준(宗義純)으로부터 도주 자리를 물려받았다.

122 大灘(대탄): 경기도 楊根郡 남쪽 10리 지점의 驪江 하류로 龍津江과 합쳐지는 곳.

123 加平(가평): 경기도 동북부에 있는 고을. 동쪽은 강원도 춘천시·홍천군, 서쪽은 경기도 남양주시·포천시, 남쪽은 경기도 양평군, 북쪽은 강원도 화천군과 접한다.

124 抱川(포천): 경기도 북동부에 있는 고을. 동쪽은 강원도 화천군·경기도 가평군, 서쪽은 연천군·동두천시·양주시, 남쪽은 의정부시·남양주시, 북쪽은 강원도 철원군과 접한다.

125 閔承旨汝慶(민승지여경): 閔汝慶(1546~1600). 본관은 驪興, 자는 而吉, 호는 棠沙. 1572년 별시 문과에 급제하였다. 1588년 지평, 1591년 교리, 이듬해 우부승지를 거쳐 병조참판이 되었다. 이해 임진왜란으로 조정이 의주로 파천하자 임금을 호종하였다. 1594년 分戶曹參判이 되어 군량미 조달에 힘썼고, 1595년 동지중추부사로 명나라 제독 李如松의 진중에 파견되어 진격을 촉구하기도 하였다. 1598년 좌윤이 되고, 이듬해인 1599년 경상 감사로 나갔다가 다시 형조참판으로 들어왔다. 그해 다시 함 경감사로 나갔다.

126 尋覓(심멱): 어디에 있는지 모르는 물건이나 사람을 찾기 위하여 살핌.

은 칼 맞은 자리를 싸맨 채로 누워 있으니 애통하고 참담하여 차마 볼 수가 없었으나, 다만 왜적의 칼을 맞은 뒤이건만 정신이 흐트러지지 않았으니 이것은 다행이었다.

二十一日。陰。

食後發向, 到錢浦村家, 內外大小家眷, 皆聚于此矣。湳兒裹瘡臥, 痛慘不忍視, 但鋒刃之餘, 精神不爽, 是則幸也。

5월 22일

전포(錢浦)에 머물렀다.

유수(留守: 아우 이정형)가 소주 1병을 보내왔다. 아침밥을 먹은 뒤에 기동(起洞) 형제, 대훈(大薰: 셋째동생 李廷馩의 字) · 계훈(季薰: 여섯째동생 李廷馞의 字), 장남 이화(李澕) 등과 함께 앞 고개에 올라가 술을 마시며 이야기를 나누다가 헤어졌다

아들 이준(李濬: 셋째아들)을 송경(松京: 개성)에 들여보냈는데, 유수의 이질(痢疾)이 낫지 않아서 간호하도록 한 것이다.

二十二日。

留錢浦。留守送燒酒一壺。食後, 與起洞兄弟 · 大薰 · 季薰 · 澕兒等, 登前嶺, 飮話而罷。濬兒入松京, 留守痢疾未差, 使之看護。

5월 23일。큰비에 벼락침。

전포(錢浦)에 머물렀다.

오후에 김경신(金景信) 씨가 비를 무릅쓰고 풍덕(豐德)에서 왔는데, 듣건대 왜적이 수로를 통해 온다고 하니 믿을지 여부를 알 수가 없으나 우려해 마지않았다.

二十三日。大雨震雷。

留錢浦。午後, 金景信氏, 冒雨自豐德來到, 聞倭賊由水路云, 未知信否, 憂慮不已。

5월 24일

전포(錢浦)에 머물렀다.

유수(留守: 아우 이정형)의 가노(家奴) 건녕(件寧)이 편지를 가지고 왔는데, 곧 어제 쓴 것이었다. 풍덕(豐德)에서 온 전통(傳通: 전언통신)에 의하면 왜선 27척이 교하(交河)로부터 건너와서 아군이 막아 싸우니 서로 대치하는 중이라고 하였다. 비로소 김경신(金景信) 씨가 전한 바가 헛소리가 아님을 알았다. 수로와 육로가 모두 막혀 계책이 나오지 않으니 어찌해야 하겠는가 어쩌면 좋단 말인가.

유수의 아들 □□가 개성부에 들어갔다. 아침밥을 먹은 뒤에 기부(起夫: 처남 윤흥문의 字) 형제, 대훈(大薰: 셋째동생 李廷馚의 字), 장남 이화(李澕)와 함께 배를 타고 감로사(甘露寺)를 찾아가서 술을 마시며 이야기를 나누다가 헤어졌다.

김구(金耇: 이정암의 생질서)가 배천(白川)에서 찾아와 유숙하였다.

二十四日。

留錢浦。留守家奴件寧, 持書來到, 乃昨日所修也。豐德傳通內, 倭船二十七隻, 自交河[127]渡來, 我軍拒戰相持云。始知景信氏所傳不虛也。水陸路窮, 計無出, 奈何奈何? 留守子□□入府。食後, 與起夫兄弟 · 大薰 · 滭兒, 登舟訪甘露寺[128], 飮話而罷。金耇[129]自白川, 來訪留宿。

5월 25일

전포(錢浦)에 머물렀다.

아침밥을 먹은 뒤에 유수(留守: 아우 이정형)가 찾아와서 어머니를 뵙고 돌아갔는데, 듣건대 수로를 통한 왜적들이 교하(交河) 지역으로 흩어져서 쳐들어갔으나 삼강(三江: 한강 · 용산강 · 서강)에서 난리를 피해 온 사람들의 배 200여 척이 삼기리(三岐里)에 정박해 있는 것으로 말미암아 아군을 되레 성원하게 되었다고 하니, 다행한 일이었다. 만약 그들을 어루만지고 품어주어 따르도록 한다면 강은 비록 가리어 방해될지라도 왜적들이 그곳을 지나가지 못할 것인데, 따르면서 배

---

127 交河(교하): 경기도 파주시 남서부에 있는 동네 이름.

128 甘露寺(감로사): 경기도 개풍군 중서면 錢甫 오봉봉에 있었던 절.

129 金耇(김구, 생몰년 미상): 李廷馣의 이복 누나가 시집간 봉화 현감 李美善의 둘째 사위.

반하지 않고 가버리지 않을지를 알 수가 없다.

아들 이준(李濬: 셋째아들)이 개성(開城)에서 돌아왔는데, 정창연(鄭昌衍)·홍인상(洪麟祥)·권협(權悏)이 행재소에서 각각 자기의 모친 거처를 찾으러 왔다고 하였다. 경강(京江: 한강) 부원수 신각(申恪)이 한강(漢江)을 지키지 않았다고 하여 효수(梟首)되었다고 하는데, 한강을 지키지 못한 것은 유독 신각만의 죄가 아니었다. 그 뒤로 왜적의 목을 참하고 귀를 베는 등 스스로 힘을 다해 노력한 공이 없지 않았는데도 갑자기 처형된다면, 같은 죄를 지은 무리들은 누군인들 실망하여 흩어지지 않겠는가. 사람들이 그의 죽음을 애석하게 여겼다.

밤에 큰비가 왔는데, 대훈(大薰: 셋째동생 李廷馪의 字)의 젖먹이 아이가 역질(疫疾)에 걸려 간밤에 죽었다.

二十五日。

留錢浦。食後, 留守來謁慈氏而還, 聞倭賊之由水路者, 散入于交河地, 盖因三江[130]避亂之人二百餘艘, 到泊于三岐里, 我軍轉爲聲勢, 幸也。若撫而懷附, 則江雖遮障, 無過於此, 未知從能不叛去否。濬兒自開城還, 聞鄭昌衍[131]·洪麟祥[132]·權悏[133], 自

130 三江(삼강): 漢江·龍山江·西江. 이는 한강이 한성의 남쪽을 흐르는 구간을 나누어 부르는 이름인데, 南山 남쪽 일대 鷺梁까지를 한강, 그 以西 麻浦까지를 용산강, 그 이서 楊花渡 일대를 서강이라 한다.

131 鄭昌衍(정창연, 1552~1636): 본관은 東萊, 자는 景眞, 호는 水竹. 척신가문으로 북인과 가까워 임진왜란 이후부터 북인정권에 참여했다. 1609년 이조판서가 되었는데 추천과정에서 왕비 유씨의 외척이라 하여 비판의 대상이 되었고, 鄭仁弘·李爾瞻 등의 대북을 지지했다.

行在所, 各尋其母去處出來云。京江副元帥申恪, 以失守漢江, 梟首云, 漢江失守, 非獨申恪之罪。其後, 不無斬馘自效[134]之功, 而遽爾受刑, 同罪之輩, 孰不解體? 人皆惜之。夜大雨, 大薰乳下兒得疫, 去夜化去[135]。

5월 26일

전포(錢浦)에 머물렀다.

유수(留守: 아우 이정형)가 편지를 보냈는데, 곧 왜적이 철원(鐵原)

---

132 洪麟祥(홍인상, 1549~1615): 본관은 豊山, 자는 君瑞·元禮, 호는 慕堂. 개명은 洪履祥. 1573년 사마시를 거쳐 1579년 식년문과에 급제하였다. 그 뒤 예조와 호조의 좌랑을 거쳐, 정언·수찬·지제교·병조 정랑 등을 두루 지냈다. 1591년 직제학을 거쳐 동부승지가 된 뒤, 다시 이조 참의가 되었다. 1592년 임진왜란 때는 예조참의로 옮겨 왕을 扈駕해 西行하였다. 그리고 곧 부제학이 되었다가 성천에 도착해 병조 참의에 전임하였다. 1593년 정주에서 대사간에 임명되었고, 이듬해 聖節使가 되어 명나라에 다녀왔다. 그 뒤 좌승지가 되었다가 곧 경상도 관찰사로 나갔다. 1596년 형조참판을 거쳐 대사성이 되었다. 그러나 영남 유생 文景虎 등이 成渾을 배척하는 상소를 올리자, 성혼을 두둔하다가 안동부사로 좌천되었다.

133 權悏(권협, 1553~1618): 본관은 安東, 자는 思省, 호는 石塘. 1577년 알성 문과에 급제하여 전적·사예·승문원·춘추관 등의 벼슬을 거치고, 1592년 임진왜란이 발발하자 장령으로서 서울을 굳게 지킬 것을 주장하였다. 1596년에 교리·시강관을 거쳐 이듬해 응교로 있을 때 정유재란이 일어나자 告急使로 명나라에 가서 사태의 시급함을 알리고 원병을 청하였다. 돌아와서 예조 참판·호조 참판이 되었으며, 황해도 관찰사로 나아갔다.

134 自效(자효): 스스로 힘을 다해 노력함.

135 化去(화거): 다른 것으로 변하여 간다는 뜻으로, 죽음을 이르는 말.

등지를 침입하였고 수원(水原) 또한 함몰하였다고 하였다. 밤낮으로 바랐던 것이 오직 전라도와 충청도 양도의 군마가 이르는 것이었는데, 수원이 이미 함몰되었다면 남군(南軍) 또한 장차 퇴각할 것이니 한양 도성을 수복하는 것은 더 이상 가망이 없어졌다.

강서(江西: 넷째아들 李瀞의 장인 柳淮)의 답서가 송도(松都: 개성)로부터 와서 보았는데, 자신은 수성장(守城將)으로 평양(平壤)에 오래도록 있게 되어 관속(官屬)으로서 일처리에 겨를이 없을 것이니 사정상 그의 여서(女壻: 李瀞를 가리킴)까지 실어가기가 어렵다고 하니 한탄스럽다.

이날 해주(海州)의 내금위(內禁衛) 박씨(朴氏: 朴伸) 집에 사람을 보내어 소식을 탐문하였으나, 다만 장차 피난하려 한다는 뜻만 알려왔다.

二十六日。

留錢浦。留守送書, 卽倭寇侵入鐵原[136]等地, 水原[137]亦爲陷沒云。日夜所望者, 惟全羅·忠淸兩道軍馬之至, 水原旣陷, 則南軍, 亦將阻却, 收復京師, 無復可望矣。江西[138]答書, 自松都來, 見之, 則身爲守城將, 長在平壤, 官屬應務無暇, 勢難輸去其女壻

---

136 鐵原(철원): 강원도 북서부에 있는 고을. 동쪽은 화천군, 서쪽은 연천군·포천시, 남쪽은 포천시, 북쪽은 평강군·김화군과 접한다.

137 水原(수원): 경기도 중남부에 있는 고을. 동북쪽과 동쪽은 용인시, 서쪽과 남쪽은 화성시, 서북쪽은 의왕시와 접한다.

138 江西(강서): 李廷龜의 넷째아들인 李瀞의 장인 柳淮(1530~?)가 임진왜란 당시 江西縣令이었음. 본관은 高興, 자는 浩浩. 1558년 식년시에 급제하였다.

云, 可嘆。是日, 送人于海州朴內禁[139]家, 探問消息, 只告以將欲避寄之意。

5월 27일。 맑음。

아침밥을 먹은 뒤로 앞 고개에 올라 입부(立夫: 처남 尹興宗의 字) · 대훈(大薰: 셋째동생 李廷馞) · 사훈(士薰: 다섯째동생 李廷馦)과 관망하며 수심을 달랬다.

오후에 유수(留守: 아우 이정형)가 배패(陪牌: 장수 수행 군사)를 급히 보내어 말하기를, "수로로 왜적이 이미 풍덕(豐德)을 건너와서 임진(臨津)의 군사들도 형세상 필시 무너져 흩어졌을 것이니, 급히 가족들을 데리고 해서(海西)를 향해 건너야 할 것입니다."라고 하였다. 즉시 어른과 아이들을 거느리고서 총총히 배에 올라 배천(白川) 지역에 들어가 소포리(小浦里)로 불리는 시골집에 묵으니, 날이 이미 어둑어둑해졌다. 이날 장남 이화(李澕)가 보리를 거두려 풍덕(豐德)에 갔다가 뒤따라 건너왔으니 기쁘고 다행함을 말로 할 수 있겠는가.

二十七日。晴。

食後, 登前嶺, 與立夫[140] · 大薰 · 士薰, 觀望消慮。午後, 留守馳

---

139 朴內禁(박내금): 李廷馣의 〈行年日記 上〉에 의하면 朴伸임. 구체적인 인적 사항은 알 수가 없다.

140 立夫(입부): 尹興宗의 字인 듯. 李廷馣의 〈行年日記 下〉에 처남으로 尹興宗과 尹興門을 언급하고 있는데 〈행년일기 상〉에서 起夫를 윤흥문으로 언급하였기

送陪牌[141]曰: "水路倭賊, 已渡豐德, 臨津之軍, 勢必潰散, 急携家眷, 渡向海西." 卽挈老幼, 忽忽上船, 投白川地, 名小浦里, 村舍宿焉, 日已昏黑矣。是日, 滭兒以收麥, 往豊德, 追後得渡, 喜幸可言?

5월 28일。비。

아침밥을 먹은 뒤에 한언오(韓彦悟: 이정암의 둘째매부 韓詗)와 함께 먼저 배천군(白川郡)으로 향했는데, 노모의 가마꾼과 인마(人馬)가 제대로 갖추어지지 않아서 이동하기가 극히 어려웠기 때문에 배천 군수에게 구제받고자 하였고, 한언오는 자기의 사내종이 관문(官門) 근처에 살고 있어서 데려가고자 하였다.

배천군에 이르니 고을 수령(守令: 南宮悌)은 환상(還上: 還穀)을 나누어 주는 일로 창고에 앉아 있었는데, 사내종에게 명함을 들이도록 하자 바로 객사(客舍)에서 우리를 대접하였다. 그러나 이곳의 하인들은 왜적들이 침입했다고 먼저 들려오는 소식을 듣고서 흩어져 달아나 남은 자가 없었다. 단지 관속(官屬: 관청의 아전과 하인) 두세 명만이 같이 있었지만, 짐을 꾸린 데다 말에 재갈을 물리고 안장을 얹었으니 이미 피난할 계획을 세워 놓고 있었다. 호령이 행해지지 않을 것 같아서 마부와 말을 청하려던 말이 감히 입밖으로 나오지 않았다.

때문이다.

141 陪牌(배패): 장수를 수행하고 다니는 군사.

고을 수령이 노모가 떠돌고 있다는 말을 듣고서 측은한 생각이 들었는지 관목(官木) 15필을 찾아 주며 마부를 고용하고 말을 수매할 비용으로 쓰도록 한 뒤에 술을 가져다 권하면서 객지에서의 회포를 위로해 주니, 그 후의(厚意)를 잊기가 어려웠다. 한언오는 즉시 노복(奴僕)과 말을 이끌고 되돌아갔다.

배천 고을 사람들이 와서 전하는데, 유수(留守: 아우 이정형)가 난리를 피하여 감로사(甘露寺)로 와서 머물러 있다고 하나 사실인지 여부를 알 수가 없었다. 저녁이 되어서야 아들 이준(李濬: 셋째아들)이 마부와 말을 이끌고 와서 전하는데, 오늘은 비가 몹시 내려서 길을 떠날 수 없다고 하였다. 그 자리에서 고을 수령과 함께 술잔을 잡아 마시고 서로 헤어진 뒤에 소포리(小浦里)로 되돌아와 유숙하였다.

二十八日。雨。

早食後, 與韓彦悟, 先向白川郡, 盖以老母轎軍[142]及人馬不齊, 遷動[143]極難, 欲見主倅求濟, 而彦悟則其奴, 在官門近處, 欲率去也。至則主倅[144], 以還上[145]分給事坐税, 使奴納名, 卽對接于客

---

142 轎軍(교군): 가마를 메는 일.

143 遷動(천동): 움직여 자리를 옮김.

144 主倅(주쉬): 南宮悌(1543~?)를 가리킴. 본관은 咸悅, 자는 友中. 1568년 증광시에서 생원·진사 兩試에 합격하였다. 1592년 임진왜란이 일어났을 때 배천군수였고, 그 후로 연안 부사를 역임하였다. 593년 柳成龍이 監賑官에 임명하여 호남에서 조운된 곡식을 이용해 한양의 기근 문제를 해결하였다. 李廷馣의 〈行年日記 上〉 5월 28일 기사에 남궁제가 배천군수였음을 밝히고 있다.

145 還上(환상): 還子. 조선시대 흉년이나 춘궁기에 각 고을의 社倉에서 곡식을 빈

舍。而此處下人, 聞倭寇先聲[146], 去散無餘。只與官屬數三同處, 束裝鞴馬[147], 已爲避兵之計矣。號令不行, 人馬之請, 不敢開口。主倅聞老親流離, 惻然動意, 覓給官木十五匹, 以爲雇貿之資, 持酒相勸, 以慰旅懷, 厚意難忘。彦悟卽率奴馬還去。郡人來傳, 留守避兵, 來住甘露寺云, 未知信否。向夕, 濬兒率人馬來傳, 今日雨甚, 不得發行云。卽與主倅, 執杯相別, 還到小浦, 留宿。

5월 29일

소포(小浦)의 시골집에 머물렀다.

아침밥을 먹은 뒤에 듣건대 건너편 전포(錢浦) 마을에 왜적들이 쳐들어와서 분탕질을 하며 제멋대로 다닌다고 하였다. 온 마을의 사람들이 허둥지둥 짐을 짊어지고 달아나자, 노모 또한 몹시 심하게 놀라시니 하는 수 없이 아우들에게 부축하여 소에 태우게 하고 북면의 산골짜기를 향해 피난 갈 계획을 세웠다. 그런데 뜻밖에도 이 왜적들이 그 마을을 불태우고 약탈할 뿐이지 반드시 강을 건너오지 않으리라는 생각에 아들 이준(李濬: 셋째아들)에게 앞 고개에 올라가 종일토록 경계하며 지키도록 했더니, 과연 적들이 간 곳을 알 수가 없었다. 그래서 그대로 이현(泥峴)에 유숙하였는데, 고모 및 장남

민에게 꾸어 주고 추수기에 이자를 붙이어 받아들이는 일.

146 先聲(선성): 먼저 들려오는 소식.

147 鞴馬(복마): 말에 재갈을 물리고 안장을 얹음.

이화(李澕)의 아내와 두 딸 그리고 손녀 등이 도보로 가고 있던 도중에 도로 데리고 왔다. 기부(起夫: 처남 윤흥문의 字) 형제가 마침내 피난민들과 뒤섞여 가버려서 어디로 갔는지 알 수 없었다. 이리저리 떠돌던 중에 여러 날을 함께 지냈건만 하루아침에 서로 잃었으니, 영원히 헤어지게 된 한(恨)을 차마 말할 수 없었으며 차마 말하지 못하겠다.

二十九日。

留小浦村舍。食後, 聞越邊錢浦里舍, 倭賊來到, 焚蕩橫行。擧里遑遑, 荷擔而走, 老母亦甚驚動, 不得已令舍弟輩扶持載牛, 向北面山谷, 爲避亂之計。不料[148]此賊, 不過焚劫其里, 必無渡江之意, 令濬兒登前嶺, 終日候望, 則果不知去處矣。仍留宿泥峴, 姑母及澕妻 · 二女 · 孫女等, 徒步半道, 還率來。起夫兄弟, 遂亂去, 不知向何地方。流離中, 相從累日, 一朝相失, 永訣之恨, 不忍言不忍言。

6월 1일

소포(小浦)에 머물렀다.

어제의 계획은 왜적이 만약 다시 송도(松都: 개성)를 쳐들어 올 것으로 생각되면 배를 빌려 강의 한가운데 있으면서 만분의 일이라도 요행을 바라고자 하는 계획으로, 장남 이화(李澕)에게 노복(奴僕)을 이끌고 갯가에 가서 문의하도록 했으나 배의 주인들이 응하지 않으니

148 不料(불료): 뜻밖에. 의외에.

생사의 막다른 길에 처했지만 어찌할 계책이 나오지 않았다.

아침 일찍 장남 이화에게 먼저 늙은 고모와 아내며 딸 등을 데리고 노모가 계신 곳으로 들어가도록 하였으나, 아들 이남(李湳: 둘째아들)은 상처가 심하여 실어갈 수 없었으므로 산기슭에 땅을 파서 숨겨두고 나뭇가지와 잎으로 덮으니 흡사 가매장(假埋葬)한 것 같았다. 그리고 노비들에게 지키도록 하였지만 정녕 이곳에서 고혼(孤魂: 외롭게 떠다니는 넋)이 되고 말 것이니, 진작 이럴 줄 알았다면 어찌 파산(坡山: 파주)에서 적에게 상처를 입었던 초기에 생을 마치지 못했단 말인가. 생각이 이에 이르니 저도 모르게 부르짖으며 슬퍼하고 서럽게 통곡하였다.

이포리 · 금곡리

아침밥을 먹은 뒤, 아들 이준(李濬: 셋째아들)과 함께 앞 고개에 올라 적의 동태를 살피니 전포리(錢浦里)의 민가들이 차례차례 모조리 불타고 있어서 참담하여 차마 볼 수가 없었다. 마을사람들이 전하는 말에 의하면, 왜적이 이미 건너오자 강서사(江西寺)의 승려들이 피해 달아나 왔다고 하였다. 그리하여 바로 아들 이준(李濬)과 함께 어머니가 계신 곳으로 달려가니, 집안의 가족들이 모두 산골짜기에 숨어서 숲속 곳곳에 흩어져 있었다. 내 생각해보니 이 산은 큰길과 매우 가까워서 결코 은신할 만한 곳이 아니니, 만약 왜적의 칼날을 만나기라도 하면 일가의 늙은이나 젊은이나 모두 타향의 산귀신이 될 것이니 비록 해골이 된다 한들 누가 가릴 수 있겠는가. 차라리 연안(延安)으로 가서 배를 구하여 바다로 나가 만에 하나의 요행이라도 바라는 것이 낫겠으며, 연안에서 또 배를 구하지 못하면 다시 해주(海州)에 있는 죽은 아우의 처가(妻家)로 향해 생사를 돌아보지 않고 나아가는 것이 좋겠다고 하자, 여러 사람의 의견도 모두 옳게 여겼다. 곧바로 서로를 붙잡고 끌며 산을 내려와 산 밑의 인가에서 쉬는데, 집주인이 곧 배천 도장(白川都將) 육평(陸平)이라는 사람이었다.

한편 아들 이준(李濬: 셋째아들)에게 배값을 가지고 이천(梨川: 梨圃里)에 가서 배를 구하도록 했는데, 아직 돌아오지 않는 사이에 사내종이 와서 말하기를, 길가는 사람의 말을 들으니 왜적이 이미 금이포(金伊浦: 金谷里)를 건넜다고 하였다. 가족들이 곧바로 또 산골짜기로 들어가 숨었는데, 일행의 온갖 물건들을 내버려둔 채로 숨어 남겨진 것이 많았으나 거두어 들일 생각조차 하지 않았다. 다시 들으니 곧 잘못 전해진 것이었다. 마침내 산에서 내려와 유숙하였다. 이천(梨川) 사람들은 왜적들이 바야흐로 건너편에 이르러 불태우고 약탈하자, 모두 배에서 내려 언덕에 올라서는 감히 바다로 나갈 엄두를 내지 못했다고 한다.

六月初一日。

留小浦。昨日之計, 以爲倭賊, 若還入松都, 則欲賃舟中流, 庶冀萬一之計, 使澕兒率奴, 問于浦邊, 則主人不應, 生死路窮, 計無所出矣。早朝, 令澕兒, 先率老姑·妻·女等, 投入老母往處, 湳兒創甚, 不可以輸去, 掘土山麓隱置, 覆以木葉, 似若假葬者。然使其奴婢守之, 定爲此地之孤魂, 早知如此, 何不畢命于坡山被創之初乎? 思之至此, 不覺呼慟呼慟。食後, 與濬兒登前嶺, 窺賊形止, 則錢浦民家, 次第盡焚, 慘不忍見。里人傳說, 倭賊已渡, 江西寺僧人, 避走而來云。卽與濬兒, 馳往母氏在處, 則大小家屬盡竄山谷, 散處于草莽中矣。予思之, 此山直路甚近, 決不可以藏身, 若逢賊鋒, 則一家老少, 盡爲他山之鬼, 縱爲骸骨, 誰得以掩之? 不如投往延安[149], 覓舟浮海, 以冀萬一, 而延安又不得船, 則轉向海州亡弟妻家, 死生以之, 可也, 僉意皆以爲然。卽扶挈下山, 憩于山底人家, 主人卽白川都將, 陸平稱名人也。一

149 延安(연안): 황해도 남동부에 있는 고을. 동쪽은 배천군, 서쪽은 청단군, 북쪽은 봉천군, 남쪽은 황해 경기만에 접한다.

邊使濬兒持價，覓船于梨川[150]，未返之間，奴子來言，聞行路之言，則倭賊已渡金伊浦[151]。老小卽又投竄山谷，一行什物，棄之多遺，無意收拾。更聞則乃虛傳也。遂下山留宿。梨川之人，以倭賊方到越邊焚劫，皆舍舟登岸，不敢出浮海之計云。

6월 2일

아침 일찍 출발하여 배천(白川) 읍내의 인가에서 잠시 쉬었는데, 듣건대 왜적이 이미 강을 건너서 금곡리(金谷里)의 창고 등을 분탕질하고 있다 하여 총총히 길을 떠났다. 일행은 서로 나뉘어 떠나서 연안(延安) 지경의 냇가에 간신히 이르니, 점심 먹을 시간인데도 어둡고 컴컴하였다.

사람을 연안부(延安府)에 들여보냈더니, 관속(官屬)들은 죄다 도망하여 흩어졌고 부사(府使) 김대정(金大鼎)이 단지 아전 두세 명과 함께 객사(客舍)에 앉아 있다고 하였다. 일행을 평원당(平遠堂)에 맡겨두고 부사(府使)를 찾아가 만나서 배를 구해 바다로 나갈 계획을 알리자, 호령을 해도 행해지지 않으며 뱃사공들이 죄다 바다에 배 띄우고 떠나가버렸다고 대답하여 어찌할 도리가 없었다. 한 잔의 술을 얻어 일행의 질병을 고치고자 하였지만 얻을 수도 없었다.

---

150 梨川(이천): 황해도 배천군 梨圃里를 일컫는 듯.

151 金伊浦(금이포): 李廷馣의 〈行年日記 上〉에는 金谷으로 되어 있음.

하루 전에 감사(監司: 趙仁得)가 연안부에 들어왔다가 즉시 해주(海州)로 향했으며, 판서(判書) 이증(李增)이 가솔 수십 명을 데리고 난리를 피하여 교동(喬桐)에서 이곳에 왔다가 다시 해주로 향했다고 하였다.

初二日。

早發, 暫憩于白川邑內人家, 聞倭賊已渡江, 焚蕩金谷倉等云, 忽忽發行。一行分離, 艱到于延安地境川邊, 午點昏黑。投入延安府, 則官屬盡爲逃散, 府使金大鼎, 只與人吏數三, 坐于客舍云。一行接置于平遠堂[152], 往見府使, 告覓舟浮海之計, 則答以號令不行, 船人盡爲浮海出去云, 無可奈何。欲得一杯酒, 以救一行疾病, 亦不可得。前一日, 監司[153]入府, 卽向海州, 判書李增[154], 挈家屬數十口避亂, 自喬桐[155]到此, 轉向海州云。

---

152 平遠堂(평원당): 尹斗壽가 연안부사였을 때인 1580년 경에 지은 정자.

153 監司(감사): 趙仁得(?~1598)을 가리킴. 본관은 平壤, 자는 德輔, 호는 滄洲. 1577년 알성문과에 급제, 정언을 거쳐 형조 좌랑·장령 등을 지냈다. 1592년 임진왜란 때 황해도 관찰사로 해주 앞바다의 섬으로 피신하였다가 황해도 병마절도사로 전직되었으며, 그 뒤 판결사를 지냈다. 1594년 황해도 병마절도사로 있을 때 비변사의 건의로 精兵을 모집하였으며, 이에 束伍法이 최초로 적용되기도 하였다. 1595년 도승지가 되고, 이듬해 충청도 관찰사·공조 참판·길주 목사 등을 역임하였다.

154 李增(이증, 1525~1600): 본관은 韓山, 자는 可謙, 호는 北崖. 1589년 대관의 장으로 鄭汝立獄事 국문에 참여하는 공을 세워, 이듬해 平難功臣 3등에 책록되고 鵝川君에 봉해졌다. 이해 聖節使로 중국에 다녀왔다. 1591년 형조판서에 제수되었으며, 뒤에 正憲大夫가 되어 형조·예조·공조의 판서, 좌·우참찬을 역임하였다. 임진왜란 후에는 국가의 기강을 바로잡는 데 헌신하였다.

6월 3일。 비。

부(府: 연안부)에 소속된 늙은 아전 몇 사람이 내가 이곳에 이르렀다는 소식을 듣고 찾아와서 만나 조문(弔問)하였다.

비를 무릅쓰고 길을 떠나 신원(新院)에 도착하니, 비바람이 거세게 몰아쳐서 늙은 모친과 고모가 오한증(惡寒症)이 심해짐에 원주(院主: 驛院 숙직자)의 초막(草幕)에 들여보냈지만 일행이 허둥지둥하며 슬피 운들 어찌하겠는가.

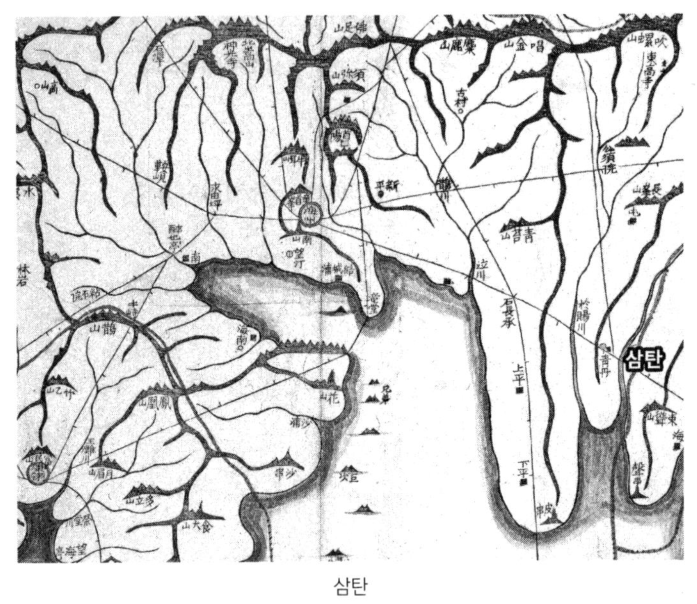

삼탄

155 喬桐(교동): 경기도 강화군 교동면 고구리.

점심을 먹을 즈음 다행히도 잠깐 개여서 부리나케 말에 올랐지만, 위로는 비가 내리고 아래로는 진흙탕인 데다 교량마저 붕괴되어 한 발짝 한 발짝 앞으로 나아가 삼탄(三灘) 근처에 도착하였다. 우연히 한 중을 만나서 누구냐고 물으니, 곧 박한(朴翰: 넷째동생 이정온의 장인)의 재택주승(齊宅住僧: 상가집에 머물며 불공 드리는 중)이었다. 앞길을 인도해주기를 간절히 빌었으니, 날은 이미 저물고 비바람은 그치지 않았으나 산을 오르고 물을 건너 천신만고 끝에 간신히 해주(海州)의 동쪽인 서화산(西花山)의 박한의 집에 도달하니, 집주인은 난리를 피하여 다른 곳으로 임시거처를 옮기고 없었다.

종들은 나의 가솔들이 이르렀다는 소식을 듣고 앞을 다투어 나와서 맞이하였으니, 두 집안이 혼인한 연고로 후의를 알 수 있었다.

初三日。雨。

府屬老吏數人, 聞吾到此, 來見相吊。冒雨發行, 到新院[156], 風雨大作, 老母·老姑寒甚, 投入于院主草幕, 一行遑遑, 慟泣奈何? 午點之頃, 幸爲乍霽, 急急上馬, 上雨下泥, 橋梁崩壞, 寸寸前進, 到三灘[157]近處。偶逢一僧, 問之, 則乃朴翰[158]齊宅住僧也。懇乞前導, 日已入矣, 風雨不絶, 緣山渡水, 千辛萬苦, 僅達

156 新院(신원): 연안부의 서쪽 30리에 있었음.

157 三灘(삼탄): 해주목 동쪽 60리에 있는 여울. 하나는 吹螺山에서 나오고, 하는 평산부 成佛山에서 나오고, 하나는 그 부 牡丹山에서 나오는데, 취라산 동쪽에 와서 합류하고 여기 와서 바다로 들어간다.

158 朴翰(박한): 李廷馣의 넷째동생인 李廷馧의 장인.

海州東, 西花山[159]朴翰家, 則主人避亂, 移寓于他處矣。奴子輩, 聞吾家屬之至, 爭先出接, 昏姻之故, 厚意可知。

6월 4일

화산(花山)에 머물렀다.

주인 박한(朴翰: 넷째동생 이정온의 장인) 및 죽은 동생의 처자식들이 기별을 듣고 곧바로 와서 서로 조문하였다. 죽은 동생이 병으로 폐인이 되어 일찍 세상을 떠나 불행하다고 여겼었는데, 어찌 죽은 자 뒤에 남아있는 우리들의 불행이 이 지경에 이를 줄 알았으랴. 생각하자니 울부짖으며 통곡함이 더욱 격렬해졌다.

화산 · 청단

159 花山(화산): 황해도 해주시 동쪽과 청단군 청단 서쪽에 있는 마을.

이웃에 사는 연성감(蓮城監: 李復齡인 듯)이 찾아와서 만났는데, 건어물을 찾아 보내주었다. 이곳은 수목이 울창하여 가히 난리를 피할 만하나 청단(靑丹)과의 거리가 겨우 10여 리인 것이 염려스러웠다.

아침밥을 먹은 뒤에 주인(主人: 박한)은 도로 산중(山中)으로 향했다. 나는 아들 이준(李濬: 셋째아들)과 함께 산 뒤쪽에 있는 집에 부치고 지내는데, 무무산승(貿貿山僧: 세상 물정을 모르는 승려) 예닐곱 명이 있었다. 무릇 산을 넘고 물을 건너온 끝이라 위로는 노모부터 아래로는 하인과 말에 이르기까지 기력이 몹시 곤핍하여 비록 다시 다른 곳으로 가려고 해도 형세상 그럴 수가 없는데, 하물며 다시 갈 만한 곳이 없음에랴. 죽고 사는 것이야 하늘을 믿을 수밖에 없으니, 이곳에 그대로 머물러 있을 생각이다.

初四日。

留花山。主人朴翰及亡弟妻子輩, 聞奇, 卽來相吊。亡弟, 病廢早世, 嘗以爲不幸, 安知後死者, 不幸至此乎? 思之呼慟欲絶[160]。隣居蓮城監[161]來見, 覓送乾魚。此處, 樹木菀鬱, 可以避亂, 而距靑丹[162], 僅十餘里, 是可慮也。食後, 主人還向山中。吾與濬兒, 投寄于山後舍, 貿貿[163]山僧六七輩, 在焉。大抵跋涉之餘, 上自

160 欲絶(욕절): 감정이 격렬해짐.

161 蓮城監(연성감): 李復齡(1578~1613)을 가리킴. 본관은 全州, 자는 永處. 宣祖의 伯兄인 河原君 李鋥의 아들이다. 蓮城守에 봉작되었다. 觀象監 관원이었다.

162 靑丹(청단): 황해도 남동쪽에 있는 고을. 동쪽은 연안군, 서쪽은 해주시, 남쪽은 황해, 북쪽은 신원군·봉천군·인산군과 접한다.

老親, 下及奴馬, 氣力困極, 雖欲轉而之他, 勢不可爲, 況更無可往之地乎? 死生恃天, 定爲留住之計。

6월 5일

화산(花山)에 머물렀다.

아침에 일본 방문(榜文)을 얻어서 보니, 대략 이러하였다. "흑전갑비수풍신장정(黑田甲斐守豊臣長政: 일명 쿠로다 나가마사)이 황해도의 양반과 인민들에게 통유(通諭)한다. 일본은 예전의 일본이 아니다. 천하와 함께 태평을 누릴 것을 바라고 있으며, 요역(徭役)을 줄이고 부세(賦稅)를 가볍게 하여 예전처럼 편안하게 살도록 할 것이다. 우리 대군이 지나갈 때에는 대소인을 막론하고 모두 나와서 맞이해야 하며, 산으로 들어가 도피하는 자는 참할 것이다. 스스로 군기(軍器)를 가지고 와서 죄다 관(官)에 바칠 것이며, 명령을 어기는 자는 참할 것이다. 비록 재상(宰相)이나 조정에 몸담고 있는 신하로 피난한 자라 할지라도 숨지 말고 찾아오라. 관노비든 사노비든 의당 모두 백성으로 삼을 것이다."라고 하였다. 그 방문은 이두(吏讀)가 뒤섞여 있었으니 곧 우리나라 아전배들이 지은 것인데, 졸렬하고 난삽하기가 비할 데가 없어서 겨우 알아볼 수가 있었다. 이것을 보니 왜적의 군대가 승승장구하여 조선의 군현(郡縣)을 태반이나 이미 삼킨 침이 입안에

163 貿貿(무무): 예절에 어두워 언행이 서투른 모양.

흐르는 것 같은데, 나도 그놈들의 풍속인 단발문신(斷髮文身)을 하게 될 것인가. 이미 노모를 모시고 이곳으로 달아나 숨었는 데다 다시 도피할 길이 없으니, 단지 노모의 한 가닥 목숨만은 살려 주기를 바랄 뿐이다.

오후에 듣건대 강음(江陰)에서 건너온 왜적들이 평산(平山)의 온정(溫井)을 거쳐 해주(海州)의 관아로 향하고 있다고 하였다. 온 마을이 소란스럽더니 다투어 숲속으로 들어갔다. 조금 지나서 듣자니 잘못 전해진 것이었다.

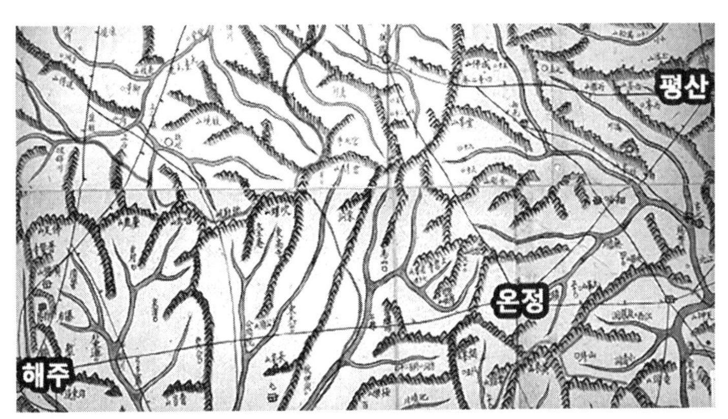

해주 · 온정 · 평산

初五日。

留花山。朝, 得日本榜文, 見之, 則大略以爲, "黑田甲斐守豊臣長政[164], 通諭黃海道兩班 · 人民等。日本, 非是前日之日本。要與天下, 共享太平, 寬徭薄賦, 按堵如舊[165]。大軍之過, 大小迎謁, 入山逃避者斬。自持軍器, 盡納于官, 違令者斬。雖宰相·朝士, 避亂者, 無隱來見。公私賤, 當盡爲百姓."云。其文, 雜以吏讀, 乃我國衙前所撰, 拙澁無比, 僅得解見矣。見此, 則敵兵長驅, 朝鮮郡縣, 太半已屬于流齒, 吾其爲斷髮文身乎? 旣率老母, 奔竄到此, 更無逃避之路, 只欲乞活老母一縷之命而已。午後, 聞倭兵自江陰[166]渡涉者, 由平山[167]溫井[168], 向海州官云。一里擾擾, 爭入林莽中。俄而, 聞之則虛傳也。

6월 6일

화산(花山)에 머물렀다.

---

164 黑田甲斐守豊臣長政(흑전갑비수풍신장정): 黑田長政(쿠로다 나가마사, 1568~1623). 豊臣秀吉의 軍師로 잘 알려진 黑田孝高의 아들로 아명은 松壽丸, 성장해서는 吉兵衛라고 불렀다. 甲斐守를 칭하다가 1600년 관원[關ヶ原] 전투에서 공적을 인정받아 筑)을 영지로 받은 이후 筑前守로 고쳤다. 1592년 시작된 임진왜란 시에는 3번대의 주장으로 5,000명의 병력을 이끌고 조선에 건너와 1번대 소서행장, 2번대 加藤清正과는 다른 진로로 북진했다. 5월 한양에 입성 후에는 황해도 공략을 담당했다. 정유재란 때도 5,000명의 병사를 이끌고 가등청정 등과 함께 주로 우군에 속해 싸웠다.

165 按堵如舊(안도여구): 安堵如故. 예전처럼 편안하게 살도록 함.

166 江陰(강음): 조선시대 당시 동쪽과 북쪽은 평산, 서쪽은 배천, 남쪽은 개성과 접하였다.

167 平山(평산): 황해도 남동쪽에 있는 고을. 동쪽은 금천군·신계군, 서쪽은 벽성군·재령군, 남쪽은 연백군, 북쪽은 봉산군·서흥군과 접한다.

168 溫井(온정): 황해도 牧丹山과 黃衣山 사이에 있는 고을.

금석(今石)에게 본가의 하인 내갑(內甲)과 같이 연안(延安)에 가서 정탐하도록 하였는데, 공형(公兄: 이방 · 호장 · 수형리) 등이 보고한 고목(告目: 문서)에 의하면, "왜적들이 3일에 광정(匡井: 光井)에서 강을 건넜는데 금곡창(金谷倉)을 봉하고서 고을에 들어가 환상(還上: 還穀)을 나누어 주고는 한 사람도 죽이지 않았고 초가집 또한 분탕질하지 않았으며, 사람을 보면 농사에 힘쓰라고 한 뒤로 곧장 평산(平山)으로 향하였다. 왜적의 후발대 2운(運)과 3운(運) 또한 광정에서 강을 건넜는데 배천(白川)으로 들어가 평산을 향했으나 연안은 들어가지 않았다."라고 운운하였다.

부사(府使) 김대정(金大鼎)은 어제 연안부에 돌아왔는데, 이전에 쌀과 콩을 내리는 첩문(帖文)대로 내주어 촌가에 두도록 하였다고, 금석(今石) · 수직(守直) · 내갑(內甲) · 동선(同先)이 와서 말했다.

이날 연안에 사는 훈련 봉사(訓鍊奉事) 이종성(李宗星)이 찾아왔다. 이수득(李壽得: 李美善의 아들) 또한 산속에서 나와 찾아왔으니, 비로소 봉화(奉化: 異腹 姊兄 봉화현감 李美善) 일가가 이곳에 와서 임시로 지내는 것을 알았다.

初六日。

留花山。使爲今石, 與本宅奴內甲, 同往探于延安, 則公兄[169]等, 告目[170]內, "倭人, 初三日, 自匡井渡江, 封金谷倉, 入郡還上分

169 公兄(공형): 三公兄의 준말. 조선시대 관찰사나 수령 아래 각 고을의 戶長 · 吏房 · 首刑吏의 세 상급 관속.

給, 不殺一人, 廬家亦不焚蕩, 見人 則勉以農業, 後直向平山。其後二三運, 亦渡匡井, 入白川, 向平山, 延安則不入."云云。府使金大鼎, 昨日還府, 前日帖給[171]米太, 出給留置于村家, 今石 · 守直 · 內甲 · 同先, 來言之。是日, 延安居訓練奉事李宗星[172]來訪。李壽得, 亦自山中來訪, 始知奉化[173]一家, 來寓此地。

6월 7일

화산(花山)에 머물렀다.

새벽에 인마(人馬)를 연안(延安)으로 보내어 콩과 쌀을 실어오게 했는데, 금석(今石)이 돌아와서 말하기를, "전날 배천(白川)에 도착한 자들은 모두 종친 수산(宗親守山)들로 모두 대장(大將)이 되었고 연안 사람 5명도 왜장(倭將)이 되었는데, 대체로 왜적의 수는 적고 모두 우리나라의 반란인들입니다." 하고, "연안 부사(延安府使)가 된 자도 또한 연안 사람입니다." 하고, "왜적 2운(運)과 3운(運)은 배천에서

---

170 告目(고목): 조선 시대에 各司의 서리 및 지방 관아의 향리가 상관에게 공적인 일을 알리는 간단한 양식의 문서.

171 帖給(첩급): 관아에서 傭人 또는 상인에게 금품을 줄 때 서면으로 써서 내려주는 것.

172 李宗星(이종성, 1541~?): 본관은 洪州, 자는 文叔. 아버지는 李漢이다. 1577년 별시 무과에 급제하였다.

173 奉化(봉화): 異腹 姊兄으로 봉화현감을 지낸 李美善을 가리킴. 본관은 慶州. 李存吾의 후손이다.

돌아와 벽란도(碧瀾渡)를 건너 개성(開城)으로 향했습니다."라고 하였다.

아침밥을 먹은 뒤, 이웃에 사는 점쟁이 안반(安班)이 찾아왔고, 주인 박내금(朴內禁: 朴伸) 및 죽은 동생의 아내 · 대승(大勝) 등이 산에서 내려왔다.

저녁에 박내금은 돌아갔다. 훈도(訓導) 김경신(金景信: 이정암의 외사촌형) 씨가 사람을 보내어 말하기를, 그의 가솔들이 어제 평산(平山)의 도첩(刀帖)에 이르렀지만, 외삼촌 · 외숙모 및 중신(仲信: 김중신) 3형제는 전포(錢浦)에서 서로 헤어지고 나서 간 곳을 알지 못한다고 하였다.

初七日。

留花山。曉, 送人馬于延安, 輸運太米而來, 今石來言: "前日到白川者, 宗親守山, 具爲大將, 延安人五人, 亦爲倭將, 大抵倭人數少, 而皆我國叛人."云, "爲延安府使者, 亦延安人."云, "倭人二三運, 自白川還, 渡碧瀾渡[174], 向開城."云。食後, 隣居卜者安班來訪, 主人朴內禁及亡弟妻氏 · 大勝等, 自山下來。夕, 朴內禁還去。金訓導景信[175]氏送人言, 其家屬昨日, 來到于平山刀帖, 三寸 · 叔母及仲信三兄弟, 自錢浦相離, 不知去處云。

---

174 碧瀾渡(벽란도): 예성강 하류에 있는 나루. 개성으로부터 연안과 해주 방면에 이르는 대로는 이곳을 경유하였다.

175 金訓導景信(김훈도경신): 金景信(생몰년 미상). 본관은 義城. 金應辰의 손자로, 이정암의 외사촌 형이다.

6월 8일

화산(花山)에 머물렀다.

듣건대 앞 냇물이 깊어서 위난(危難)에 처할 때면 빠져 죽을 만하다고 하였다. 아침밥을 먹은 뒤에 아들들을 데리고 가서 보니 냇물이 얕아서 빠져 죽을 수도 없었다. 이수득(李壽得: 李美善의 아들)이 와서 말하기를, 봉화(奉化: 異腹 姊兄 봉화현감 李美善)의 병이 위중하여 관(棺)을 만들 목재를 구하고자 한다고 했다.

初八日。

留花山。聞前川水深, 臨難可以投死云。食後, 携兒輩往見, 則水淺, 亦不可爲矣。壽得來言, 奉化病重, 欲得棺材云。

6월 9일

화산(花山)에 머물렀다.

아침일찍 길을 떠나 아들 이준(李濬: 셋째아들)을 데리고 해주(海州)로 갔더니, 판관(判官) 목전(睦詮)이 두세 명의 아전들과 동문(東門)의 누각 위에 앉아 있었고, 관아의 창고는 죄다 도둑질을 당해 꼴이 말이 아닌 것이 연안(延安)과 배천(白川)보다 심해 양식과 반찬거리 약간을 찾아주고 점심 이후에 곧바로 돌아왔다. 감사(監司)·도사(都事)·목사(牧使) 등이 남강(南江) 건너편 낙양수(洛陽守) 정자에 가 머물러 있었는데, 해주와의 거리가 1식(一息: 30리) 정도 떨어져 있다고 하나 서로 만날 수가 없어 편지만 남겨놓고 돌아온 것이다. 판서(判

書) 이증(李增)이 가솔들을 거느리고 또한 그곳으로 가 머물러 있다고 하니, 아마도 난리를 당하여 바다로 나가려는 계획일 것이다. 판관(判官: 목전)이 말하기를, 윤흥종(尹興宗: 이정암의 처남) 형제가 전날 이곳을 지나면서 송화(松禾)로 향했다고 하였다.

황해남도 [송화군]

저녁이 되어 임시 거처에 도착하자, 듣건대 봉화(奉化: 異腹 姊兄 봉화현감 李美善)가 이날 세상을 떠났다고 하였다. 나이 70이 되어 떠돌다가 이곳에 이르러 영원히 타향의 귀신이 되고 말았으니 애통하다. 주인 박내금(朴內禁: 朴伸)이 왔다.

初九日。

留花山。早發, 携潗兒, 往海州, 則判官睦詮, 與數三人吏, 坐東門樓上, 官庫盡被偸窃, 不成模樣, 甚於延白, 粮饌若干覓給, 午點後卽還。監司·都事·牧使等, 往駐南江越邊, 洛陽守亭子, 去州一息許云, 不得相見, 留書而還。李判書增, 挈家屬, 亦留于其處云, 盖欲臨亂爲浮海之計也。判官云, 尹興宗兄弟, 前日過此, 向松禾[176]云。夕, 到寓所, 聞奉化是日已逝云。七十之年, 流離到此, 永作他之鬼, 慟矣哉! 主人朴內禁來。

6월 10일

화산(花山)에 머물렀다.

한언오(韓彦悟: 이정암의 둘째매부 韓詗)·사훈(士薰: 다섯째동생 李廷馦)이 봉화(奉化: 異腹 姊兄 봉화현감 李美善)의 상차(喪次)에 조문하러 갔다가, 왜적이 평산(平山)의 기린역(猉獜驛: 麒麟驛) 근처에 쳐들어와 촌락을 분탕질한다는 기별을 듣고 총총히 돌아왔다.

박내금(朴內禁: 朴伸)의 사위 채준(蔡準)이 찾아왔다가 왜적에 관한 기별을 듣고 박내금과 급급히 돌아갔다.

初十日。

留花山。韓彦悟·士薰, 往吊于奉化喪次[177], 聞敵兵入于平山

176 松禾(송화): 황해도 중서부에 있는 고을. 동쪽은 신천군·벽성군, 서쪽은 황해, 서남쪽은 장연군, 북쪽은 은율군과 접한다.

177 喪次(상차): 喪中에 喪主가 거처하며 執喪하는 처소.

猉獜驛[178]近處, 焚蕩村落之奇, 忽忽還來。朴內禁之婿, 蔡準[179]來訪, 聞賊奇, 與朴內禁, 急急還去。

6월 11일

화산(花山)에 머물렀다.

계훈(季薰: 여섯째동생 李廷藤의 字)과 아들 이준(李濬: 셋째아들)이 노복(奴僕)들을 이끌고 봉화(奉化: 異腹 姊兄 봉화현감 李美善)의 장지(葬地)에 갔다가 오후 되돌아왔다. 조종남(趙宗男)이란 자가 같이 와서 난리를 피하고 있는데, 호상(護喪: 상례를 주관함)하는 것이 곡진하였다는 말을 듣고 참으로 다행스러웠다.

평산 부사(平山府使) 류극(柳諊)이 사람을 보내어 안부를 물었는데, 심부름을 온 사람에게 물으니 왜적은 이미 평양(平壤)을 향하였지만 외로이 떨어져 돌아다니는 왜적들 및 아군의 도적 떼가 경내를 불태우고 약탈하기를 그치지 않는다고 하였다.

박내금(朴內禁: 朴伸)이 가솔들을 이끌고 산에서 내려와 되돌아왔다.

十一日。

留花山。季薰與濬兒, 率奴輩, 往于奉化葬所, 午後還來。聞趙

---

178 猉獜驛(기린역): 麒麟驛. 조선시대에 황해도의 평산 · 안악 · 재령 · 신천 · 문화 · 은율 · 곡산 등지에 설치된 역을 관할하는 麒麟島에 속한 역. 平山에 있던 역참이다.

179 蔡準(채준, 1561~?): 본관은 海州, 자는 精仲. 兼司僕을 지냈다.

宗男[180]者, 同來避亂, 護喪[181]曲盡云, 可謂幸矣。平山府使柳諴[182], 送人問訊, 問其使者, 則倭賊已向平壤, 而零賊及我軍之盜, 焚劫境內, 不已云。朴內禁, 率眷屬, 自山還來。

6월 12일

화산(花山)에 머물렀다.

사람을 해주(海州)에 보내어 대가(大駕)의 소식 및 왜적이 떠났는지 머물렀는지를 염탐하게 하였다. 저녁에 그 심부름꾼이 돌아오며 가져온 감사(監司: 조인득인 듯)의 답서에 의하면, 대가(大駕)가 서경(西京: 평양)에 있으면서 방어할 계획을 정해 세우자, 하삼도(下三道: 충청도, 경상도, 전라도)의 관군 7만 명이 한꺼번에 상경하여 이미 수원(水原)의 왜적을 격파하고 9일에는 용인(龍仁)에 이르렀으니 가까운 시일에 의당 경성(京城)을 수복할 것이라고 하였는데, 이를 알고 나니 기뻐서 날뛰었다.

목사(牧使) 이태형(李泰亨)이 쌀과 콩을 부쳐 보내주어 위급한 처지를 넘기게 되었다. 이날 윤기부(尹起夫: 처남 尹興門) 형제가 사람을

---

180 趙宗男(조종남, 1545~?): 본관은 白川, 자는 孝先. 軍器判官을 지냈다.

181 護喪(호상): 초상 때 상례에 관한 일을 주선하고 보살피는 일.

182 柳諴(류극, 1537~?): 본관은 晉州, 자는 景時, 호는 霞塢. 1573년 사마시에 합격하여 생원이 되고, 이듬해 생원으로 별시문과에 급제하였다. 1592년 임진왜란이 일어나자 선조를 의주까지 扈從하였고, 이어 평산부사가 되었다.

보내와서 비로소 송화(松禾)에 도달했다는 기별을 알게 되었다.

저녁에 김기(金禥: 金祺의 오기)가 찾아와서 만났다. 듣건대 그가 풍덕(豐德)을 왕래하였는데 여염집들이 죄다 분탕질된 것은 아니며 사람들이나 물건들도 대부분 원상대로 남아 있지만, 서얼 삼촌 김진(金軫)은 피살되었다고 하였다.

같은 동네에 살던 류형필(柳亨弼) · 채준(蔡準)의 아비 · 안반(安班) 등이 찾아와서 만났다. 대체로 듣건대 우리나라 도적 떼들이 왜적들의 위세를 빌어 촌락들을 불태우고 약탈하자, 온 마을의 사람들이 단결해 모여 막아내고자 통문(通文)을 내고 돌려서 깨우치는 까닭에 소문을 따라 찾아왔다는 것이었다.

十二日。

留花山。送人于海州，探大駕消息及倭賊去留。夕，伻還監司答書云，大駕在西京，定爲守禦之計，下三道軍兵七萬，一時上京,已破水原之賊，初九日，到龍仁[183]，近當收復京城，聞之喜躍。牧使李泰亨[184]，付送米太救急。是日，尹起夫兄弟，送人來，始審得達松禾之奇。夕，金禥來見。聞其爲往來豊德，則閭家未盡焚蕩，人物亦多保存，孽三寸金軫被殺云。同里居柳亨弼[185] ·

183 龍仁(용인): 경기도 중앙부에 있는 고을. 동쪽은 광주시 · 이천시, 서쪽은 의왕시 · 수원시 · 화성시 · 평택시, 남쪽은 안성시, 북쪽은 성남시 · 광주시와 접한다.

184 李泰亨(이태형, 1515~?): 강계부사, 병사 등을 역임한 것으로 보이나 구체적인 인적 사항은 알 수 없음.

185 柳亨弼(류형필, 생몰년 미상): 본관은 晉州. 柳誣의 아버지이고, 宋希進의 외조

蔡準之父·安班等來見。蓋聞盜賊, 假倭之威, 焚劫村落, 欲與一里之人, 團聚守禦, 出文回諭, 故隨所聞來到也。

6월 13일

화산(花山)에 머물렀다.

해주(海州)에 사람을 보내어 어제 미처 실어오지 못한 쌀과 콩을 실어오도록 했는데, 심부름꾼이 돌아오면서 가져온 방백(方伯)의 답서에 의하면, "남군(南軍: 하삼도의 관군)이 이미 경성(京城)에 도착하여 궁궐을 깨끗이 정비하고 왜적의 귀를 자른 것이 많게도 13움큼이나 되며, 1만 명의 군사를 나누어 조강(祖江)을 건너서 곧장 평양(平壤)으로 향했다."라고 하였으니, 수복할 시기도 손꼽아 기다릴 수 있을 듯해 기뻐서 잠이 오지 않았다.

이웃에 사는 이린(李獜)이 찾아왔는데 삼가 조심하는 사람이다. 모레 장차 연안(延安)에 가서 교동(喬桐)으로 건너가려 했는데, 감사의 말을 듣고서 가려던 길을 멈추었다.

十三日。

留花山。送人于海州, 輸取昨日未及輸來米太, 伻還方伯答書曰: "南軍已到京城, 肅淸宮禁, 得賊馘多至十三把, 分兵一萬, 渡祖江, 直向平壤."云, 收復之期, 指日可待, 喜而不寐。隣居李獜來

이다. 宣教郎을 지냈다.

訪, 謹愿之人也。明明, 將向延安, 渡喬桐, 聞監司之言, 停行。

6월 14일

화산(花山)에 머물렀다.

아침에 류형필(柳亨弼) 존장(尊丈)이 심부름꾼에게 합장하고 머리 숙여 안부를 묻게 하고서 병아리 2마리를 보내왔다. 이웃에 사는 이구(李龜)가 건어물을 가지고 와 접대하였다. 김구(金耉: 이정암의 생질서)가 늙은 아버지와 처자식을 데리고 박내금(朴內禁: 朴伸)의 노복(奴僕) 집에 와서 임시로 지냈다. 윤기부(尹起夫: 처남 尹興門)의 하인 학지(鶴之)가 배천(白川)에서 돌아와 말하기를, "아들 이남(李湳: 둘째아들)이 아직껏 병든 목숨을 부지하고 있다."라고 하니 하늘의 일이로다. 학지가 곧장 송화(松禾)로 되돌아갔다. 류형필 씨가 밥 먹은 뒤에 찾아왔다.

十四日。

留花山。朝, 柳亨弼尊丈, 伻人問訊[186], 送鷄兒二首。隣居李龜, 來饋乾魚。金耉率老父與妻子, 來寓于朴內禁奴家。尹起夫奴鶴之, 還自白川, 言曰: "湳兒尚保病喘."云, 天也。鶴之卽還向松禾。柳亨弼氏, 食後來訪。

186 問訊(문신): 공경하는 마음으로 인사함. 합장하고 머리 숙여 안부를 물음.

6월 15일

화산(花山)에 머물렀다.

노복(奴僕) 두 사람을 연안(延安)과 배천(白川)으로 보내어 왜적에 관한 기별 및 아들 이남(李湳: 둘째아들)의 소식을 탐문하도록 하였다.

오후에 언오(彦悟: 이정암의 둘째매부 韓詷)와 함께 류형필(柳亨弼) 집에 가서 소나무 밑에 자리를 깔고 평산(平山: 류형필의 아들인 平山府使 柳誣)의 아들[柳元培]을 기다렸는데, 류원배(柳元培)의 사위 이구징(李久澄)과 이경(李勁), 이구징의 동생 이구탁(李久濯)과 평산(平山) 사람 조억상(趙億祥)이 모두 와서 모여 술을 거르고는 닭을 삶아서 술을 마셨다. 몇 순배가 오갔을 때, 평산이 태연하게 내달려 와서 말하기를, "당일 왜적이 이미 연안에 들어왔다."라고 하자, 당황하여 허둥대며 작별하고 흩어졌지만 허위인지 사실인지 여부를 알지 못하였다.

이날 김구(金耉: 이정암의 생질서)가 가솔들을 이끌고 예전에 살던 집으로 돌아갔다.

十五日。

留花山。送奴二人于延安·白川, 探問賊奇及湳兒消息。午後, 與彦悟, 往柳亨弼家, 設席松下, 以待平山之子, 柳元培女婿李久澄[187]·李勁, 久澄之弟久濯·平山人趙億祥, 皆來會, 灑酒烹鷄,

---

187 李久澄(이구징, 1568~1648): 본관은 全州, 자는 澄源, 호는 栢村. 1591년 진사가 되고, 1597년 별시문과에 급제하여 성균관 학유에 부임하였다. 1599년 예문

歆之。巡平山, 自如[188]來馳到言: "當日賊倭, 已入延安." 蒼皇告別而散, 未知虛實如何。是日, 金耉率家眷, 還于舊棲。

6월 16일

화산(花山)에 머물렀다.

아침밥을 먹은 뒤에 연안(延安)으로 보냈던 노복(奴僕)이 돌아와서 말하기를, "어제 왜적들이 연안의 동문(東門) 밖에 이르렀는데, 부사(府使: 金大鼎)가 활을 쏘아 왜적 1명을 죽이자 나머지 왜적들이 퇴각하여 배천(白川)에 가 주둔하니 득달할 수 없어서 돌아왔지만, 연안 고을의 백성들이 모두 말하기를, 부사(府使)가 경솔히 왜적을 쏘아 죽였으니 반드시 후환이 있을 것인데, 만약 왜적이 다시 쳐들어오면 응당 부사를 결박지어 보내겠다고 하였습니다."라고 하였다. 연안의 백성들이 반란하여 적중(賊中)에 들어갔다는 기별을 처음에는 그다지 믿지 않았는데, 지금 이 말을 듣고나니 온 지경이 모두 반란한 것이라서 원통하고 분한 마음을 이길 수가 없었다.

관 검열·승정원 주서·시강원 설서를 거쳐 1600년 형조·예조·호조의 좌랑, 사간원 정언을 지냈다. 1602년 장령, 1607년 공조·호조·예조의 정랑, 성균관 전적, 세자 시강원 문학·필선, 1608년에는 성균관 직강 등을 거쳐, 광해군 때에 수찬·부교리·종부시 정·군자감 정 등의 내직과 안산 군수·함경도 도사 등의 외직을 거쳤다.

188 自如(자여): 自若. 태연함.

이날 아침에 사람을 보내어 평산(平山: 府使 柳諴)의 안부를 물었더니, 부사(府使: 평산 부사)의 친가는 어제 모든 가족들이 이미 난리를 피하여 옮겼다고 하였다.

이웃에 사는 오업(吳業)이라고 불리는 사람이 집에 노루고기를 가져와서 접대하고 갔다.

十六日。

留花山。食後, 奴子送于延安者, 還言: "昨日賊倭, 來到延安東門外, 府使射殺一人, 餘賊退走而屯駐白川, 不得達而回。延州之民皆言, 府使輕射倭賊, 必有後患, 賊若復來, 當縛送府使." 云。延民叛入賊中之奇, 初未甚信, 今聞此言, 擧一境皆叛矣, 不勝痛憤。是朝, 送人探候[189]于平山, 府使親家, 昨日擧家, 已移避云。隣居吳業稱名人, 來饋家獐而去。

6월 17일

화산(花山)에 머물렀다.

노복(奴僕)을 해주(海州)로 보냈는데, 처음 듣기로는 남군(南軍)이 올라와서 연안(延安)과 배천(白川)의 길이 뚫리면 벽란도(碧瀾渡)를 몰래 지나서 풍덕(豐德)의 향리(鄕里: 고향)로 돌아갈 계획이었지만, 지금 듣기로는 연안의 왜적에 관한 기별에 의하면 이 계획은 또한

---

189 探候(탐후): 남의 안부를 물음.

성사될 수가 없었다.

어제 안반(安班)을 통해 듣건대 용매도(龍媒島)에 병선(兵船)이 있으니 같이 타고 가까운 섬에 정박하면 난리를 피할 수 있다는 말이었다. 과연 이와 같이 될 수만 있다면 만에 하나 있을까 하는 행운이라도 바랄 수 있어서 방백(方伯)에게 편지를 보냈으니 만호(萬戶)에게 공문을 만들어 보내달라는 일이었다.

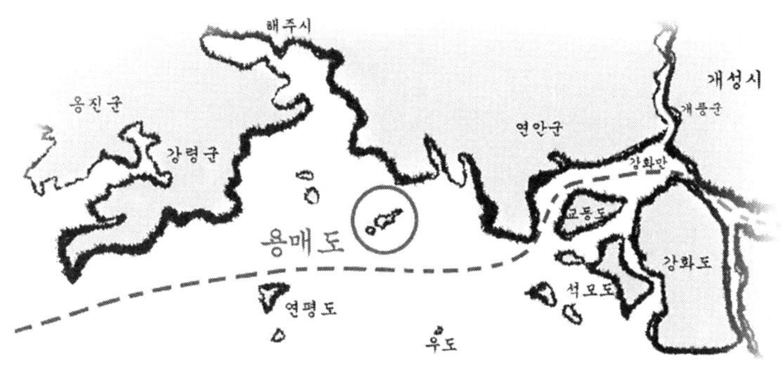

용매도 · 교동도(출처: 경인일보)

저녁에 노복이 돌아왔는데 방백의 답서를 받아보니, 평양(平壤)으로 간 사람들이 아직도 미처 되돌아오지 않았는데도 평산(平山)에 머물고 있는 왜적들이 모두 독촉하여 평양으로 향하였으니, 금곡(金谷)에 머물고 있는 왜적들을 또한 연안 부사(延安府使)에게 공격해 퇴각시키고 그곳을 차지하여 지키도록 했다고 하였다. 만약 이와 같이 할 수만 있다면 이곳은 당장의 위급한 상황을 면할 수 있을 것이다. 용매도에 만호가 있는 곳으로 배를 내주라는 공문 또한 만들어 보내졌다.

판관(判官: 睦詮)이 소금 · 건어물 · 익히지 않은 대합조개 등을 보냈다.

十七日。

留花山。送奴于海州，初聞南軍上來，延白路通，則欲爲偸過碧瀾，還向豊鄕之計，今聞延州賊奇，此計又不諧矣。昨因安班，聞龍媒[190]有兵船，可以同載，移迫近島，避難之言。果若如此，則可望萬一之幸，通書于方伯，成送公文于萬戶事也。夕，奴還，得見方伯答書，則平壤去人，尙未回還，而平山留倭，皆督向平壤，金谷留倭，亦令延安府使，擊退據守云。若能如是，此處可免朝夕警急也。龍媒萬戶處，給船公文，亦成送。判官送鹽 · 乾魚 · 生蛤等物。

6월 18일

화산(花山)에 머물렀다.

박내금(朴內禁: 朴伸)이 술을 가지고 와서 마시며 이야기를 나누

---

190 龍媒(용매): 龍媒島. 황해도 해주에 있는데, 龍媒梁의 남쪽에 있는 군사적 요충지로서, 이곳에 수군의 군영이 있었으며, 말을 기르는 목장도 있었다.

었다.

十八日。

留花山。朴內禁，持酒來話。

6월 19일

화산(花山)에 머물렀다.

노복(奴僕) 2명을 배천(白川)에 보내어 왜적이 떠났는지 머물렀는지를 탐문하게 하였다.

아침밥을 먹은 뒤, 왜적이 연안부(延安府)로 쳐들어온다는 소문을 듣고 부사(府使)가 있던 곳을 떠나서 달아나자 원근에서 모두 허둥지둥 어쩔 줄 몰랐다.

저녁에 주인 집의 노복이 해주(海州)에서 돌아왔다. 판관(判官: 睦詮)의 답서를 보았는데 평양(平壤)도 이미 성이 함락되어 대가(大駕)가 향한 곳을 알지 못한다고 하니, 깜짝 놀라면서 지극히 슬펐다. 이웃에 사는 이린(李獜) · 이구(李龜) 형제가 술과 안주를 가지고 찾아왔다.

十九日。

留花山。送奴二人于白川，探候倭賊去留。食後，聞賊倭入延安府，府使出走，遠近遑遑，莫知所爲。夕，主家奴，回自海州。得判官復書，平壤亦已陷城，不知大駕所向，驚動罔極。隣居李獜 · 李龜兄弟，持酒饌來訪。

6월 20일

시첩(矢帖)으로 옮겨 난리를 피하였는데, 곧 주인집의 농장으로 본가와의 거리가 10여 리 떨어져 있어서 촌락이 고즈넉하고 세상걱정 씻은 듯해 난리를 피할 만한 곳이었다. 일대의 산비탈에는 연안(延安)과 배천(白川)의 백성들로 피난하여 숨은 자들이 수를 헤아릴 수가 없었다. 세상이 이와 같이 어지러워 백성들이 모두 떠돌고 있으니 죽을 곳을 알지 못하겠다.

노복(奴僕) 복세(卜世)가 배천에서 돌아왔는데, 아들 이남(李湳: 둘째아들)의 병든 목숨은 이전과 같다고 하였다.

오후에 한언오(韓彦悟: 이정암의 둘째매부 韓詗) 및 아들 이준(李濬: 셋째아들)이 앞고개에 올라 경계하며 망보다가 왜적들이 바싹 들이닥쳤다고 잘못 전하는 바람에 늙은이와 젊은이들이 황급히 산골짜기로 달아나 숨었다가 날이 저물어서야 돌아왔다.

이날 박내금(朴內禁: 朴伸)이 또 타처의 외딴 마을로 옮겨가, 도적들을 경계하느라 밤새도록 잠을 자지 못하였다.

二十日。

移避于矢帖, 卽主家農莊, 去本家十餘里, 村落蕭滌, 可以避難矣。一路山坡, 延白之民, 避難隱伏者, 不可勝數。世難如此, 民皆流離, 不知死所矣。奴卜世, 還自白川, 卽湳兒病喘如舊云。午後, 韓彦悟及濬兒, 登前嶺候望, 誤傳倭賊迫近, 老幼急急奔竄山谷, 日夕乃還。是日, 朴內禁, 又移于他處孤村, 警盜終夕不寐。

6월 21일

시첩(矢帖) 촌락의 집에 머물렀다.

어제 저녁에 듣건대 왜적이 가까운 곳에 와서 머물고 있다 하여 아침 일찍되자마자 즉시 산골짜기로 달아나 숨어서 종일토록 엎드려 있었는데, 햇빛이 불타듯 이글거려 거의 견딜 수가 없었지만 날이 저물어서야 돌아왔다.

이날 먼동이 트기 전인 이른 새벽에 한언오(韓彦悟: 이정암의 둘째매부 韓詗) 가솔 및 막내 동생(李廷馞: 여섯째동생)이 거처를 옮겨 박내금(朴內禁: 朴伸)이 간 곳으로 자리를 잡았는데, 그곳의 지명은 자단(子丹)이라 한다.

나는 대훈(大薰: 셋째동생 李廷馚) · 사훈(士薰: 다섯째동생 李廷馦)과 상의하였는데, 이곳은 경계하고 조심해야 하는 마음이 다를 바가 없는 데다 화산(花山) 안에서 역적이 생길까 염려해야 하여 한 가지 근심이 더 보태지니 화산으로 돌아가는 것만 못하다고 하였다. 살고 죽는 것이야 천명(天命)일지니 하늘의 뜻을 기다릴 뿐이다.

집주인은 김세복(金世卜)이라 불리는데, 마침 그 마을의 색장(色掌: 동네 일의 사무를 관장하는 자)이라고 하였다.

二十一日。

留矢帖村家。前夕, 聞倭賊留住近地, 早朝卽奔竄于山谷, 終日迸伏, 烈日如烘, 殆不可堪, 日夕乃還。是日曉頭, 韓彦悟家屬及季弟, 移接于朴內禁去處, 地名子丹云。予與大薰 · 士薰商議, 則此處戒心無異, 花山內賊之患, 又添一憂, 不如還向花山, 生死命也, 待天而已。家主金世卜稱名, 方爲其里色掌云。

6월 22일

새벽에 길을 떠나 화산(花山)으로 되돌아왔는데 해가 아직 뜨지 않았다. 주인집의 노복(奴僕)들이 한 사람도 그 집에 있지 않았고, 동네 또한 그러하였다. 짊어지고 온 짐을 빈 행랑채에 내려놓으니 슬프고 가슴 아파오는 것이 그지없었다. 노모가 말에서 떨어져서 중상을 입어 우환까지 겹치니 번민하여 울기를 그치지 않았다. 급히 아침밥을 지어 먹고 또 숨어 있을 계책을 세웠다.

이날은 중복(中伏)이다.

二十二日。

曉發, 還到花山, 日未出矣。主家奴僕, 無一人在家, 同里亦然。卸擔空廊, 不勝悲楚, 老母落馬重傷, 厄患重疊, 悶泣不已。急急朝飡, 又爲竄伏之計。是日, 乃中伏。

6월 23일

화산(花山)에 머물렀다.

사람을 해주(海州)에 보내어 평양(平壤)의 소식 및 왜적에 관한 기별을 탐문하게 하였다. 저녁에 감사(監司)의 답서를 가지고 왔는데, 곧 주상은 영변(寧邊)으로 옮겨 갔다가 다시 강계(江界)로 향했다고 하였다. 그런데 평양의 수장(守將)이 재차 적병을 싸워 물리치자 남은 왜적들이 모두 달아나 큰길로 돌아간 까닭에, 그 수장이 본도(本道: 황해도)에 공문을 보내어 왜적을 기다리다가 그들이 머무는 곳을 공격하게 하였다. 연안(延安)에 머무는 왜적들 또한 삼사십 명에 불과한데도 반민(叛民: 반란을 일으킨 백성)들이 그 고을 수령을 축출하려고 청하러 왔는데, 내일쯤 장졸을 가려 뽑아 보내어서 반민들을 쫓아버릴 것이라고 하였다. 참으로 그와 같다면 적의 기세가 꺾여 본국으로 귀환하는 길인 듯하니 기쁘고 다행함을 말로 할 수 있으랴.

쌀과 콩을 각 1섬, 석수어(石首魚: 조기) 5속(束: 10마리)을 가져왔는데, 일행에게 나누어 주어서 군색함을 구제하였다.

이날 산에 올라 멀리 바라보니, 연안 등지에는 분탕질하는 곳이 전혀 없지만 내일 다시 어떠할지 알 수가 없었다.

二十三日。

留花山。送人于海州，探問平壤消息及賊奇。夕，持監司答書以來，即主上移于寧邊[191]，轉向江界[192]云。而平壤守將，再度殺退賊兵，餘賊皆奔還直路，故守將移文本道，使之所在要擊。延

191 寧邊(영변): 평안북도 동남부에 있는 고을. 동쪽은 평안남도 영원군, 서쪽은 박천군·태천군, 남쪽은 묘향산맥을 경계로 평안남도 안주군·개천군·덕천군, 북쪽은 운산군·희천군과 접한다.

192 江界(강계): 평안북도 북동부에 있는 고을. 동쪽은 낭림산맥을 경계로 함경남도의 장진군, 서쪽은 위원군과 초산군, 남쪽은 희천군, 북쪽은 자성군과 후창군, 그리고 압록강을 사이에 두고 중국의 만주 지방과 접한다.

安留倭, 亦不過三四十, 而叛民請來逐其主倅, 明間欲抄送將卒, 擊走云。審若是, 則賊勢向挫, 似爲歸還之路, 喜幸可言。米太各一石, 石首魚五束覓來, 分給一行, 以濟窘乏。是日, 登山瞭望, 則延安等地, 絕無焚爇之處, 未知明日復如何。

6월 24일

화산(花山)에 머물렀다.

저녁에 계제(季弟: 막내동생 李廷馞)가 그의 아내를 이끌고 산에서 내려왔다. 이곳의 사람들은 우리들이 되돌아온 것을 듣고 점점 다시 모여들었다.

二十四日。

留花山。夕, 季弟率其妻, 自山下來。此處之人, 聞吾等還來, 稍稍還集。

6월 25일

화산(花山)에 머물렀다.

언오(彥悟: 이정암의 둘째매부 韓詷)가 어머니의 낙상(落傷: 말에서 떨어져 다침) 소식을 듣고 산에서 내려와 안부를 물은 뒤에 되돌아갔다. 마을사람들이 와서 전하기를, 연안(延安)에 머물렀던 왜적들이 어제 모두 금곡(金谷)으로 돌아가서 남아 있지 않다고 하나 믿어야 할지 말아야 할지를 알 수 없었다.

노복(奴僕)이 그물을 들고 앞 냇가에 물고기를 잡으러 갔다가 잡어(雜魚) 60여 마리를 잡아서 왔다. 객지에서 감칠맛이 나는 음식을 진정 한번 먹어보았다.

二十五日。

留花山。彦悟聞慈氏落傷, 自山下來, 問訊後還去。村人來傳, 延安留倭, 昨日盡還金谷, 無遺在云, 未知信否。奴子, 持網獵于前川, 得雜魚六十餘尾而來。客中滋味, 眞一試矣。

6월 26일

화산(花山)에 머물렀다.

주인(主人: 朴伸)의 사위인 채준(蔡準)이 찾아왔다. 윤기부(尹起夫: 처남 尹興門) 형제는 송화(松禾)에서 사람을 보내어 안부를 물었는데, 그의 한마디 말에 의하면, 어제 해주(海州)에 도착하니 순변사(巡邊使) 이일(李鎰)이 재령(載寧)에서 내려오는 중이라고 하였으며, 본도(本道: 황해도) 군사들이 왜적을 공격하여 귀를 베어서 한 짐바리 가득하게 싣고 장차 평안도(平安道)로 향하려 한다고 하였으나 믿어야 할지 말아야 할지를 알 수 없었다.

이날 한언오(韓彦悟: 이정암의 둘째매부 韓詗)의 가솔들이 산에서 돌아왔다.

저녁에 큰 바람이 갑자기 일더니 잠시 뒤에 그쳤다. 이웃에 사는 이린(李獜) 형제가 찾아왔다.

二十六日。

留花山。主人之婿，蔡準來訪，尹起夫兄弟，自松禾送人來訊，其一言內，昨到海州，則巡邊使李鎰，自載寧[193]來到下云，道軍擊斬倭馘，滿載一馱，將向平安道云，未知信否。是日，韓彦悟家眷，自山還來。夕，大風暴作，暫時而止。隣人李獜兄弟來訪。

6월 27일

화산(花山)에 머물렀다.

대생(大生)의 어머니가 산에서 돌아왔다.

二十七日。

留花山。大生母氏，自山還來。

6월 28일。비。

화산(花山)에 머물렀다.

이날은 명종(明宗)의 기일(忌日)이다.

노비 경진(景進)·춘이(春伊) 등을 풍덕(豐德)에 보내어 적의 소식을 탐문하고 오도록 하였다.

---

193 載寧(재령): 황해도 중앙에 있는 고을. 동쪽은 봉산군·평산군, 서쪽은 신천군, 남쪽은 벽성군, 북쪽은 안악군과 접한다.

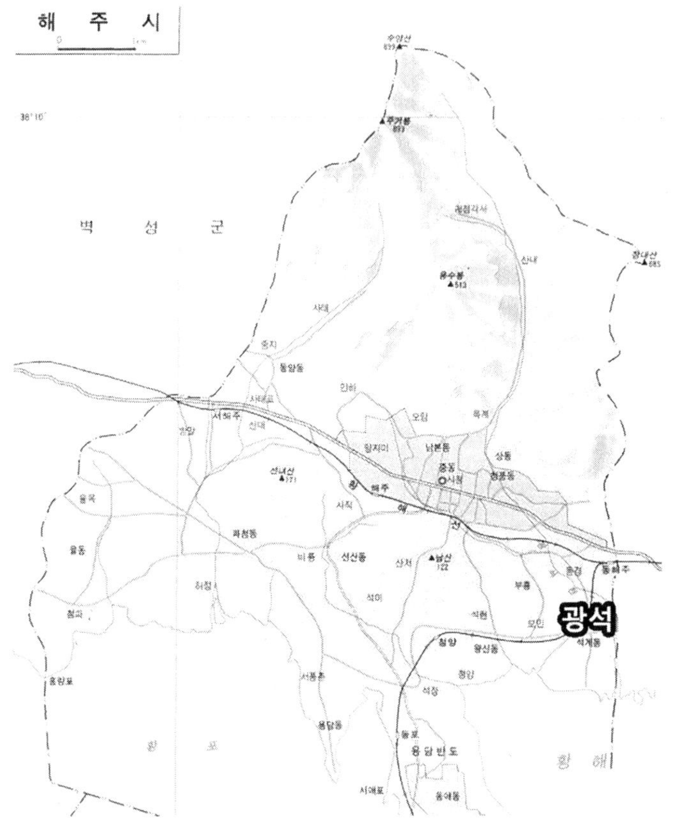

저녁에 상중(喪中)인 조카 이수득(李壽得: 異腹 姊兄 봉화현감 李美善의 아들)이 사람을 보내왔는데, 착현(錯峴)에서 이미 배천(白川)으로 옮겼으며, 북면(北面) 우령(牛嶺: 牛峯)에서 김구(金耉: 이정암의 생질서)의 말 2필을 왜인들이 약탈하여 가져갔으나 배천에 있던 왜인들이 어제 비로소 모두 벽란도(碧瀾渡)로 건너갔다고 하였다.

주인 박내금(朴內禁: 朴伸)이 가솔들을 이끌고 산에서 내려왔다. 이윽고 듣건대 이일(李鎰)·박홍(朴泓)·박경신(朴慶新)이 군사를 이끌고 광석(廣石)에 와서 머물렀으며, 이광(李洸)·김천일(金千鎰)·조헌(趙憲)이 의병을 이끌고서 장차 한양 도성으로 들어가려 한다고 하였다.

二十八日。雨。

留花山。是日, 乃明廟[194]忌晨。奴景進·春伊等, 送于豐德, 探候消息而來。夕, 喪姪李壽得送人, 則自錯峴, 已移于白川, 北面牛嶺[195], 金耇二馬, 被倭人掠去, 倭人之在白川者, 昨日始盡渡碧瀾渡云。主人朴內禁, 率眷自山下來。因聞李鎰·朴泓·朴慶新[196], 率軍來住廣石, 李洸[197]·金千鎰[198]·趙憲[199], 率義兵, 將入京師云。

---

194 明廟(명묘): 조선 제13대 왕인 明宗을 가리킴. 中宗의 둘째 적자이자 仁宗의 아우로, 어린 나이에 즉위하여 어머니인 文定王后가 수렴청정 하였다. 문정왕후의 동생인 尹元衡이 乙巳士禍를 일으켰으며 문정왕후 사후, 선정을 펼치려 노력하였다

195 牛嶺(우령): 우리말로 首知矣, 즉 소재라 불렀고, 한자로는 牛峰 또는 牛岑으로 기록되었다.

196 朴慶新(박경신, 1560~1626): 본관은 竹山, 자는 仲吉, 호는 寒泉·三谷. 1582년 식년 문과에 급제하였다. 1592년 임진왜란 때는 淸都助戰將으로 참전하고 순변사 李鎰의 종사관으로 활동하였다. 해주 목사에 임명되어서는 首陽山城을 수축하였다. 1594년 밀양 부사가 되었다가, 1597년 정유재란 때는 전주 부윤으로 있으면서 성을 버리고 도망쳐 파직당하였다. 전란이 평정된 뒤 다시 瑞興府使로 기용되었고, 뒤이어 동래부사·삼척부사·형조참의 등 내외 관직을 지냈다. 광해군 때 光州牧使·양주목사·판결사 등을 지내고, 1618년 경상도관찰사, 1622년 公洪道(충청도)의 관찰사가 되었다.

197 李洸(이광, 1541~1607): 본관은 德水, 자는 士武, 호는 雨溪散人. 1567년 생원

이 되고, 1574년 별시 문과에 급제하였다. 평안병마평사·성균관 전적·병조 좌랑·정언·형조좌랑 등을 거쳐 1582년 예조정랑·지평, 이듬해 성균관직강·북청판관·함경도 도사를 지냈다. 1584년 병조 정랑·장악원 첨정을 거쳐, 함경도 암행어사로 나가 북도민의 구호 현황을 살피고 돌아와 영흥 부사가 되었다. 1586년 길주 목사로 나갔다가 함경도 관찰사 겸 순찰사로 승진했고 1589년 전라도 관찰사가 되었다. 그해 겨울 모역한 鄭汝立의 문생과 그 도당을 전부 잡아들이라는 영을 어기고, 혐의가 적은 인물을 임의로 용서해 풀어주었다가 탄핵을 받고 삭직되었다. 1591년 호조 참판으로 다시 기용되었으며, 곧 지중추부사로서 전라도 관찰사를 겸임하였다. 1592년 임진왜란이 일어나자 전라 감사로서 충청도 관찰사 尹先覺, 경상도 관찰사 金睟와 함께 관군을 이끌고 북상해 서울을 수복할 계획을 세웠다. 그리하여 5월에 崔遠에게 전라도를 지키게 하고, 스스로 4만의 군사를 이끌고 나주 목사 李慶福을 중위장으로 삼고, 助防將 李之詩를 선봉으로 해 林川을 거쳐 전진하였다. 그러나 도중 용인의 왜적을 공격하다가 적의 기습을 받아 실패하자 다시 전라도로 돌아왔다. 그 뒤 왜적이 전주·금산 지역을 침입하자, 光州牧使 權慄을 도절제사로 삼아 熊峙에서 적을 크게 무찌르고, 전주에 육박한 왜적을 그 고을 선비 李廷鸞과 함께 격퇴시켰다. 같은 해 가을 용인 패전의 책임자로 대간의 탄핵을 받고 파직되어 백의종군한 뒤, 의금부에 감금되어 벽동군으로 유배되었다가 1594년 고향으로 돌아왔다.

198 金千鎰(김천일, 1537~1593): 본관은 彦陽, 자는 士重, 호는 健齋·克念堂. 1578년 任實縣監을 지냈다. 임진왜란 때 나주에 있다가 高敬命·朴光玉·崔慶會 등에게 글을 보내 倡義起兵할 것을 제의하는 한편, 담양에서 고경명 등과도 협의하였다. 그 뒤 나주에서 宋濟民·梁山璹·朴懽 등과 함께 의병의 기치를 들고 의병 300명을 모아 북쪽으로 출병하였다. 한편, 공주에서 趙憲과 호서지방 의병에 관해 협의하고는 곧 수원에 도착하였다. 북상할 때 수원의 연도에서 스스로 의병에 참가한 자와 또 호서방면에서 모집한 숫자가 늘어나서 군세는 사기를 떨쳤다. 수원의 禿城山城을 거점으로 본격적인 군사 활동을 전개, 유격전으로 개가를 올렸다. 특히, 金嶺戰鬪에서는 일시에 적 15명을 참살하고 많은 전리품을 노획하는 전과를 크게 올렸다. 8월 전라 병사에 崔遠의 관군과 함께 강화도로 진을 옮겼다. 이 무렵 조정으로부터 倡義使라는 軍號를 받고 掌禮院判決事에 임명되었다. 강화도에 진을 옮긴 뒤 강화부사·전라 병사와 협력해 연안에 防柵을 쌓고 병선을 수리해 전투태세를 재정비하였다. 강화도는 당시 조정의 명령을

6월 29일

화산(花山)에 머물렀다.

이날은 곧 입추(立秋)이다.

노복(奴僕)을 해주(海州)에 보내어 적에 관한 기별을 탐문해 오게 하였는데, 저녁에 돌아와서 그 답서를 보니, 대가(大駕)는 지금 용천(龍川: 龍泉의 오기)에 있고 세자는 강계(江界)로 향하는데 왜적은 이미

호남·호서에 전달할 수 있는 전략상의 요충지였다. 9월에는 通川·陽川 지구의 의병까지 지휘했고 매일같이 강화 연안의 적군을 공격했으며, 양천·김포 등지의 왜군을 패주시켰다. 한편, 전라병사·경기수사·충청병사, 秋義兵將 禹性傳 등의 관군 및 의병과 합세해 楊花渡戰鬪에서 대승을 거두었다. 또한, 일본군의 圓陵 도굴 행위도 막아 이를 봉위하기도 하였다. 이듬해 1593년 정월 명나라 군대가 평양을 수복, 개성으로 진격할 때 이들의 작전을 도왔으며, 명·일간에 강화가 제기되자 반대 운동을 전개하였다. 서울이 수복되어 굶주리는 자가 속출하자 배로 쌀 1,000석을 공급해 구휼하였다. 전투에서도 경기수사·충청수사와 함께 仙遊峯 및 沙峴戰鬪에서 다수의 적을 참살, 생포하고 2월에는 權慄의 행주산성 전투에 강화도로부터 출진해 참가하였다. 이들 의병은 강화도를 중심으로 장기간의 전투에서 400여 명의 적을 참살하는 전공을 세웠다. 1593년 4월 왜군이 서울에서 철수하자 이를 추격, 상주를 거쳐 함안에 이르렀다. 이때 명·일 강화가 추진 중인데도 불구하고 남하한 적군의 주력은 경상도의 밀양 부근에 집결, 동래·김해 등지의 군사와 합세해 1차 진주 싸움의 패배를 설욕하기 위한 진주성 공격을 서두르고 있었다. 이에 6월 14일 300명의 의병을 이끌고 입성하자 여기에 다시 관군과 의병이 모여들었다. 합세한 관군·의병의 주장인 都節制가 되어 항전 태세를 갖추었다. 10만에 가까운 적의 대군이 6월 21일부터 29일까지 대공세를 감행하자 아군은 중과부적임에도 분전했으나 끝내 함락되고 말았다. 이에 아들 金象乾과 함께 촉석루에서 南江에 몸을 던져 순사하였다.

199 趙憲(조헌, 1544~1592): 본관은 白川, 자는 汝式, 호는 重峯·陶原·後栗. 1592년 임진왜란이 일어나자 옥천에서 의병을 일으켜 영규 등 승병과 합세해 청주를 탈환하였다. 이어 전라도로 향하는 왜군을 막기 위해 금산전투에서 분전하다가 의병들과 함께 모두 전사하였다.

재령(載寧)을 함락하였으며, 하삼도(下三道: 충청도, 경상도, 전라도)의 관군은 한번 승리를 거둔 뒤에는 용인(龍仁)에서 궤멸되었으며, 순변사(巡邊使: 이일)가 군사를 이끌고서 동정자(東亭子)에 주둔하고 있으나 모두 싸우려는 확고한 뜻이 없어서 고을 안에 있는 인민들은 모두 흩어졌다고 하였다. 왜적이 만약 여러 고을들을 나누어 약탈한다면 일대의 사람들은 장차 어육(魚肉)이 될 것이었다. 형세가 이미 이같이 되었는데도 어찌할 바를 몰랐다.

판관(判官: 睦詮)이 쌀 · 콩 · 건어물(乾魚物) · 장(醬) · 황각(黃角: 바닷말) 등의 물품을 보내왔다.

二十九日。

留花山。是日, 乃立秋也。送奴于海州, 探候賊奇, 夕還, 見其答書, 則大駕時在龍川[200], 世子向于江界, 倭賊已陷載寧, 下三道軍, 一捷之後, 潰于龍仁, 巡邊使率軍, 駐于東亭子, 而皆無固志, 州內人民盡散云。賊若分掠列邑, 則一道之人, 將爲魚肉。勢已如此, 罔知所爲。判官送米 · 太 · 乾魚 · 醬 · 黃角等物。

---

200 龍川(용천): 龍泉의 오기. 황해도 서흥부의 남쪽 22리에 있는 지역. 金郊道에 속하는데, 금교도는 江陰의 金郊驛－牛峯의 興義－平山의 金巖－평산의 寶山－평산의 安城－瑞興의 龍泉－鳳山의 劍水－봉산의 岊嶺－서흥의 洞仙－黃州의 敬天驛까지를 포함한다.

7월 1일

화산(花山)에 머물렀다.

채준(蔡準: 朴伸의 사위)이 찾아와서 만났다. 연안(延安) 품관(品官) 김교년(金喬年)이 찾아왔는데, 난리를 피하여 원통리(元通里)로 옮겨 자리잡았다고 하였다.

七月初一日。

留花山。蔡準來見。延安品官金喬年來訪, 避難來接于元通里云。

7월 2일

화산(花山)에 머물렀다.

시골 사람이 와서 전하기를, 남군(南軍) 5천 명이 교동(喬桐)에 도착하여 오늘이나 내일에 장차 연안(延安)으로 건너려 한다고 하였으나, 과연 그런지 아닌지 알 수 없었다.

저녁에 윤기부(尹起夫: 처남 尹興門) 형제가 가솔들을 이끌고 송화(松禾)에서 도착하여 말한 것에 의하면, 어제 해주(海州)에 이르니 경상 우수사(慶尙右水使) 원균(元均)·전라 좌수사(全羅左水使) 이순신(李舜臣) 등이 합세하여 왜왕이 타고 있는 배 등 1백여 척을 순천(順川: 順天의 오기) 지경에서 공격해 죄다 섬멸하였으며, 왜왕 수길(秀吉: 풍신수길)의 머리를 베고 그가 착용하고 있던 금빛의 갑옷을 빼앗았다고 하였다.

전날 전라 감사(全羅監司)가 보낸 군관(軍官) 이충(李冲)이 행재소에서 돌아와 말한 것에 의하면, 대명(大明: 명나라)이 원병을 파견하여 유구국(琉球國)에서 일본을 공격하고, 또 원병을 파견하여 우리나라를 구하러 온다고 하였다.

수길은 스스로 강하고 사나움만 믿고서 명분도 없이 병력을 출동시켰는데, 군사들을 단속하지 못하여 자신을 불태우고 말았으니 불길한 별이 응함은 과연 허언이 아니란 말인가. 일이 뜻밖에 벌어졌으니, 한편 기쁘기도 하였고 한편 의아하기도 하였다.

初二日。

留花山。村人來傳, 南軍五千, 到喬桐, 今明日將渡延安云, 未知果然否。夕, 尹起夫兄弟, 率眷屬, 自松禾來到, 言內, 昨到海州, 則慶尙右水使元均[201] · 全羅左水使李舜臣[202]等, 合擊倭王所騎船

---

201 元均(원균, 1540~1597): 본관은 原州, 자는 平仲. 무과에 급제한 뒤 造山萬戶가 되어 북방에 배치되어 여진족을 토벌하여 富寧府使가 되었다. 전라좌수사에 천거되었으나 평판이 좋지 않다는 탄핵이 있어 부임되지 못했다. 경상우도 수군절도사에 임명되어 부임한 지 3개월 뒤에 임진왜란이 일어났다. 왜군이 침입하자 경상좌수영의 수사 朴泓이 달아나버려 저항도 못해보고 궤멸하고 말았다. 원균도 중과부적으로 맞서 싸우지 못하고 있다가 퇴각했으며 전라좌도 수군절도사 이순신에게 원군을 요청하였다. 이순신은 자신의 경계영역을 함부로 넘을 수 없음을 이유로 원군요청에 즉시 응하지 않다가 5월 2일 20일 만에 조정의 출전명령을 받고 지원에 나섰다. 5월 7일 옥포 해전에서 이순신과 합세하여 적선 26척을 격침시켰다. 이후 합포·적진포·사천포·당포·당항포·율포·한산도·안골포·부산포 등의 해전에 참전하여 이순신과 함께 일본 수군을 무찔렀다. 1593년 이순신이 삼도수군통제사가 되자 그의 휘하에서 지휘를 받게 되었다. 이순신보다 경력이 높았기 때문에 서로 불편한 관계가 되었으며 두 장수 사이에 불화가 생기게 되었다. 이에 원균은 육군인 충청절도사로 자리를 옮겨 상당산성을 개축하였고 이후에는 전라좌병사로 옮겼다. 1597년 정유재란 때 加

藤淸正이 쳐들어오자 수군이 앞장서 막아야 한다는 건의가 있었지만 이순신이 이를 반대하여 출병을 거부하자 수군통제사를 파직당하고 투옥되었다. 원균은 이순신의 후임으로 수군통제사가 되었다. 기문포 해전에서 승리하였으나 안골포와 가덕도의 왜군 본진을 공격하는 작전을 두고 육군이 먼저 출병해야 수군이 출병하겠다는 건의를 했다가 권율 장군에게 곤장형을 받고 출병을 하게 된다. 그해 6월 가덕도 해전에서 패하였으며, 7월 칠천량 해전에서 일본군의 교란작전에 말려 참패하고 전라우도 수군절도사 이억기 등과 함께 전사하였다. 이 해전에서 조선의 수군은 제해권을 상실했으며 전라도 해역까지 왜군에게 내어 주게 되었다. 그가 죽은 뒤 백의종군하던 이순신이 다시 수군통제사에 임명되었다. 임진왜란이 끝난 뒤 1603년 이순신·권율과 함께 선무공신에 책록되었다.

202 李舜臣(이순신, 1545~1598): 본관은 德水, 자는 汝諧. 1576년 식년무과에 급제했다. 1589년 柳成龍의 천거로 高沙里僉使로 승진되었고, 절충장군으로 滿浦僉使 등을 거쳐 1591년 전라좌도 水軍節度使가 되어 여수로 부임했다. 이순신은 왜침을 예상하고 미리부터 군비확충에 힘썼다. 특히, 전라좌수영 본영 선소로 추정되는 곳에서 거북선을 건조하여 여수 종포에서 點考와 포사격 시험까지 마치고 돌산과 沼浦 사이 수중에 鐵鎖를 설치하는 등 전쟁을 대비하고 있었다. 임진왜란이 일어나자 가장 먼저 전라좌수영 본영 및 관하 5관(순천·낙안·보성·광양·흥양) 5포(방답·사도·여도·본포·녹도)의 수령 장졸 및 전선을 여수 전라좌수영에 집결시켜 전라좌수영 함대를 편성하였다. 이 대선단을 이끌고 玉浦에서 적선 30여 척을 격하하고 이어 泗川에서 적선 13척을 분쇄한 것을 비롯하여 唐浦에서 20척, 唐項浦에서 100여 척을 각각 격파했다. 7월 閑山島에서 적선 70척을 무찔러 閑山島大捷이라는 큰 무공을 세웠고, 9월 적군의 근거지 부산에 쳐들어가 100여 척을 부수었다. 이 공으로 이순신은 정헌대부에 올랐다. 1593년 다시 부산과 熊川의 일본 수군을 소탕하고 한산도로 진을 옮겨 本營으로 삼고 남해안 일대의 해상권을 장악, 최초로 삼도수군통제사가 되었다. 1596년 원균 일파의 상소로 인하여 서울로 압송되어 囹圄의 생활을 하던 중, 우의정 鄭琢의 도움을 받아 목숨을 건진 뒤 도원수 權慄의 막하로 들어가 백의종군하였다. 1597년 정유재란 때 원균이 참패하자 다시 삼도수군통제사에 임명되었다. 12척의 함선과 빈약한 병력을 거느리고 鳴梁에서 133척의 적군과 대결, 31척을 부수어서 명량대첩을 이끌었다. 1598년 명나라 陳璘 제독을 설득하여 함께 여수 묘도와 남해 露梁 앞바다에서 순천 왜교성으로부터 후퇴하던 적선 500여척을

百餘隻于順川[203]地, 盡殲之, 斬倭王秀吉[204]頭, 奪其所着金甲云。前日, 全羅監司所送軍官李冲[205], 回自行在所, 言內, 大明遣兵, 自琉球國[206]擊日本, 又遣兵來救我國云。秀吉, 自恃剛戾, 兵出無名, 不戢自焚[207], 禍星之應, 果不誣耶? 事出慮外, 一喜一訝。

7월 3일

화산(花山)에 머물렀다.

노복(奴僕)들이 풍덕(豐德)의 향리(鄕里: 고향)에서 돌아와 말한 것에 의하면, 고향의 집은 왜적에게 분탕질 당했고 왜병들은 대부분 송경(松京)에 머물면서 날마다 찾아와 약탈했는데, 어제는 한 운(運)

기습하여 싸우다 적탄에 맞아 전사했다.

203 順川(순천): 順天의 오기. 전라남도 동남쪽에 있는 고을. 동쪽은 광양시, 서쪽은 화순군 · 보성군, 남쪽은 순천만의 여수시 · 보성군, 북쪽은 구례군 · 곡성군과 접한다.

204 秀吉(수길): 平秀吉 또는 豐臣秀吉(도요토미 히데요시, 1536~1598). 일본 전국시대 최후의 최고 권력자. 밑바닥에서 시작해서 오다 노부나가에게 중용되어 그의 사후 전국시대의 일본을 통일시키고 關白과 天下人의 지위에 올랐다. 전국시대를 평정한 그는 조선을 침공해 임진왜란을 일으켰으나 실패하였다.

205 李冲(이충, 1549~1592): 본관은 全州, 자는 和伯. 아버지는 李希禮이다. 1583년 별시 무과에 급제하였다.

206 琉球國(유구국): 일본 오키나와를 중심으로 한 류큐 제도 일대에 있던 국가.

207 不戢自焚(불즙자분): 《春秋傳》의 "군사는 불과 같아서 단속하지 않으면 자신을 태운다.(兵猶火, 不戢自焚.)"에서 나오는 말. 무력을 계속 사용하게 되면 자신도 결국 파멸을 맞게 됨을 이른다.

이 벽란도(碧瀾渡)를 건너서 50여 명은 이미 배천(白川)에 들어왔고 나머지는 금곡(金谷) 근처에 주둔하였으며, 아들 이남(李湳: 둘째아들)은 상처가 거의 다 나아서 육평(陸平: 白川 都將)의 집으로 옮겨가 더부살이를 한다고 하였다.

왜적이 또 이곳으로 향해 오고 있다는데, 도로가 뚫리지 않아서 몰래 지나 고향으로 돌아가려는 계획을 결단코 할 수가 없자, 모두가 산골짜기로 옮겨 난리를 피하려고 하였다. 또한 듣건대 왜병들이 금곡(金谷)을 오간다고 하니 거짓말인지 참말인지 알 수 없어서 봇짐을 지고 돌아가려던 것을 멈추었다.

초저녁에 연성감(蓮城監: 李復齡인 듯)이 찾아와서 감사(監司)의 방문(榜文) 베껴온 것을 보여주며, 지난 6월 5일 왜왕이 전선(戰船) 170여 척을 이끌고 고성(固城)에 이르러 정박했다가 패하여 피살된 것은 사실이라고 하면서, 연안(延安)의 백성 50여 명이 나와 부사(府使) 김대정(金大鼎)을 맞이하여 오늘 저녁에 청단역(靑丹驛)에 묵고는 내일 본부(本府: 연안부)에 들어온다고 하였다.

연성감이 또 말하기를, 배 2척이 있는데 한 척은 자신이 타고서 변란을 대비할 것이며, 다른 한 척은 마을사람에게 타도록 빌려주었다가 지금 다시 돌려받았다고 하였다. 만약 이 배를 빌려서 1백 명을 건너게 한다면 살릴 수 있는 길을 찾은 듯해 연성감에게 청하니, 격군(格軍: 뱃사공)과 상의해서 하라고 하였지만 과연 뜻을 이룰 수 있을지 알 수가 없었다.

순변사(巡邊使) 이일(李鎰)이 이날 평산(平山) 지역으로 옮겨갔다고 하였다.

初三日。

留花山。奴輩, 自豊鄕還言, 鄕家爲賊焚蕩, 倭兵多留松京, 日來搶掠, 昨日一運渡碧瀾, 五十餘人, 已入白川, 餘人屯住金谷近處, 湳兒創處, 幾盡向差, 移寓陸平家云。賊倭又向此處, 道路不通, 偸過還鄕之計, 決不可爲, 僉議皆欲移避于山谷。又聞, 倭兵往來于山谷, 未知虛的, 荷擔還停。初昏, 蓮城監來訪, 謄示監司榜文, 則去六月初五, 倭王率戰船百七十餘艘, 到泊于固城[208], 見敗被殺, 丁寧云, 延民五十餘名, 來迎府使金大鼎, 今夕宿于靑丹驛[209], 明入本府云。蓮城又言, 有船二隻, 一則自騎待變, 一則村人借騎, 今則還下[210]云。若得此船, 以濟百口, 則可得生道, 請於蓮城, 與格軍商議爲之, 未知果能諧否。巡邊使李鎰, 是日移向平山地云。

7월 4일

화산(花山)에 머물렀다.

윤입부(尹立夫: 처남 尹興宗) 및 아들 이준(李濬: 셋째아들)이 연성

---

208 固城(고성): 경상남도 남부 중앙에 있는 고을. 동북쪽은 창원시, 북쪽은 진주시, 서쪽은 사천시, 동남쪽은 통영시, 남쪽은 남해의 한려수도와 접한다.

209 靑丹驛(청단역): 조선시대 황해도 청단군에 있었던 驛站.

210 還下(환하): 빌려서 썼던 물건을 다시 돌려 보냄.

감(蓮城監: 李復齡인 듯)과 함께 선박이 있는 곳으로 가게 하려 하였으나, 다시 그의 말을 들으니 황당무계하여 미덥지 않았던 까닭에 그만두었다.

저녁에 사람을 청단역(青丹驛)의 마을에 보내어 탐문하게 하였더니, 연안 부사(延安府使: 金大鼎)가 이날 연안부에 들어갔고, 충청 수사(忠淸水使) 변양준(邊良俊)이 병선(兵船: 전투선) 15척을 이끌고 용매도(龍媒島)에 이르러 정박했다가 바로 해주(海州)로 향하면서 먼저 배 2척을 배천(白川)의 각산(角山)에 진(陣) 치고 있는 곳으로 보냈다고 하였다. 바야흐로 어제 벽란도(碧瀾渡)의 왜적이라고 한 것은 바로 이 군대를 보고 잘못 전한 것임을 알게 되어 심신이 조금 안정되었다.

初四日。

留花山。尹立夫及濬兒, 偕蓮城, 往于船所, 更聞其言, 則虛誕不是信, 故中止。夕, 送人于青丹驛里, 探問, 則延安府使, 是日入府, 忠淸水使邊良俊[211], 率兵船十五隻, 到泊于龍媒島, 卽向海州, 先送二艘于白川角山[212]結陣云。方知昨日碧瀾渡倭, 乃是見此軍而誤傳也, 心神粗安。

---

211 邊良俊(변양준, 생몰년 미상): 1592년 당시 忠淸水使로서 忠淸道觀察使 겸 兼巡察使 尹先覺과 함께 稷山 부근에서 매복하여 있다가 일본군의 진격을 막았다. 1594년 宋儒眞의 난을 巡邊使 李鎰과 함께 禁軍을 이끌고 가 진압하고 송유진을 체포하였다. 1595년 함경남도 병마절도사에 임명되었다.

212 角山(각산): 황해도 배천군 남쪽으로 18리에 있는 바닷가의 산.

7월 5일

화산(花山)에 머물렀다.

비가 뿌리는데도 노복(奴僕)을 해주(海州) 및 연안(延安)에 보내어 탐문토록 하였더니, 돌아와서 말하기를, 연안부사(延安府使)가 어제 남문(南門) 밖의 촌가에서 묵다가 첫새벽에 산골짜기를 향해 떠나버리자 시골 사람들도 왜적이 벽란도(碧瀾渡)를 건넜다는 기별을 듣고 달아나 숨어서 온 고을이 텅 비었으며, 해주(海州)는 왜적이 당시에 재령(載寧)에 머물러 있으면서 병력을 나누어 성읍을 약탈하는데도, 충청 수사(忠清水使: 변양준)가 군사 1천 명을 이끌고 와서 남강(南江)에 정박하였다가 장차 평안도(平安道)로 향해 감사(監司)가 서로 회합(會合)하는 일로 떠나버리고 오직 목판관(牧判官: 해주목 판관 睦詮)만이 텅 빈 성에 남아 있다고 하였다.

채준(蔡準: 朴伸의 사위)이 술과 안주를 갖추어 보내와서 동생 등과 함께 마시고 헤어졌으며, 또 피맥(皮麥: 겉보리) 10여 말을 보내와서 군핍함을 면할 수 있었다.

初五日。

留花山。洒雨, 送奴于海州及延安探問, 還言曰, 延安府使, 昨日宿于南門外村家, 曉頭出向山谷, 村民聞倭渡碧瀾之奇, 奔竄一空, 海州則倭賊, 時留載寧, 分兵抄掠城邑, 忠清水使領軍一千, 來泊南江, 將向平安, 監司相會事出去, 惟留牧判官, 在空城云。蔡準備送酒饌, 與同生等飮罷, 又送皮麥十餘斗, 以濟窘乏。

7월 6일。 비。

화산(花山)에 머물렀다.

소문창(所文倉: 蘇文倉의 오기)이 있는 마을에 사는 유사(儒士) 류신(柳信)이 닭 2마리를 보내왔는데, 이 사람은 내 처남이 송화(松禾)를 향해 갔을 때 투숙했던 집 주인이다. 처남이 이곳에 온 것을 알고 그저께도 찾아왔었는데 또 음식물을 보내왔으니 신의가 있음을 알 만하였다.

주인집에서 농우(農牛)를 도살해 나누어 우리 일행에게 보내주니 감사하기는 하나 마음이 심히 편치가 않았다.

初六日。雨。

留花山。所文倉[213]居儒士柳信, 送鷄兒二首, 此人乃妻娚, 向松禾時, 托宿主人也。聞妻娚之到此, 昨昨來訪, 又到食物, 有信可知。主家, 宰殺農牛, 分送于一行, 感則有之, 心甚未安。

7월 7일

화산(花山)에 머물렀다.

상중(喪中)인 이수득(李壽得: 異腹 姊兄 봉화현감 李美善의 아들)이 찾아와 만났다. 노복(奴僕)을 풍덕(豐德)에 보내어 다시 왜적에 관한 소식을 탐문토록 하였다. 채준(蔡準)이 우리 일행의 양식이 떨어졌다

213 所文倉(소문창): 蘇文倉의 오기. 조선시대 海州牧에 있던 창고.

는 소문을 듣고 겉벼 10말과 피 15말을 보내왔다.

初七日。

留花山。喪人李壽得來見。送奴于豊德, 更探賊倭消息。蔡準聞吾一行絶粮, 送租十斗 · 稷十五斗。

7월 8일

노동(蘆洞: 평산군 소재)으로 옮겨 난리를 피하였다.

어제 저녁에 듣건대 왜적이 재령(載寧)을 거쳐 해주(海州)에 들어갔는데, 감사(監司)와 목판관(牧判官: 해주목 판관 睦詮)이 모두 배를 타고 떠나 달아났으며, 남군(南軍) 또한 상륙했다는 기별이 없다고 하였다.

아침 일찍 다시 평산(平山)의 궁위장(弓位掌: 弓位坊의 오기인 듯) 안에 있는 모촌리(茅村里)로 옮겼는데, 화산(花山)과의 거리가 겨우 15리쯤 되는 곳으로 집주인은 보인(保人) 황태극(黃太極)이라고 하였다.

이웃에 사는 영장(營將)은 박필은(朴弼殷)이라 불리는 자로 나이가 70여 세나 되는데 나를 찾아와서 스스로 말하기를, 내가 연안 부사였을 때 동부 학장(東部學長)으로서 학교(學校)에서 만난 것이 여러 번이었다고 하니 저도 모르게 눈물을 흘렸다.

이날 박내금(朴內禁: 朴伸)의 온 가족이 산골짜기로 옮겨 들어갔다.

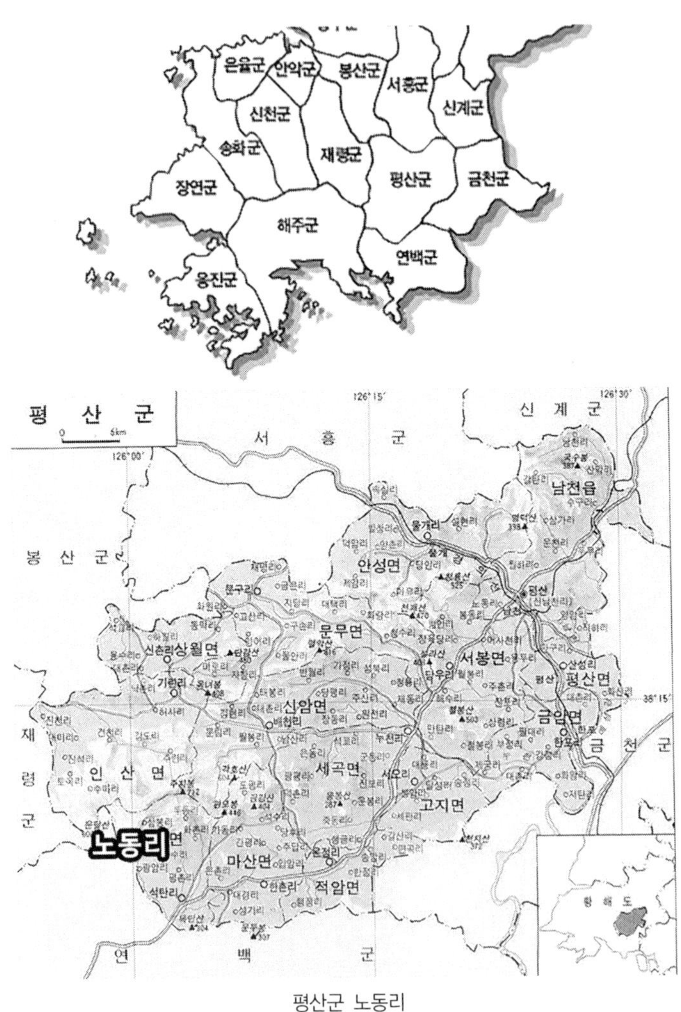
은율군
안악군
봉산군
서흥군
신계군
신천군
송화군
재령군
평산군
금천군
장연군
해주군
연백군
옹진군
평 산 군
서 흥 군
신 계 군
봉 산 군
재 령 군
금 천 군
연 백 군
남천읍
안성면
문무면
상월면
서봉면
평산면
신암면
금암면
인 산 면
세곡면
고지면
노동리
마산면
적암면
황 해 도

평산군 노동리

初八日。

移避于蘆洞。昨夕, 聞倭賊由載寧, 入于海州, 監司·牧判官, 皆乘船出走, 南軍亦不下陸之奇。早朝, 轉徙于平山弓位[214]掌內茅村里, 去花山僅十五里許, 家主保人黃太極云。隣居營將, 稱號朴弼殷者, 年七十餘, 來見予, 自言[215], 予爲延安時, 以東部學長, 相見于學校者, 屢矣, 不覺流涕。是日, 朴內禁一家, 移入山谷。

7월 9일

노동(蘆洞: 평산군 소재)에 머물렀다.

동생들과 상의하니, 이곳은 해주(海州)와의 거리가 2식(息: 30리)쯤이라서 약탈 당할 근심이 없지 않았다. 듣건대 동쪽으로 10여 리 정도 떨어진 방곡(方谷)이라 불리는 마을에 전 첨사(前僉使) 우박(禹珀)이 살고 있는데, 그곳의 산에 있는 봉효암(奉孝庵)이 병란을 피할 수 있는지 심부름꾼에게 가서 탐문하도록 했더니 봉효암은 깊숙하지

---

214 弓位(궁위): 《新增東國輿地勝覽》〈黃海道 · 平山都護府〉에 의하면 서남쪽으로 처음이 100리, 끝이 140리라고 소개되어 있음. 지금으로서는 어느 지역인지 비정할 수 없다. 申崇謙이 일찍이 태조 왕건을 따라 三灘으로 사냥 나갔을 때, 마침 기러기가 나는 것을 보고 태조가 말하는 대로 세 번째 기러기의 왼쪽 날개를 쏘아 맞히자, 태조가 크게 칭찬하여 平州라는 본관을 주고, 기러기를 쏜 근처의 밭 3백 結을 주어 자손 대대로 그 조세를 받게 하였는데, 그 땅을 弓位坊 또는 弓位田이라 이름하였다.

215 自言(자언): 제 말을 자기가 스스로 함.

않고 훤히 드러나서 지낼 수가 없었고 그 위에 있는 용정사(龍井寺)는 우 첨사(禹僉使: 우박) 및 피난한 그의 집안 사람들이 산골짜기에까지 가득하여 가서 의탁할 수가 없었지만, 근처에 있는 쌍암사(雙庵寺)는 절이 퇴락하여 살고 있는 승려가 없는 데다 골짜기 어귀가 깊고 은밀해서 피난할 만한 하다고 하였다. 그곳으로 옮겨 지낼 계획을 세웠다.

목단산

初九日。

留蘆洞。與同生相議，此處去海州二息許，不無搶掠之患。聞東去十里餘，地名方谷，前僉使禹珀居之，其山有奉孝庵，可以避兵，伻人往探，則奉孝庵淺露，不可居，而其上龍井寺[216]，則禹僉使及大小避難之人, 彌滿山谷, 不可往依, 近處有雙庵寺[217], 寺廢無居僧, 洞口深密, 可以避難云。定爲移棲之計。

7월 10일. 비 오다가도 개기도 함.

아침 일찍 쌍암사(雙庵寺)로 옮겨 갔는데, 노동(蘆洞)과의 거리가 겨우 10리쯤 떨어진 곳으로 산길은 사람의 발자취가 끊긴 지 오래되었다. 사찰 문안으로 들어서니 오직 불전(佛殿)만이 우뚝하게 있고 수행승의 방들은 죄다 훼손되어 먼지가 가득히 쌓여 있었는지라, 한참 동안 수리하고 청소한 뒤에야 몸을 편히 쉴 수 있었다. 늙거나 어린 몇 명의 남은 승려들이 사찰 뒤의 작은 암자에 있다가 우리의 일행이 온다는 소식을 듣고 모두 도피했다고 하였다.

온 가족이 난리를 피하고 다닌 지 지금까지 70일로 이리저리 분주히 돌아다녔는데, 난리는 평정되지 않고 더위를 먹은 데다 비를 무릅쓰며 산에 들어가서 깊숙한 곳을 전전하느라 촌가와는 서로 멀리 떨어져 소식을 들을 수가 없었고 죽음이 눈앞에 닥쳐와도 어찌할 바를 알지 못하였으니 가슴 답답하기가 한이 없고 참으로 근심스러웠다.

노복(奴僕) 금수(今守)를 보내어 우 첨사(禹僉使: 우박)에게 안부를

216 龍井寺(용정사): 황해도 연백군 목단면 목단산에 있었던 사찰.

217 雙庵寺(쌍암사): 황해도 연백군 목단면 목단산에 있었던 사찰.

묻게 하였더니 쌀 1말과 간장 1사발을 보내왔다. 노복이 돌아오는 길에 배천 군수(白川郡守: 南宮悌)를 만났는데, 개성(開城)에 머물고 있던 왜적들이 잠시 배천으로 건너왔다가 그저께 밤중을 틈타서 모두 되돌아갔으니 그 까닭을 알 수 없다고 하였다.

저녁에 첨사 우박(禹珀)·판사(判事) 우준민(禹俊民: 우박의 아들)·직장(直長) 성념(成恬)·생원(生員) 신여익(申汝翼)이 용정사(龍井寺)에서 찾아왔다가 간단한 계절 인사만 나누고는 황급히 곧바로 되돌아갔는데, 적에 관한 기별 및 남군(南軍)의 기별을 모두 자세히 알 수 없었으니 한탄스러웠다.

평산(平山)에 머물고 있던 왜적들이 강음(江陰)을 향한 뒤로 간 곳을 알지 못한다고 하였다. 우 판사(禹判事: 우준민)가 올 때에 말에서 떨어져 거의 중상을 입을 뻔했으니 놀라 탄식하고 참으로 놀랐다.

初十日。或雨或晴。

早朝, 移入于雙庵寺, 去蘆洞, 僅十里許, 山蹊無人蹤久矣。入門, 惟佛殿巋然[218], 房舍[219]盡爲破毁, 塵土滿積, 移時[220]修掃安泊。老幼殘僧數輩, 在寺後小庵, 聞吾一行, 皆逃避云。擧家避難, 于今七旬, 奔走東西, 亂靡有定, 中暑冒雨, 入山轉深, 村家隔絶, 消息莫聞, 死亡迫矣, 罔知所爲, 悶極悶極。送奴今守, 問

218 巋然(규연): 높이 솟아서 우뚝함.

219 房舍(방사): 수행승이 거처하는 방.

220 移時(이시): 한참 동안.

訊于禹僉使, 米一斗 · 醬一鉢覓送。奴還道, 逢白川郡守, 則開城留倭, 頃渡白川, 昨昨乘夜盡還, 未知其故云。夕, 禹僉使珀 · 判事俊民[221] · 直長成恬[222] · 生員申汝翼[223], 自龍井寺來訪, 略敍寒喧[224], 忙迫卽還, 而賊奇及南軍之奇, 皆不能詳知, 可嘆。平山留倭, 向江陰後, 未知去處云。禹判事, 來時落馬, 幾至重傷, 驚嘆驚嘆。

7월 11일。 **비**。

쌍암사(雙庵寺)에 머물렀다.

용정사(龍井寺)에 사람을 보내어 우 첨사(禹僉使: 우박) 이하 어제 저녁에 찾아와준 것을 감사하게 여긴다는 뜻을 전달하였다.

저녁에 전해 듣건대 해주(海州)의 왜적이 성에 들어간 뒤로 분탕질을 심하게 하지 않고 연안(延安)으로 향하려 한다고 하였지만, 그

---

221 俊民(준민): 禹俊民(1553~?). 본관은 丹陽, 자는 季良, 호는 楓澤. 1553년 禹珀의 아들로 태어났다. 1579년 진사시에 합격하였고 1582년 식년시에 급제하였다. 1587년 강원도 도사에 임명되었고 이후 사헌부 지평을 거쳐 1592년 세자시강원 文學을 지냈다. 이어서 사헌부 장령, 사간원 헌납, 성균관 사성을 역임하다가 1596년 황해도 어사의 임무를 수행하고 돌아왔다. 이후 승지를 거쳐 도승지에 올랐으나 신병으로 遞差되었다. 다시 관직에 복귀하여 형조참의를 지냈고 1602년 여주목사로 부임하였다. 1609년 공조참의, 이듬해 호조참의를 지냈다.

222 成恬(성념, 1543~?): 본관은 昌寧, 자는 仲靜. 1567년 식년시에 급제하였다.

223 申汝翼(신여익, 1552~?): 본관은 平山, 자는 集卿. 1582년 식년시에 급제하였다.

224 寒喧(한훤): 날씨의 춥고 더움. 계절 인사 하는 것을 뜻하기도 한다.

말을 믿어야 할지 말아야 할지 알 수가 없었다.

十一日。雨。

留雙庵寺。送人于龍井寺，　致謝禹僉使以下昨夕來訪之意。夕，傳聞海倭入城後，不甚焚蕩，欲向延安云，未知信否。

7월 12일

쌍암사(雙庵寺)에 머물렀다.

노복(奴僕) 금수(今守)를 배천 군수(白川郡守: 南宮悌)가 임시 머무는 곳으로 보내어 소문을 탐문하게 하였고, 노복 복세(卜世)를 배천(白川)에 보내어 병든 아들의 생사와 왜적의 침입 소식을 탐문하게 하였고, 노복 배녕(裵寧)을 착현(錯峴)에 보내어 봉화(奉化: 異腹姊兄 봉화현감 李美善)의 동생이 떠났는지 머물러 있는지를 탐문하게 하였다.

배녕은 착현의 마을 사람들이 모두 피난하였다는 소문을 듣고 미처 가지 않은 채 돌아왔으며, 금수는 배천 군수가 임시 머물고 있는 곳에 갔으나 마침 그곳을 떠나 다른 곳으로 향하여 단지 그의 아들만을 만나보고 편지를 남겨둔 채로 돌아와서 말하기를, 송경(松京: 개성)에 머물렀던 왜적이 모두 구서강(舊西江)에 모여서는 배를 구하고 통나무로 뗏목을 엮어서 장차 김포(金浦)·통진(通津)으로 건너 노략질하려 한다고 하였다. 이는 필시 남군(南軍)이 의병을 일으켜 오자, 왜적의 형세가 궁해져서 강을 건너 도망하여 돌아가려는 계획일 것이었다. 만약 그렇다면 살아 돌아가는 길이 있기를 바라지만, 하늘의 뜻이 끝내 어떠할지 알 수 없었다.

이날 노모가 거느린 노복 내갑(內甲)·복춘이(卜春伊) 형제들이 도망쳤는데 몹시 애통하고 애통하였다.

十二日。

留雙庵。送奴今守于白川郡守下處，探問聲息，送奴卜世于白川，探問病子生死·倭寇聲息，送奴裴寧于錯峴，探問奉化弟氏去留。裴寧則聞其里人盡爲避，不達而還，今守則到白川下處，適値出向他處，只見其子，留書而還，言內，松京留倭，盡聚于舊西江，覓舟編筏，將渡金浦[225]·通津[226]作賊[227]云。此必南軍，擧義而來，倭賊勢窮，渡江逃還之計也。若然則庶幾生還有路，未知天意竟如何？是日，老母率奴內甲·卜春伊兄弟逃去，痛甚痛甚。

7월 13일

쌍암사(雙庵寺)에 머물렀다.

---

225 金浦(김포): 경기도 북서부에 있는 고을. 동쪽은 한강을 경계로 파주시·고양시, 서쪽과 남쪽은 인천광역시, 동남쪽은 서울특별시, 북쪽은 한강을 사이에 두고 개풍군과 접한다.

226 通津(통진): 경기도 김포군 월곶면 곤하리에 있는 옛 고을. 한강 입구를 지키는 제1의 요해처로 군사 및 정치의 요충으로 발달했다.

227 作賊(작적): 노략질을 함.

아침 일찍 노복(奴僕) 금수(今守)가 와서 전하기를, 이 사찰의 승려가 말하는데 해주(海州)에 머물었던 왜적의 대군이 어제 저녁에 와서 산 뒤에 머물러 있어서 우 첨사(禹僉使: 우박)의 일행이 모두 이를 피해서 옮겨갔다고 했다 하였다. 집안 사람들이 허둥지둥 아침밥을 먹을 겨를도 없이 바위 골짜기로 숨었는데, 한참 지난 뒤에 들으니 어제 저녁에 왜적이 이미 온정(溫井)으로 향했다고 하여 심신이 조금 진정되었다.

오후에 사찰의 승려들이 또 건너편 5리쯤에 말을 탄 사람들이 산길에 많이 머물러 있는 것을 보고 황당인(荒唐人: 국적 불명의 외국인)이라며 손가락질하여 다급하게 숨었다. 하루에 두 번이나 놀라니 우스웠고 우스웠다.

十三日。

留雙庵。早朝, 奴今守來傳, 此寺僧云, 海倭大軍, 昨夕留住山後, 禹僉使一行, 盡爲移避云。大小遑遑, 未暇朝飡, 投竄巖谷, 久而聞之, 昨夕已向溫井[228], 心神稍定。午後, 寺僧又見, 越邊五里許, 騎馬人, 多住山路, 指爲荒唐人, 汲汲投竄。一日再驚, 可咲可咲。

---

228 溫井(온정): 황해도 연백군 온정면.

7월 14일

쌍암사(雙庵寺)에 머물렀다.

지난 밤의 꿈에서 선친(先親)을 뵈었다. 노복(奴僕) 복세(卜世)가 배천(白川)에서 돌아왔다.

아들 이남(李湳: 둘째아들)이 사내종 1명과 계집종 1명을 이끌고 왔는데, 다 자란 암말을 사서 타고 그들과 같이 왔다. 그의 말을 듣건대 근래에 육평(陸平: 白川 都將)의 집으로 옮겨 임시 지냈는데 평상시 대우하는 것이 아주 후하여서 목숨을 살리도록 해주었다고 하니 진실로 생명의 은인이라 할 수 있었다. 또 듣건대 지난달 일행이 우포(牛浦)를 떠나던 날, 왜적들이 바로 전포(錢浦)에 이르러 얼마 지나지 않아서 다시 송도(松都: 개성)로 건너가는 바람에 그들의 추적을 피할 수 있었다고 하니, 우리 집안의 많은 식솔들이 오늘까지 목숨을 보전할 수 있는 것은 어찌 하늘의 운수가 아니겠는가.

아침밥을 먹은 후에 노동(蘆洞)의 집주인 진의(陳宜)가 찾아와서 말한 것에 의하면, 어제 전라 병사(全羅兵使)의 계본(啓本)을 가지고 온 사람이 연안(延安)에서 와 평안도를 향해 지나갔는데, 남군(南軍)이 이미 조강(祖江)을 건너서 풍덕(豐德) 지역에 이른 지가 이미 3일이나 되었다고 하였다.

노복(奴僕)을 우 판사(禹判事: 우준민)가 있는 곳에 보내어 소식을 탐문하도록 하였더니, 돌아와서 답하기를, 고경명(高敬命) 부자가 대의를 부르짖어 의병을 일으켜서 지난달 25일 여산군(礪山郡)을 떠나며 보낸 격문(檄文)이 이미 도착하였다고 하며, 또 들은 바로 성천지(成天祉)가 영남의 의병을 이끌고 이미 한양 도성으로 향하였다고 하였다.

또한 듣건대 남군(南軍)의 계본(啓本)을 가진 사람이 노동의 김응려(金應呂) 집을 지나가며 말한 것에 의하면, 대군(大軍)이 이미 풍덕에 도착했다고 하는데, 그의 말과 진의(陳宜)가 한 말이 서로 부합하니 양경(兩京)이 회복되리라는 희망을 바랄 수 있게 되었다.

저녁에 듣건대 왜적의 기병(騎兵) 수십여 명이 온정(溫井)에서 해주(海州)로 향하였다고 하는데, 무슨 일인지 알지 못하여 매우 놀라고 걱정되었다. 이날 뒷 고개에 올라 멀리 바라보았는데, 바로 이른바 모라산(毛羅山)이었다.

十四日。

留雙庵。前夜, 夢見先君。奴卜世, 還自白川。湳兒率其奴一·婢一, 買騎牝馬, 與之同來。聞其言, 則近日移寓陸平家, 平也待之極厚, 以致全活[229], 眞可謂再生父母[230]也。又聞, 前月一行, 離發牛浦[231]之日, 倭兵卽到錢浦, 未幾還渡松都, 得免追躡云, 吾家百口, 得保今日, 豈非天數乎? 食後, 蘆洞主人陳宜, 來見言內, 昨日, 全羅兵使啓本陪持人, 自延安來過, 向平安道, 而南軍已渡祖江, 到豐德地, 已三日云。送奴于禹判事處, 探問聲息, 則回答

229 全活(전활): 목숨을 살림.

230 再生父母(재생부모): 생명의 은인.

231 牛浦(우포): 황해도 연백군 운산면에 있는 마을.

曰, 高敬命[232]父子, 倡義起兵, 去月二十五日, 發礪山[233]郡, 檄文已到, 又聞, 成天祉[234]率嶺南兵, 已向京都。又聞, 蘆洞金應呂家, 南軍啓本陪持人, 過去言內, 大軍已到豊德云, 其言與陳宜所說相合, 克復兩京, 庶幾有望。夕聞, 倭騎數十餘, 自溫井向于海州云, 未知何故, 驚慮驚慮。是日, 登後峰眺望, 卽所謂毛羅山也。

---

232 高敬命(고경명, 1533~1592): 본관은 長興, 자는 而順, 호는 霽峯·苔軒. 아버지는 대사간 高孟英이며, 어머니는 진사 徐傑의 딸이다. 1552년 진사가 되었고, 1558년 식년문과에 장원으로 급제해 成均館典籍에 임명되고, 이어서 공조좌랑이 되었다. 그 뒤 홍문관의 부수찬·부교리·교리가 되었을 때 仁順王后의 외숙인 이조판서 李樑의 전횡을 논하는 데 참여하고, 그 경위를 이량에게 몰래 알려준 사실이 드러나 울산군수로 좌천된 뒤 파직되었다. 1581년 영암군수로 다시 기용되었으며, 이어서 宗系辨誣奏請使 金繼輝와 함께 書狀官으로 명나라에 다녀왔다. 이듬해 서산군수로 전임되었는데, 明使遠接使 李珥의 천거로 從事官이 되었으며, 이어서 종부시첨정에 임명되었다. 1590년 承文院判校로 다시 등용되었으며, 이듬해 동래부사가 되었으나 서인이 실각하자 곧 파직되어 고향으로 돌아왔다. 1592년 임진왜란이 일어나 서울이 함락되고 왕이 의주로 파천했다는 소식을 전해들은 그는 각처에서 도망쳐온 官軍을 모았다. 두 아들 高從厚와 高因厚로 하여금 이들을 인솔, 수원에서 왜적과 항전하고 있던 廣州牧使 丁允佑에게 인계하도록 했다. 전라좌도 의병대장에 추대된 그는 종사관에 柳彭老·安瑛·楊大樸, 募糧有司에 崔尙重·楊士衡·楊希迪을 각각 임명했다. 그러나 錦山전투에서 패하였는데, 후퇴하여 다시 전세를 가다듬어 후일을 기약하자는 주위의 종용을 뿌리치고 "패전장으로 죽음이 있을 뿐이다."고 하며 물밀듯이 밀려오는 왜적과 대항해 싸우다가 아들 인후와 유팽로·안영 등과 더불어 순절했다.

233 礪山(여산): 전라북도 익산 지역의 옛 지명. 礪良과 朗山이 합쳐져 생긴 지명이었다.

234 成天祉(성천지, 1553~1593): 본관은 昌寧, 자는 彦吉. 1572년 별시 무과에 급제하였고, 전주 판관 등을 역임하였다.

7월 15일

쌍암사(雙庵寺)에 머물렀다.

지난 밤의 꿈에서 또 선친(先親)을 뵈었다. 오후에 배천 군수(白川郡守: 南宮悌)가 사람을 보내어 이전 날에 남겨두었던 편지에 대한 답장을 하였다.

친우 조빈정(趙賓庭)이 나의 군색함을 듣고 고을 사람을 시켜 보리쌀 20말과 간장 1말을 전송하여 보내주었는데, 고을 사람들이 말한 것에 의하면, 송경(松京: 개성)을 왕래한 사람들을 통해 듣자니 송경에 머물렀던 왜적이 배 대여섯 척을 타고 강화(江華) 등지로 향했다고 하였다. 이날 왜적 100여 기병이 또한 온정(溫井)에서 해주(海州)로 향해 내달려 갔다고 하였다. 이로써 생각해 보건대, 남군(南軍)이 이미 송경에 바싹 가까이 닥치자 머물러 있던 왜적들이 배를 타고 해주로 피하여 간 것이니, 전일에 지나갔던 왜적들도 도로 움츠리며 퇴각한 것이 사실이었을 것이었다.

저녁에 사찰의 승려를 우 판사(禹判事: 우준민)가 있는 곳으로 보내어 소식을 탐문하게 하였는데, 돌아와서 말하기를, 왜적 기병의 후속부대는 온정에 머물러 있으면서 내일 또한 장차 이곳으로 향할 것이니 변란에 잘 대비하라고 하였지만, 믿어야 할지 말아야 할지 알 수 없었다.

十五日。

留雙庵。前夜，又夢見先君。午後，白川郡守送人，答前日所留書也。友人趙賓庭[235]，聞吾窘乏，牟米二十 · 醬一斗，使郡人傳送, 郡人言內, 因松京往來人聞, 則松京留倭, 乘舟五六艘, 向于江華[236]等地云。是日, 倭人百餘騎, 又自溫井, 馳向海州云。以此思之, 則南軍已逼松京, 留倭則乘船, 避之海州, 前日過去倭, 則還退縮, 丁寧矣。夕, 送寺僧于禹判事處, 探問聲息, 則還言, 倭騎後運, 留在溫井, 明日又將向此處, 善爲待變云, 未知信否。

7월 16일

쌍암사(雙庵寺)에 머물렀다.

아침밥을 먹은 뒤, 높은 곳에 올라가 경계하며 망보니 해주(海州) 경내는 연기와 불길이 하늘을 덮고 있었다.

저녁에 왜적 기병(騎兵) 50여 명이 도로 온정(溫井)으로 향한다고 하니, 무슨 일인지 알 수 없었다. 사람들을 통해 듣건대 우 첨사(禹僉使: 우박) 일행은 이미 다른 곳으로 옮겼다.

어제는 바로 처서(處暑)였다. 이날부터 서풍이 계속해서 불어 찬 기운이 몸에 스며드니 노약자들은 거의 감당하여 지탱할 수 없었다. 죽음을 앞둔 증상은 이 한 가지만으로 족하지 않으니 가슴 답답하기가 한이 없고 참으로 근심스러웠다.

---

235 趙賓庭(조빈정, 1542~?): 본관은 漢陽. 아버지는 趙琯이다. 趙興庭의 형이다.

236 江華(강화): 인천광역시 북서부에 있는 고을. 동쪽은 경기도 김포시, 남쪽은 인천광역시 옹진군, 북쪽은 경기도 개풍군·황해도 연백군과 접한다.

十六日。

留雙庵寺。食後，登高候望，則海州境內，烟焰漲天。夕，倭兵五十餘騎，還向溫井云，未知何故。因人聞之，則禹僉使一行，已移于他處矣。昨日乃處暑也。自是日，西風連吹，寒氣逼人，老弱殆不堪支。將死之證，不一而足，悶極悶極。

7월 17일

쌍암사(雙庵寺)에 머물렀는데, 비가 내렸다.

十七日。

留雙庵，雨。

7월 18일

쌍암사(雙庵寺)에 머물렀다.

노복(奴僕)을 배천 군수(白川郡守: 南宮悌)가 있는 임시 거처로 보내어 소식을 탐문하게 하였는데, 돌아오는 인편에 닭 1마리와 햅쌀 3되를 보내왔다.

이날 왜적들이 사찰 뒤로 5리쯤 떨어진 인가들을 분탕질했다. 일행은 종일토록 산골짜기에 숨어 있느라 음식을 목구멍으로 넘기지 못해서 다른 곳으로 옮겨 피난할 계획을 세웠다.

十八日。

留雙庵。送奴探問聲息于白川郡守下處, 人還, 鷄兒一首·新米三升覓送。是日, 賊倭焚蕩寺後五里許人家。一行終日, 竄伏山谷, 食不下咽, 爲移避之計。

7월 19일

달빛이 비치는 밤을 틈타 20리를 가서 여채리(餘蔡里)에 이르러 점심을 먹고, 또 5리쯤 더 가서 배천(白川) 지역의 금산리(金山里: 銀山里의 오기인 듯)의 촌가에 이르렀는데, 왜적이 어제 배천군에 들어왔다는 소식을 듣게 되니 어찌할 바를 알지 못하였다. 주인은 내노(內奴: 內需司 소속 노비) 응춘(應春)이라 불리는 사람인데 나를 접대하는 것이 매우 후했다.

한언오(韓彦悟: 이정암의 둘째매부 韓詗)가 와서 말한 것에 의하면, 자기와 친분이 두터운 사람이 이르기를, 고을 남면(南面)의 추곡(楸谷: 楸井里인 듯)에 부릴 배가 있으니 만약 후한 값을 치르면 통진(通津)을 몰래 갈 수 있다고 하였다. 바로 일행과 서로 의논하여 내일 아침에 사람을 보내 도모하기로 하였다. 이날 큰비가 쏟아 붓듯 내려 밤새도록 그치지 않았다.

배천 군수(白川郡守: 南宮悌)가 이보다 먼저 이 마을에 와서 임시로 지내다가 오늘 금산사(金山寺)로 옮겨갔다고 하였다.

목단산 · 금산리(은산리) · 화산리 · 추곡(추정리) · 황의산

十九日。

乘月夜行二十里, 到餘蔡里點心, 又行五里餘, 到白川地金山里[237]村家, 聞賊倭昨日入郡, 罔知所爲。主人內奴應春稱名人, 待我極厚。韓彦悟來言, 其接主人[238]云, 郡南面楸谷, 有行船, 若給厚價, 可以偸過通津云。卽與一行相議, 明朝送人圖之。是日, 大雨如注, 徹夜不止。白川郡守, 先是來寓于此里, 今日移向金山寺云。

---

237 金山里(금산리): 황해도 배천군 금산면에 있는 마을로 銀山里의 오기인 듯.
238 接主人(접주인): 어떤 사람과 주로 접촉하였던 사람. 친분이 두터운 사람.

7월 20일

금산리(金山里: 銀山里인 듯)에 머물렀다.

비가 오는데 노복(奴僕) 배녕(裴寧) 및 언오(彦悟: 이정암의 둘째매부 韓詗)의 집주인을 추곡(楸谷: 楸井里인 듯)으로 보냈더니, 그 마을에 사는 전 선전관(前宣傳官) 전몽호(田夢虎)가 의병 100여 명을 모집하고 선박도 거두었다는 말을 들었다고 하여 곧바로 편지를 써서 보냈다.

아침밥을 먹은 뒤, 배천 군수(白川郡守: 南宮悌)의 심부름꾼을 맞이하여 만나보고 곧바로 가서 함께 담화를 나누었는데, 통인(通人) 한 사람이 왜적을 엿보다가 돌아와서 말하기를, 왜적 29명이 오늘 강음(江陰)으로 돌아가려 한다고 하였다.

저녁에 정자(正字) 김덕함(金德諴)이 찾아와서 그의 말을 듣건대, 자기의 형 정자 김덕겸(金德謙)이 대가(大駕)를 호종하여 관서(關西)에 이르렀다가 이달 10일에 그곳을 떠나 왔는데, 주상이 평양(平壤)에 있을 때 성안 사람들의 분노가 거의 변(變)이 생길 지경에까지 이르러 재신(宰臣)들 대부분 구타나 모욕을 당하여 6월 11일 미복(微服) 차림으로 겨우 성을 빠져나가서 의주(義州)로 급히 달려가고 세자도 강계(江界)로 향하자, 6월 14일 성은 함락되었으며 왜적은 서경(西京: 평양)에 많이 머물러 있다고 하였다.

또 말하기를, 근래에 평산(平山)의 백성들이 의병을 일으켜 회복을 도모하려 하였으나, 명성이 있고 능히 의병장을 감당할 만한 사람을 찾을 수가 없다고 하였다.

二十日。

留金山里。雨, 送奴裴寧及彦悟主人于楸谷, 聞其里居前宣傳官田夢虎, 募義兵百餘人, 收取船隻, 卽修書以送之。食後, 白川郡守倅人邀見, 卽往會談話, 通人一人, 覘賊還言, 賊倭二十九人, 今日當還江陰云。夕, 正字金德諴[239]來訪, 聞其兄德謙[240]正字, 扈駕到關西, 今月初十日出來, 主上在平壤時, 城中憤怒, 幾致生變, 宰臣多被毆辱, 六月十一日, 以微服, 僅得出城, 馳向義州, 世子向于江界, 十四日城陷, 賊兵多留西京云。又言, 近日平山之民, 欲起義兵, 以圖恢復, 而未得有聲名堪爲將者云。

7월 21일

금산리(金山里: 銀山里인 듯)에 머물렀다.

같은 마을에 와서 함께 지내는 전 별감(前別監) 이원형(李元亨)이

---

239 金德諴(김덕함, 1562~1636): 본관은 尙州, 자는 景和, 호는 醒翁. 1587년 생원시에 합격하고, 1589년 증광시 문과에 급제하였다. 1592년 임진왜란이 일어나자 연안에서 초토사 이정암을 도와 의병을 모집하고 군량을 조달하는 일을 맡았다. 1593년 공조 좌랑을 거쳐 비변사 낭청 · 호조 정랑 · 직강 · 사예 등의 중앙 관직과 선천 · 청풍 · 단천 · 성천 · 장단 · 안주의 지방관을 역임하였다. 1617년 인목대비 폐모론에 반대하여 南海에 유배되었다가 1623년 인조반정으로 풀려나 여러 벼슬을 거쳐 1636년 대사헌에 올랐다.

240 德謙(덕겸): 金德謙(1552~1633). 본관은 尙州, 호는 景益, 호는 靑陸. 1579년 생원 · 진사에 합격하고, 1583년 별시 문과에 급제하였다. 1594년 형조좌랑이 되고 1597년 문과 중시에 급제하였다. 1598년에 북청판관, 1605년에 충청도사 등 외직을 역임하였다. 1612년 광해군을 비방하는 익명의 諺書가 집에 투하되어 추국을 당하였다.

어제 찾아왔다가 올벼 1말과 닭 1마리를 보내왔다.

어제 배천(白川)의 임시 처소에 도착하였는데, 처소의 주인은 바로 사노(私奴) 정세언(鄭世彦)이었다. 집이 자못 풍요하여 술과 안주를 갖추어서 상하청(上下廳)에 대접하였는데, 스스로 말하기를, 그의 아들 1명이 바로 봉사(奉事) 조흥정(趙興庭: 조빈정의 동생) 처가의 노복(奴僕)이라서 봉사(奉事: 조흥정)의 처자식들이 정세언의 아들 집에 임시로 지내고 있으나 봉사가 살았는지 죽었는지 지금은 알 수 없다고 운운하였다.

생원 박춘영(朴春榮)이 찾아오며 양식쌀을 보내왔는데, 그가 말하기를, 연안(延安)과 배천(白川)의 백성들이 바야흐로 대의를 부르짖어 의병을 일으키고자 하나 인솔할 만한 사람을 구하지 못했다고 하면서, 내가 마침 연안과 평산(平山) 두 고을의 수령을 지냈으니 김덕함(金德諴)과 함께 의논하여 모주(謀主: 主將)가 되어 달라고 하였다. 내가 대답하기를, 당초 벼슬을 버리고 모친을 받들어서 타지방을 떠돌며 전전한 지 지금까지 석 달인데 오직 시종일관 모친을 받들어 살아 고향에 돌아가는 것만 생각하여 다른 일에는 생각할 겨를이 없었는데다, 이제 노복을 추곡(楸谷: 楸井里인 듯)에 보내어 선박을 구해서 몰래 통진(通津)에 갈 심산이라 더욱 청을 따를 수 없다고 하자, 박춘영이 곧바로 인사하고는 갔다. 밥을 먹은 뒤에 정세언(鄭世彦)의 집에서 배천 군수(白川郡守: 南宮悌)와 이야기를 나누고자 하였다.

저녁에 노복이 추곡에서 돌아와 말하기를, 남군(南軍)이 어제 강화(江華)에 도착하여 건너오기 위해서 그곳의 선박들을 모두 거두어

갔으므로 서로 약속할 수가 없었다고 하였다. 몰래 통진으로 가려는 이 계획은 또한 성사될 수가 없으니 어찌할 도리가 없었다. 단지 남군(南軍)이 가까운 곳으로 바다를 건너 해서(海西)로 올런지 알 수 없으나, 왜적이 필시 횡행하지는 못할 것이다. 이 또한 임시 편안할 수 있는 하나의 방도일 수 있으나 마침내 어떻게 되겠는가.

저녁에 큰비가 내렸다.

二十一日。

留金山村。同里來接, 前別監李元亨, 昨日來訪, 早稻一斗·鷄一首覓送。昨, 到白川下處, 則其主人, 乃私奴鄭世彦也。家頗豐饒, 具酒饌, 以饋上下廳, 自言, 其子一人, 乃趙興庭[241]奉事妻家奴也, 奉事妻子, 來寓于其子家, 奉事存沒, 時未得知云云。生員朴春榮[242]來訪, 饋以粮米, 其言曰, 延白之民, 方欲倡義興兵, 未得表帥[243]之人, 以予會經延·平兩邑之守, 與金德誠, 共議爲謀主[244]。予答曰, 當初, 棄官奉母, 流轉他方, 于今三月, 一念只在終始奉母, 生還故土, 不遑他矣, 今者送奴于楸谷, 覓得船隻, 爲偸過通津之計, 玆不能從請, 春榮卽辭去。食後, 與白川倅, 欲話

---

241 趙興庭(조흥정, 1546~?): 본관은 漢陽, 자는 景順. 아버지는 趙琯이고, 趙賓庭의 동생이다. 1583년 별시 무과에 급제하였다.

242 朴春榮(박춘영, 1549~?): 본관은 尙州, 자는 吉初. 아버지는 朴允蕃이다. 1590년 증광시에 급제하였다.

243 表帥(표솔): 表率. 모범이 되는 것. 감독하여 인솔함.

244 謀主(모주): 일을 주장하여 꾀하는 사람.

于鄭世彦家。夕，奴子自楸谷還言，南軍昨到江華，其處船隻，以過涉事，皆收取以去，不得相約云。此計又不諧，無可奈何。但未知南軍從近，渡過海西，則倭賊必不能肆行。此亦偸安之一道也，畢竟如何？ 夕，大雨。

7월 22일。 큰비。

금산리(金山里: 銀山里인 듯)에 머물렀다.

오후에 호남 의병장(湖南義兵將) 김천일(金千鎰)의 막료(幕僚) 전감역(前監役) 심수아(沈秀峩)가 강화(江華)에서 계본(啓本)을 가지고 장차 왕세자의 행재소로 향하고자 우리 고을 수령의 임시 처소를 지나가게 되어, 곧바로 아들 이준(李濬: 셋째아들)을 보내어 소식을 탐문하게 하였더니 심수아가 마침내 와서 만났다. 내가 그의 말을 듣고서야 비로소 왕세자가 이천현(伊川縣)에 와서 머물고 있음을 알았으며, 이천현의 사람으로 하여금 어서(御書)를 가지고 의병 군전(軍前)에 보내자 김천일이 공경히 인천(仁川)에서 받아서 그 이천현 사람과 함께 행재소로 가는 것이라고 하였으며, 김천일이 거느린 의병 1천 500명과 병사(兵使) 최원(崔遠)의 관군 9천 명이 또한 일시에 강화(江華)로 와서 정박하였다고 하였으며, 왜적이 호남(湖南)에 두루 퍼져 있었으나 고경명(高敬命)과 감사(監司) 이광(李洸)이 전주(全州)에서 왜적과 맞붙어 싸워 왜적 500여 명의 목을 베었다고 하였으며, 호남 의병은 3운(運)으로 나뉘어 김천일이 1운을 거느리고 고경명이 2운을 거느리며 전 군수(前郡守) 김제민(金齊閔)이 3운을 거느리고서 온다고 하였으며, 영남의 사인(士人) 곽재우(郭再祐)·정인홍(鄭仁弘) 및 김성일(金誠一) 등이 또한 의병을 일으켜 올라 오고 있다 하였으며, 우수사(右水使) 원균(元均)이 그간 격파한 왜선 900여 척이나 되었고 참수한 왜장이 비록 확실히 평수길(平秀吉)이라고 지적할 수는 없지만 이 왜장을 격파하고 참한 뒤로 나머지 왜적들은 대부분 패하여 물러갔다고 하였다.

저녁에 김구(金耇: 이정암의 생질서)가 찾아왔는데, 그의 말을 듣건대 자기의 처자식 및 봉화(奉化: 異腹 姊兄 봉화현감 李美善)의 가솔들이 모두 해주(海州)에 있다가 서로 헤어져서 간 곳을 알지 못한다고 하였다.

심수아(沈秀峩)가 왔을 때 전몽호(田夢虎)가 바다를 건널 선박이 있다는 것을 알리며 당장 속히 나오라고 전해주니 사사롭게는 다행이었으나, 다만 듣기를 부평(富平) 이남은 왜적이 길을 막고 있다 하니 통진(通津) 또한 갈 수가 없었다.

二十二日。大雨。

留金山村。午後, 湖南義兵將金千鎰幕僚前監役沈秀峩[245], 自江華持啓本, 將向王世子行在所, 來過主倅下處, 卽遣濬兒探問聲息, 則沈也遂來見。予聞其言, 則始知王世子, 來住伊川縣[246], 使

245 沈秀峩(심수아, 1542~?): 본관은 青松, 자는 卓立. 아버지는 沈崶이다. 1576년 식년시에 급제하였다.

縣人持御書, 送于義兵軍前, 千鎰祗受于仁川, 與其使, 偕往行在所云, 千鎰所領軍一千五百名, 兵使崔遠[247]軍九千, 亦一時來泊江華云, 賊倭遍及湖南, 高敬命與監司李洸, 合戰于全州, 斬首五百餘級云, 湖南義兵, 分三運, 千鎰將一運, 敬命將二運, 前郡守金齊閔[248]將三運, 以來云, 嶺南士人郭再祐[249] · 鄭仁弘[250]及金誠一[251]

---

246 伊川縣(이천현): 강원도 서북부에 있는 고을. 동쪽은 평강군, 동남쪽은 철원군, 서쪽은 황해도 신계군 · 곡산군, 서남쪽은 황해도 금천군, 서북쪽은 곡산군, 북쪽은 함경남도 문천군과 접한다.

247 崔遠(최원, 생몰년 미상): 1580년 전라도 병마절도사가 되고, 1592년에 임진왜란이 일어나 군사 1,000명을 거느리고 의병장 金千鎰, 月串僉節制使 李蘋과 함께 여산에서 적군의 진출을 막아 싸웠다. 김천일 등과 함께 남원·순창을 거쳐 북상하던 중 군사 4만 명을 거느리고 서울로 향하여 떠났던 전라 감사 李洸 등 많은 군사가 용인에서 패전한 뒤라 수원에서 강화도로 들어가 주둔지로 삼고 군사를 모집하였다. 한편으로는 한강 연변지역을 왕래하면서 적의 후방을 공략하고 해상으로 의주에 있는 行在所와도 연락을 취하였다. 이듬해 永德으로 나가 왜군을 격파하고 200여 명을 참획, 그 공으로 상호군에 승진되었다. 1596년 황해도 병마절도사를 거쳐, 1597년 정유재란이 일어나자 중앙으로 들어와서 한강 수비의 소임을 맡았다.

248 金齊閔(김제민, 1527~1599): 본관은 義城, 자는 士孝, 호는 鰲峰. 1573년 식년 문과에 급제하여 형조의 郎官을 거쳐 화순 현감 · 순창 군수, 1586년 전라도사를 지낸 뒤 병으로 사퇴하였다. 1592년 임진왜란이 일어나자 향리에서 의병을 모집하여 대둔산 아래 주둔, 왜군을 맞아 싸웠고, 난이 끝난 뒤 학문연구에 전심하였다.

249 郭再祐(곽재우, 1552~1617): 본관은 玄風, 자는 季綏, 호는 忘憂堂. 1585년 정시문과에 급제했지만 왕의 뜻에 거슬린 구절 때문에 罷榜되었다. 1592년 임진왜란 때 의병을 일으켜 天降紅衣將軍이라 불리며 거듭 왜적을 무찔렀다. 정유재란 때 慶尙左道防禦使로 火旺山城을 지켰다.

250 鄭仁弘(정인홍, 1535~1623): 본관은 瑞山, 자는 德遠, 호는 萊菴. 南冥 曺植의 문인으로, 崔永慶, 吳建, 金宇顒, 郭再祐 등과 함께 경상우도의 南冥學派를

等, 亦起義兵, 上來云, 右水使元均[252], 前後擊破倭船九百餘艘,

대표하였는데, 1581년 掌令이 되어 鄭澈·尹斗壽를 탄핵하다가 해직되었다. 1589년 鄭汝立 獄事를 계기로 동인이 남북으로 분립될 때 北人에 가담하여 領首가 된 인물이다. 1592년 임진왜란 때 濟用監正으로 陜川에서 의병을 모아, 星州에서 왜병을 격퇴하여 영남의병장의 호를 받았다. 이듬해 의병 3,000명을 모아 성주·합천·함안 등을 방어했고, 1602년 대사헌에 승진, 중추부동지사·공조참판을 역임하였으며 柳成龍을 임진왜란 때 화의를 주장하였다는 죄목으로 탄핵하여 사직하게 하고, 洪汝諄과 南以恭 등 北人과 함께 정권을 잡았다. 1608년 柳永慶이 선조가 광해군에게 양위하는 것을 반대하자 이를 탄핵하다가, 이듬해 寧邊에 유배되었다. 하지만 선조가 급서하고 광해군이 즉위하자 대사헌이 되어 大北政權을 세웠다. 자신의 스승인 남명 조식의 학문을 기반으로 경상우도 사림세력을 형성하였다. 더구나 임진왜란 당시의 의병장으로서 활약한 경력과 남명의 학통을 이어받은 수장으로써 영남사람의 강력한 영향력과 지지기반을 확보하였다. 1623년 인조반정 뒤 참형되고 가산은 적몰되었으며, 이후 대북은 정계에서 거세되어 몰락하였다.

251 金誠一(김성일, 1538~1593): 본관은 義城, 자는 士純, 호는 鶴峯. 1564년 사마시에 합격했으며, 1568년 증광문과에 급제하였다. 1577년 사은사의 서장관으로 명나라에 가서 宗系辨誣를 위해 노력했다. 그 뒤 나주목사로 있을 때는 大谷書院을 세워 김굉필·조광조·이황 등을 제향했다. 1590년 通信副使가 되어 正使 黃允吉과 함께 일본에 건너가 실정을 살피고 이듬해 돌아왔다. 이때 서인 황윤길은 일본의 침략을 경고했으나, 동인인 그는 일본의 침략 우려가 없다고 보고하여 당시의 동인 정권은 그의 견해를 채택했다. 임진왜란이 일어나자, 잘못 보고한 책임으로 처벌이 논의되었으나 동인인 柳成龍의 변호로 경상우도 招諭使에 임명되었다. 1593년 경상우도 관찰사 겸 순찰사를 역임하다 晉州에서 병으로 죽었다.

252 元均(원균, 1540~1597): 본관은 原州, 자는 平仲. 1592년 경상우도 수군절도사에 임명되어 부임한 지 3개월 뒤에 임진왜란이 일어났다. 왜군이 침입하자 경상좌수영의 수사 朴泓이 달아나버려 저항도 못해보고 궤멸하고 말았다. 원균도 중과부적으로 맞서 싸우지 못하고 있다가 퇴각했으며 전라좌도 수군절도사 李舜臣에게 원군을 요청하였다. 이순신은 자신의 경계영역을 함부로 넘을 수 없음을 이유로 원군요청에 즉시 응하지 않다가 5월 2일 20일 만에 조정의 출전명령을 받고 지원에 나섰다. 5월 7일 玉浦해전에서 이순신과 합세하여 적선 26척을 격침시켰다. 이후

所斬倭將, 雖不可的指平秀吉, 自此倭破斬之後, 餘賊多退北云。夕, 金耉來訪, 聽其言, 則其妻子及奉化家眷, 皆在海州, 相失不知所向云。沈秀岾來時, 田夢虎傳報, 過海船隻, 當圖得從速出來云, 私幸私幸, 但聞富平以南, 倭賊塞路云, 通津亦不可行矣。

7월 23일

금산리(金山里: 銀山里인 듯)에 머물렀다.

아침 일찍 상사(上舍) 박춘영(朴春榮)이 닭 1마리를 보내며 안부를 물어왔다. 아침밥을 먹은 뒤에 정세언(鄭世彦)의 집에서 배천 군수(白川郡守: 南宮悌)와 함께 이야기를 나누었다.

二十三日。

留金山村。早朝, 朴上舍春榮, 送鷄兒一首, 問訊。食後, 與主倅, 會話于鄭世彦家。

합포해전· 적진포해전· 사천포해전· 당포해전· 당항포해전· 율포해전· 한산도대첩· 안골포해전· 부산포해전 등에 참전하여 이순신과 함께 일본 수군을 무찔렀다. 1593년 이순신이 삼도수군통제사가 되자 그의 휘하에서 지휘를 받게 되었다. 이순신 보다 경력이 높았기 때문에 서로 불편한 관계가 되었으며 두 장수 사이에 불화가 생기게 되었다. 이에 원균은 해군을 떠나 육군인 충청절도사로 자리를 옮겨 상당산성을 개축하였고 이후에는 전라 좌병사로 옮겼다. 1597년 정유재란 때 가토 기요마사가 쳐들어오자 수군이 앞장서 막아야 한다는 건의가 있었지만 이순신이 이를 반대하여 출병을 거부하자 수군통제사를 파직당하고 투옥되었다. 원균은 이순신의 후임으로 수군통제사가 되었다. 7월 칠천량해전에서 일본군의 교란작전에 말려 참패하고 전라우도 수군절도사 李億祺 등과 함께 전사하였다.

7월 24일。 맑음。

아침 일찍 길을 떠나 낮에 대교(大橋) 포구의 시골집에서 쉬고 있는데, 조종남(趙宗男) 이하 수십 명이 와서 모이고는 나에게 의병 일으키기를 권하였다. 곧바로 약서책(約誓冊: 맹세하고 약속한 자의 명부)에 이름을 기입하고 해주(海州)·평산(平山)·연안(延安) 세 고을의 선비와 백성들에게 통문(通文)을 보내어 오는 27일에 배천(白川)의 늑암사(勒庵寺: 황의산 소재 勒巖寺)에서 회동하여 의논하자고 하였다.

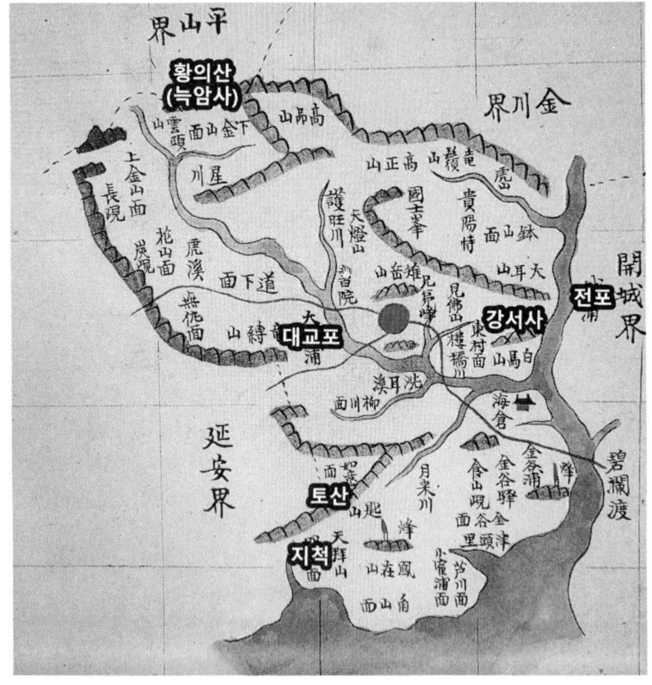

황의산(늑암사)·대교포·토산·지척·강서사·전포

이날 날씨가 갓 갠 뒤라서 거리가 진흙으로 질퍽질퍽하여 마부와 말들이 피곤하고 지쳐서 짐을 옮기는데 고생이 심한 게 형언할 수가 없었다. 강음(江陰: 배천의 강서 일부) 지경을 멀리 돌아보니 왜적이 분탕질하여 연기와 불길이 하늘을 뒤덮었다.

다행히 고을 사람의 도움에 힘입어 짐을 실어 나르고 늙은이와 어린이들을 데려가서 추곡(楸谷: 楸井里인 듯)의 포구 가에 이르니, 화산(華山: 한양의 삼각산)이 눈에 들어오고 풍덕(豐德) 고향이 마주 바라보여 기쁨의 눈물이 절로 떨어졌다.

훈련 봉사(訓練奉事) 전응국(田應國)과 그의 아들 전 선전관(前宣傳官) 전몽호(田夢虎), 전 선전관 이현(李賢) 등이 와서 모였는데, 전몽호가 말하기를, 어제 남군(南軍)을 가서 보니 가까운 시일에 바다를 건너올 뜻이 없었다고 하였다.

二十四日。晴。

早發, 午憩于大橋[253]村舍, 趙宗男以下數十人來會, 勸予倡義。卽着名[254]于約誓冊, 通文于海州·平山·延安三邑士民, 來二十七日, 會議于白川勒庵寺[255]。是日, 新晴之餘, 道路泥濘, 人馬困疲, 行李艱楚, 不可形言。回望江陰地界, 倭寇焚蕩, 烟焰蔽天

253 大橋(대교): 황해도 배천군 서쪽 30리쯤에 있었던 포구. 馬頭山에서 기원하여 서쪽으로 흘러 청천강으로 들어가는 강이다.

254 着名(착명): 이행할 의무가 있는 문안에 이름을 적는 것.

255 勒庵寺(늑암사): 勒巖寺. 《新增東國輿地勝覽》 권43 〈황해도 · 배천군〉에 의하면, 黃衣山에 있다고 함.

矣。幸賴邑人伴，遣搬挈老幼，抵于楸谷浦邊，華山[256]入眼，豊鄕相望， 喜淚自零。訓練奉事田應國[257]·其子前宣傳官夢虎·前宣傳官李賢等來會，夢虎言，昨日往見南軍，則近日無意渡海云。

7월 25일

처음에는 친히 가솔들을 이끌고 강화(江華)로 건너가 안전하게 머물도록 한 후에 다시 와서 의병을 일으키려는 계획이었으나, 중론(衆論)에 혹 차질이 생길까 염려되어 힘써 여러 사람들의 바라는 마음을 따르고자 마침내 장차 가솔들을 4척의 배에 나누어 태워 아침 썰물이 빠져나갈 때 강화로 건너가도록 보내고 바다 어귀에 우두커니 서 있으니 마음이 심히 괴로웠다. 진사(進士) 김구(金耉: 이정암의 생질서)의 가솔·유학(幼學) 김탁(金鐸)의 가솔들 또한 뒤따라 와서 같은 배로 갔다.

전몽호(田夢虎)의 집에서 점심을 먹고 아들 이준(李濬: 셋째아들)과 내달려 토산(兎山)에 이르니 날이 이미 저물었다. 한데 모였던 사람들이 모두 흩어져 갔고, 단지 김덕겸(金德謙)·조정견(趙廷堅: 趙庭堅의 오기인 듯) 등 몇 사람만이 풀숲을 헤치고 산꼭대기에 앉아 있었다.

---

256 華山(화산): 조선시대 도성의 三角山을 가리키는 듯.

257 田應國(전응국, 1540~?): 본관은 長鬐, 자는 大原. 아버지는 田淑禮이다. 1584년 별시 무과에 급제하였다.

이웃에 사는 갑사(甲士) 조신옥(趙信玉) 부자(父子)가 찾아와서 만났는데, 외로이 떨어져 돌아다니는 적들을 여러 번 쏘아 죽인 자들이다. 마침내 진사(進士) 박준(朴俊) 집에 투숙했다. 상사(上舍: 진사 박준)는 바로 내가 연안 부사였을 때 서로 종유(從遊)했던 사람으로 늙은 얼굴에 백발이 되어 서로 마주해도 완연했는데, 관솔불을 피워 저녁밥을 지어서 대접해 주었다.

二十五日。

初意欲親率家眷, 渡于江華, 安泊後還來, 謀起義兵, 衆議慮或差跌, 勉從衆心, 遂將家眷, 分載四船, 早潮將退, 渡送江華, 佇立海口, 懷抱甚惡。進士金耇家眷 · 幼學金鐸家眷, 亦追到, 同船以去。午點于田夢虎家, 與豚濬馳, 到于兎山, 則日已夕矣。聚會之士皆散去, 只留金德謙 · 趙廷堅[258]等數人, 披草萊, 坐于山頂。隣居甲士趙信玉父子來見, 屢射零賊者也。遂投宿于進士朴俊家。上舍[259], 乃予爲延城時, 相從之人, 蒼顔白髮[260], 相對宛然, 爇松明具, 夕炊以饋。

---

258 趙廷堅(조정견): 趙庭堅(1558~?)의 오기인 듯. 본관은 白川, 자는 公直, 호는 稼隱. 1590년 진사시에 합격하고, 1595년 별시문과에 급제하였다. 1592년 임진왜란 때 倡義하여 연안을 왜군의 침입으로부터 수호하였다. 1598년 명나라 提督 麻貴의 접반사가 되었으며, 그 뒤 고산찰방 · 사간원 사간을 거쳐 승지가 되었다.

259 上舍(상사): 조선시대에 성균관의 유생으로서 生員 · 進士 시험에 합격한 사람을 말함.

260 蒼顔白髮(창안백발): 늙은 얼굴에 백발.

7월 26일

아침에 조빈정(趙賓庭)이 찾아와서 만나 우봉(牛峯) 사돈(査頓: 다섯째아들 李洚의 장인 李潔) 충식(冲湜: 仲湜의 오기) 집에 맡긴 두 손자가 아무 탈 없이 잘 있다는 소식을 들었는데, 그저께 그 집의 노복(奴僕)이 와서 전할 때 요행히 화를 면했다고 하였다.

이웃에 사는 이원(李瑗)이란 자는 경성(京城) 종실(宗室)의 후예로 아내를 얻어 이곳에 와서 살고 있어, 그의 종파(宗派)를 물으니 곧 임영대군(臨瀛大君: 세종의 넷째아들 李璆)의 후손으로 부림정(富林正: 계양군의 아들 李湜)의 아들과 자기는 8촌 형제라고 하면서 닭과 술을 가지고 와 대접하였다.

김 정자(金正字: 金德謙) 무리들과 함께 도하면(道下面)의 내노(內奴) 범이(凡伊) 집으로 향해 옮겨 각처에 매복할 장사(將士)로 대략 100여 명을 의논하여 정하였는데, 모인 자로는 좌수(座首) 신복령(申福齡) · 조정견(趙廷堅: 趙庭堅의 오기) · 장응기(張應祺: 張應箕) · 이현(李賢) · 김덕함(金德諴) · 신상렴(申尙廉) · 한응신(韓應信) · 박진(朴震) 등 10여 명이었다. 직장(直長) 이계록(李繼祿)이 그의 아들 진사 이덕일(李德一)을 데리고 찾아와서 만났는데, 난리를 피하여 이곳에 이르렀다고 하였다. 저녁에 박지훈(朴知訓) · 박지경(朴知警) 형제가 찾아왔는데, 그들의 가솔들을 이끌고 난리를 피하여 이곳에 이르렀다고 하였다. 마침내 유숙하니, 변용(邊溶) · 변승룡(邊勝龍)이 함께 묵었다.

二十六日。

朝, 趙賓庭來見, 得聞牛峯査頓冲湜[261]家, 奇托二孫, 安保消息, 昨昨其家奴來傳時, 幸免禍云。隣居李瑗[262]者, 京中宗室苗裔, 娶妻來居于此, 問其宗派, 乃臨瀛大君[263]之後, 富林正[264]之子與子, 爲八寸兄弟, 持鷄酒來饋。與金正字輩, 移向于道下內奴凡伊家, 議定各處埋伏將士大約百餘人, 會者座首申福齡·趙廷堅·張應祺[265]·李賢·金德諴·申尙廉[266]·韓應信[267]·朴震等十餘人。直長李繼祿[268], 率其子進士德一[269]來見, 避難到此云。夕,

---

261 冲湜(충식): 仲湜의 오기. 李潔(1542~?)의 字. 본관은 固城. 아버지는 李嶇이다. 1567년 식년시에 급제하였다.

262 李瑗(이원, 1543~?): 본관은 全州, 자는 伯玉, 호는 東皐. 아버지는 李壽男이다. 1576년 식년시에 급제하였고, 1583년 별시 문과에 급제하였다.

263 臨瀛大君(임영대군): 조선의 제4대 왕인 세종의 넷째아들 李璆. 본관은 全州, 자는 獻之, 시호는 貞簡. 1419년 세종과 소헌왕후 사이에 태어났다.

264 富林正(부림정): 富林君 李湜(1458~1488)을 가리킴. 본관은 全州, 자는 浪翁, 호는 四雨亭. 아버지는 세종의 서자인 桂陽君 李璔이다. 詩文에 능했고, 名唱이었다.

265 張應祺(장응기, 1556~1630): 張應箕라고도 함. 본관은 蔚珍, 자는 景受. 1583년 무과에 급제하고, 1586년 무과중시에 급제, 여러 관직을 역임하였다. 1592년 임진왜란이 일어나자 전직 감찰로서 海西招討使 李廷馣의 휘하에서 軍官으로 활약하였다. 1592년 8월 말 해주에 주둔한 왜장 구로다(黑田長政)가 도내에 있는 왜군을 모아 대병력으로 연안성을 침범할 때 화살을 쏘아 적장 한 사람을 사살함으로써 성내 軍民의 사기를 높였고, 성의 동문을 지켜 적의 침입을 막았다. 軍功으로 배천군수가 되어 연안별장을 겸하고 군사 500명으로 계속 연안성을 지켰다. 정유재란 때는 창녕현감으로 방어사 郭再祐 휘하에 들어가 조전장으로 창녕 火旺山城 방어에 참여하였다. 그 뒤 부사 등을 지냈다.

266 申尙廉(신상렴, 1544~?): 본관은 平山, 자는 而簡. 申效曾의 아버지이다.

267 韓應信(한응신, 1558~?): 본관은 沔川, 자는 善直. 1606년 사마시에 급제하였다.

朴知訓·知警[270]兄弟來訪，率其家眷，避難到此云。遂留宿，邊溶[271]·邊勝龍[272]，陪宿。

7월 27일

도하(道下)에 머물렀다.

군수(郡守: 배천군수 남궁제)가 찾아와서 잠시 이야기를 나누었다. 저녁밥을 먹은 뒤에 지척(紙尺)으로 이동하여 조빈정(趙賓庭)의 집에서 묵었다. 이웃에 사는 고대복(高大復), 이박(李璞)의 아들 이수근(李秀根) 등이 찾아와서 만나보았다.

二十七日。

留道下。郡守來訪，暫話。夕食後，移于紙尺[273]，趙賓庭家宿焉。隣居高大復·李璞[274]子秀根等，來見。

---

268 李繼祿(이계록, 1538~?): 본관은 富平, 자는 仲綏. 1582년 생원시에 합격하고 1591년 참봉으로 식년문과에 급제하였다. 1592년 10월 병조좌랑에 제수되었으며, 1599년 5월 형조정랑에 이르렀다.

269 德一(덕일): 李德一(1567~?). 본관은 富平, 자는 子精. 李繼祿의 아들이고, 李尙載의 아버지이다.

270 知警(지경): 朴知警(1571~?). 본관은 咸陽, 자는 君省. 1606년 식년시에 급제하였다. 朴知訓의 동생이고, 炭翁 權諰의 장인이다.

271 邊溶(변용, 1559~?): 자는 子淸.

272 邊勝龍(변승룡, 1561~?): 본관은 原州, 자는 雲瑞.

273 紙尺(지척): 紙尺으로도 쓰임.

274 李璞(이박, 1529~1594): 본관은 全州, 자는 文玉. 1558년 식년시에 급제하였다.

7월 28일

지척(紙尺)에 머물렀다.

읍내(邑內)에 사는 이덕춘(李德春)이 술과 안주를 가지고 찾아왔고, 전 만호(前萬戶) 하순(河淳) 또한 생선과 말린 새우를 보내왔으며, 박지창(朴知昶) 3형제(朴知訓 · 朴知警), 직장(直長) 이계록(李繼祿) 및 그의 아들 생원(生員) 이덕일(李德一), 진사(進士) 신경효(辛景孝), 경성(京城) 사람 이경춘(李景春) 등이 모두 와서 모여 술을 마시며 이야기 나누다가 헤어졌다.

충훈부(忠勳府)의 전답(田畓)을 맡아 경작하는 수노(首奴) 범이(凡伊)가 찾아와서 만났는데, 대개 군대의 양식이 나올 데가 없어서 그 소출(所出)을 거두어 쓰고자 하면 토지의 작황에 따라 소출을 내도록 하여 받아들여야 한다고 하였다.

전라 병사(全羅兵使: 崔遠) · 의병장 김천일(金千鎰)의 답서가 도착하였고 긴 화살과 짧은 화살을 각기 5부(部)씩 보내왔는데, 그 답서의 내용을 보건대 조금도 바다를 건널 뜻이 없으니 이상한 일이었다. 가손(家孫: 이정암의 손자)의 답서에서 말한 것에 의하면, 노모 이하 모두가 안전하게 강화(江華)에 닿았다고 하면서 김천일을 찾아가 만나니 왕세자가 강도(江都)로 행차하는 것을 맞이할 생각이었다고 하였다.

이현(李賢)은 행재소에서 온 선전관 박진남(朴震男)과 함께 행재소로 가면서 다른 사람을 시켜 답서를 전송하였으니, 이현이 미덥지 못함이 이와 같았다.

저녁에 왜적 10명이 우리 고을에 들어왔다는 소식을 듣고 마침내 우피포(牛皮浦) 해변의 촌가로 이동하였는데, 군수(郡守: 배천 군수 남궁제) 또한 이 마을로 와서 머물렀다.

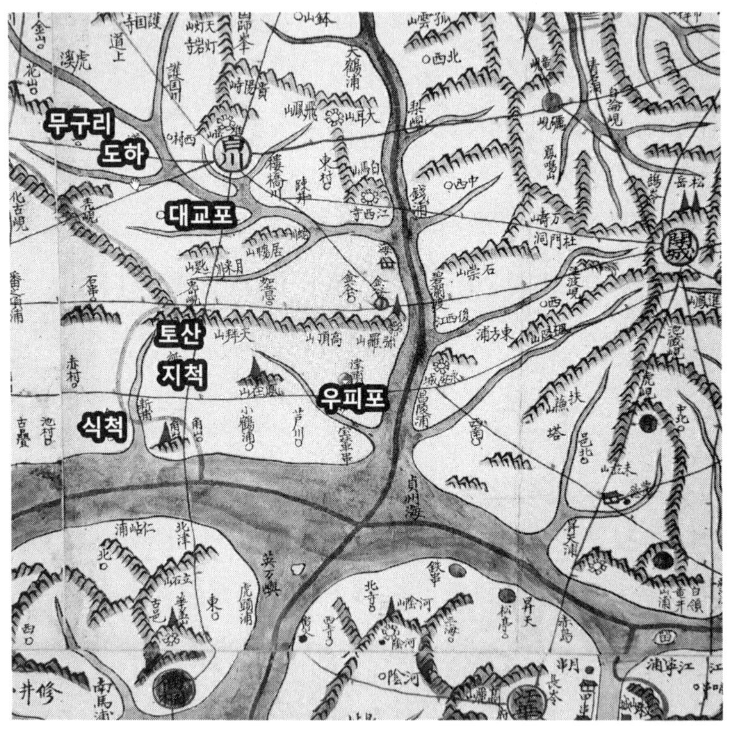

무구리 · 도하 · 대교포 · 토산 · 지척 · 식척 · 우피포

감사(監司)의 군관(軍官) 김서운(金瑞雲)이 군사를 점검하는 일로 뒤따라 이르렀는데, 잠시 말을 나누고서야 비로서 감사가 배를 타고

해주(海州)의 외딴섬에 가 숨어 있는 것을 알았다.

땅거미가 질 무렵에 듣건대 왜적이 노비색(奴婢色: 노비의 일을 담당한 임시 관원) 송담석(宋淡石) 및 촌민(村民) 1명을 붙잡아서 강음(江陰)으로 돌아갔다고 하니, 왜적의 그 속마음을 헤아릴 수 없고 알 길이 없다.

二十八日。

留紙尺。邑內居李德春, 持酒饌來訪, 前萬戶河淳[275], 亦送生鮮·蒸鰕, 朴知瓶三兄弟·直長李繼祿及其子生員德一·進士辛景孝·京人李景春等皆來會, 飮話而罷。忠勳府田畓次知, 首奴凡伊來見, 盖以兵粮無出處, 欲收用其所出, 使之出納庫員[276]也。全羅兵使·義兵將金千鎰, 答書來到, 長片箭各五部覓來, 觀其書辭, 少無渡海之意, 可怪。家孫[277]答書言, 老親以下, 皆安泊, 往見金千鎰, 則有邀王世子幸江都之意云。李賢與行在所來宣傳官朴震男[278], 偕往行在所, 使他人傳送答書, 賢之不可恃, 如

275 河淳(하순, 1552~?): 본관은 晉陽, 자는 汝和. 아버지는 河永渾이다. 1583년 별시 무과에 급제하였다.

276 庫員(고원): 농지. 토속어로 田地가 있는 곳을 庫라 하고 들판을 員이라고 함. 여기서는 庫員等第의 의미로 쓰였다.

277 家孫(가손): 남에게 자기의 손자를 일컫는 말.

278 朴震男(박진남, 1552~1599): 본관은 高靈, 자는 應元, 호는 悔巖. 1592년 임진왜란 때 울산 지역 의병들과 문경 당교 전투에 참전하였고, 1595년 문경 조령에서 공로가 있어 도승지 姜燦이 조정에 보고하여 군마 1필을 하사하였다. 1597년 정유재란 당시 星州의 星峴 전투에 참전하여 많은 전공을 세웠으나 적탄을 맞아 전사했다.

此。夕，聞倭人十名入郡，遂移于牛皮浦海邊村家，郡守亦來住此村。監司軍官金瑞雲[279]，以點兵事追到，暫與敍話，始知監司乘舟隱泊于海州絶島中矣。初昏，聞倭人捉挐奴婢色[280]宋淡石及村民一人，卽還江陰，叵測叵測。

7월 29일

아침 일찍 군수(郡守: 배천 군수 남궁제) 및 영군관(營軍官: 감영 군관) 김서운(金瑞雲)이 찾아왔다. 조한춘(趙漢春)·조신옥(趙信玉) 등이 어제 광정(匡井: 光井의 오기) 위에 숨겨둔 크고 작은 선박 16척을 찾아내어 우피포(牛皮浦)에 옮겨 정박해두었는데, 상중(喪中)의 이욱(李稶)이 가솔들을 거느리고 강화(江華)로 건너가려 했으나 광정의 선박들이 모두 이곳에 옮겨 정박해둔 것을 듣고 뒤쫓아 와 빌려주기를 간절히 청하는지라 즉시 군수에게 알려서 2척을 주도록 문서를 만들게 하였다.

아침밥을 먹은 뒤, 호의(狐衣)에 있는 별좌(別坐) 이치(李錙)의 정사(亭舍)로 임시 거처를 옮기니, 앞에는 큰 들판을 마주하고 바다처럼 넓은 호수가 자리잡은 곳의 아래에 있었다. 벽 사이에는 윤 오음(尹梧

279 金瑞雲(김서운, 1550~?): 본관은 鎭岑, 자는 應聖. 아버지는 金珍이다. 1583년 별시 무과에 급제하였다.

280 奴婢色(노비색): 노비에 관한 업무를 담당한 임시 관직.

陰: 尹斗壽) · 윤 월정(尹月汀: 尹根壽) · 황 지천(黃芝川: 黃廷彧) · 송상현(宋象賢)의 제영(題詠)이 걸려 있었으니, 만나본 것 같은 감회가 있었다. 이웃에 사는 시골 늙은이 및 의병 따르기를 원하는 자들이 서로 연이어 찾아와 만나서, 결국 그곳에서 유숙하였다.

조정견(趙廷堅: 趙庭堅의 오기) · 한응신(韓應信) · 장응기(張應祺: 張應箕) · 봉요신(奉堯臣) · 조서룡(趙瑞龍) 등이 와서 모이니, 감사(監司)의 군관(軍官) 김서운(金瑞雲)이 돌아간다고 알려와서 방백(方伯)에게 편지를 부치고 병장기를 구해주도록 부탁하였다.

二十九日。

早朝, 郡守及營軍官金瑞雲來訪。趙漢春 · 趙信玉等, 昨日搜覓匡井以上隱置船隻大小十六隻, 移泊于牛皮浦, 喪人李稶[281], 欲將家屬, 渡于江華, 聞匡井船隻, 皆移泊于此處, 追來懇乞, 卽通于主倅, 帖給二隻。食後, 移寓于狐衣李別坐錙[282]亭舍, 前臨大野, 湖海在於凡席之下矣。壁間有尹梧陰 · 尹月汀[283] · 黃芝川 ·

281 李稶(이욱, 1562~?): 본관은 星州, 자는 仲實, 호는 芝江 · 醉翁. 1585년 진사시에 합격하고, 1599년 별시 문과에 급제하였다. 필선 · 장령 · 동부승지를 거쳐 1615년 병조참지가 되었으며, 1618년 강원감사로 재직할 때에는 술에 취하여 풍류를 즐기다 사헌부의 탄핵을 받기도 하였다.

282 李別坐錙(이별좌치): 李錙(1536~1596). 본관은 驪州, 호는 龜殼軒. 李承宗의 셋째아들이자 李銖의 형이다. 백부 李承武에게 양자로 갔다. 梧陰 尹斗壽의 이종동생이다. 黃廷彧의 둘째아들 黃赫이 그의 사위이다. 1592년 임진왜란이 일어나자 백의종사관을 지냈고, 명나나 제독 李如松의 통역을 맡았다. 1595년 사헌부 감찰, 1596년 장성 현감, 함열 현감을 지냈다.

283 月汀(월정): 尹根壽(윤근수, 1537~1616)의 호. 본관은 海平, 자는 子固. 1558

宋象賢[284]等題詠, 有如見之感。隣居鄕老及願從義兵者, 相繼來見, 遂留宿。趙廷堅·韓應信·張應祺·奉堯臣·趙瑞龍等來會, 監司軍官金瑞雲告歸, 寄書方伯, 圖得兵器。

7월 30일

호의(狐衣)에 머물렀다.

아침밥을 먹은 뒤에 군수(郡守: 배천 군수 남궁제)가 찾아와서 만났고, 조빈정(趙賓庭)이 찾아와서 만났다.

년 별시 문과에 급제해 여러 관직을 거쳐 1572년 동부승지를 거쳐 대사성에 승진하였다. 그 뒤 경상도감사·부제학·개경 유수·공조참판 등을 거쳐 1589년 聖節使로 명나라에 파견되었으며, 1591년 우찬성으로 鄭澈이 建儲(세자 책봉) 문제로 화를 입자, 윤근수가 정철에게 당부했다는 대간의 탄핵으로 형 윤두수와 함께 삭탈관직 되었다. 1592년 임진왜란이 일어나자 예조판서로 다시 기용되었으며, 問安使·遠接使·주청사 등으로 여러 차례 명나라에 파견되었고, 국난 극복에 노력하였다.

284 宋象賢(송상현, 1551~1592): 본관은 礪山, 자는 德求, 호는 泉谷·寒泉. 1570년 진사에, 1576년 別試文科에 급제하여 鏡城判官 등을 지냈다. 1584년 宗系辨誣使의 質正官으로 명나라에 다녀왔다. 귀국 뒤 호조·예조·공조의 正郎 등을 거쳐 東萊府使가 되었다. 임진왜란이 일어나 왜적이 동래성에 쳐들어와 항전했으나 함락되게 되자 朝服을 갈아입고 단정히 앉은 채 적병에게 살해되었다. 충절에 탄복한 敵將은 詩를 지어 제사지내 주었다.

조읍리

강음(江陰) 사람 박영번(朴永蕃)이 난리를 피하여 이곳에 왔는데, 그의 말에 의하면, 그 고을의 백성들 또한 의병에 참여하기를 원하는 자가 많으니 만약 방문(榜文)을 얻을 수 있다면 마땅히 두루 깨우쳐서 의병에 참여하기를 원하는 자의 성명을 기록해서 오겠다고 하였다. 게다가 조읍포(助邑浦)에 정박해 있는 선박들 또한 빼앗아 올 수 있다고 하는지라, 즉시 장수를 정하여 밤 조수를 타고 보내는 계획을 세웠다.

三十日。

留狐衣。食後, 郡守來見, 趙賓庭來訪。江陰人朴永蕃, 避難來此, 言內, 其邑之民, 亦多願從者, 若得榜文, 當通諭, 錄其姓名以來云。且助邑浦[285]留泊船隻, 亦可以奪來云, 卽定將, 乘夜潮, 起送爲計。

8월 1일

호의(狐衣)에 머물렀는데, 비가 왔다.

八月初一日。

留狐衣, 雨。

8월 2일

일찍 아침밥을 먹은 뒤, 무구리(無仇里) 변 수사(邊水使: 충청 수사 변양준인 듯)의 집으로 임시 처소를 옮겼다. 한언오(韓彦悟: 이정암의 둘째매부 韓詗)가 강화(江華)에서 돌아왔는데, 가솔들이 평안하다는 소식을 들었다.

경상도 초유사(招諭使) 김성일(金誠一)의 군관(軍官) 송득(宋得)이라 불리는 사람이 계본(啓本) 및 왜적 500여 명을 벤 머리를 가지고 지나가서 그곳의 지난 소식을 물었는데, 호남 의병장 고경명(高敬命) 부자(父子)가 금산(錦山)에서 싸우다가 적에게 해를 당했다고 하니 통탄할 일이었으며, 영남 의병이 좌도(左道)의 도처에서 봉기하였으나 왜적이 없는 고을이 없어서 날마다 서로 싸우느라 지금 북상할 겨를이 없다고 하였다.

---

285 助邑浦(조읍포): 황해도 금천군 토산면에 있는 포구이 듯. 강음, 황주, 서흥, 봉산, 곡산, 수안, 안악, 재령, 신은, 평산, 우봉, 토산 등 황해도 12개 고을의 세곡을 거두어 한성의 경창으로 운반하는 기능을 담당하였다.

저녁에 연안 의병통장(延安義兵統將) 송덕윤(宋德潤)·장응기(張應祺: 張應箕) 등이 와서 약속을 받아들이고 갔다. 언오(彦悟: 이정암의 둘째매부 韓詗)가 말하기를, 아들 이준(李濬: 셋째아들)의 처자식들이 춘천(春川)으로 피난하여 아무 탈 없이 잘 있다고 하니 매우 기쁘고 다행스러웠다.

初二日。

早食後, 移寓于無仇里[286]邊水使家。韓彦悟, 自江華來到, 得家眷平安消息。慶尙道招諭使金誠一軍官宋得稱名人, 持啓本及斬馘五百餘級來過, 問其所過消息, 則湖南義兵高敬命父子, 戰于錦山[287], 爲賊所害云, 可慟, 嶺南義兵, 左道則處處蜂起, 而倭賊無邑無之, 日日相戰, 時無北上之期云。夕, 延安義兵統將宋德潤·張應祺等, 來受約束而去。彦悟言, 濬兒妻子, 避難于春川, 安保云, 喜幸喜幸。

8월 3일

무구리(無仇里)에 머물렀다.

전 선전관(前宣傳官) 하순(河淳)·전 내금(前內禁) 박신(朴伸) 등이

286 無仇里(무구리): 황해도 배천군 신월리에 있던 마을.

287 錦山(금산): 충청남도의 남동부에 있는 고을. 동쪽은 충청북도 영동군, 서쪽은 논산시 및 전라북도 완주군, 남쪽은 전라북도 무주군과 진안군, 북쪽은 대전광역시와 충청북도 옥천군 등과 접한다.

바닷길을 통해 강음(江陰)에 이르러 숨겨두었던 선박 6척을 가지고 왔다.

배천(白川) 관아의 아전이 방백(方伯)의 답서를 가지고 왔는데, 곧 안악(安岳)의 아래쪽으로는 왜적이 있지 않으나 다만 해주(海州)·강령(康翎)에만 잔당들이 주둔하고 있으니, 서로 협공하기로 약속한다면 양쪽에서 공격할 수 있는 기각지세(掎角之勢)를 이룰 것이라고 하였다.

이날 왜적의 기병 100여 명이 송경(松京)·풍덕(豊德) 등지를 분탕질하여 연해의 마을과 집들이 남아난 것이 없었다.

初三日。

留無仇里。前宣傳河淳·前內禁朴伸等, 由水路到江陰, 得隱泊船六隻以來。白川邑吏, 呈方伯答書, 卽安岳[288]以下, 倭賊無有, 只於海州·康翎[289], 餘孽[290]屯聚, 相約夾擊, 爲掎角之勢云。是日, 倭賊百餘騎, 焚蕩松京·豊德等地, 沿海村家無遺。

---

288 安岳(안악): 황해도 서북부에 있는 고을. 동쪽은 재령강을 경계로 황주군·봉산군·재령군, 서쪽은 은율군, 남쪽은 신천군, 북쪽은 대동강 하류를 경계로 평안남도 용강군·진남포와 접한다.

289 康翎(강령): 황해도 옹진과 인천광역시 옹진 지역의 옛 지명. 永康縣과 白翎縣이 합쳐져 이루어졌다.

290 餘孽(여얼): 잔당. 잔여 세력.

8월 4일

무구리(無仇里)에 머물렀다.

증산(甑山)에서 군사들을 점검하고 군대를 3운(運)으로 나누어 민인로(閔仁老)·김응서(金應瑞: 趙應瑞의 오기)·변렴(邊濂)을 별장(別將)으로 삼아 임무를 분담하게 하였다.

조종남(趙宗男)이 왕세자(王世子: 광해군)로부터 유지(有旨: 분부를 전하는 문서)를 받아 가지고 되돌아왔는데, 나를 황해도 초토사(黃海道招討使)로 삼는다는 것이었다. 본래의 뜻은 단지 연안(延安)과 배천(白川)의 몇 개 고을 뜻있는 선비들과 의병을 모집하여 외로이 떨어져 돌아다니는 적들을 맞으려는 것이었는데, 뜻하지 않게 이러한 중요한 임무를 받으니 사람과 자리가 맞지 않아 해야할 바를 알지 못했다. 군수가 찾아왔다.

한낮에 왜적 수십 명이 고을에 들어오니, 무슨 속셈인지 알지 못하겠다. 권희(權憘)·권협(權悏)·권황(權愰) 3형제가 80세의 노모와 함께 난리를 피하여 평산(平山)에서 조빈정(趙賓庭) 집에 이르러 장차 강화(江華)로 건너려 한다고 하였는데, 군사들을 점검할 때 지나는 길에 찾아가서 대략이나마 괴로운 심사를 이야기하고 헤어졌다.

저녁에는 별아포(別兒浦)에 있는 촌가에서 투숙하였다.

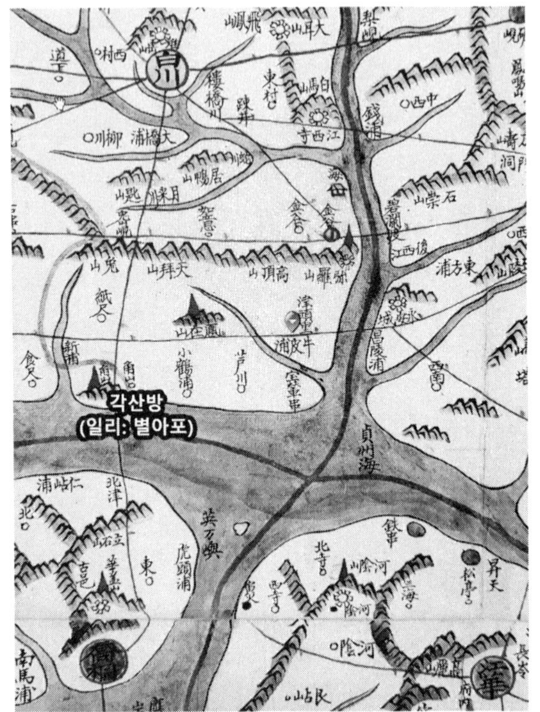

각산방(일리: 별아포)

初四日。

留無仇里。點兵于甑山，分軍三運，以閔仁老[291]·金應瑞[292]·

291 閔仁老(민인로, 1542~?): 본관은 驪興, 자는 眉叟. 아버지는 閔宗이다. 1584년 별시 무과에 급제하였다.

292 金應瑞(김응서): 趙應瑞(1569~?)의 오기. 자는 而慶. 아버지는 趙景福이다. 1591년 별시 무과에 급제하였다. 만경 현령 등을 지냈다. 이정암의 〈行年日記上〉에 조응서로 나온다.

邊濂[293]爲別將分領[294]。趙宗男, 自王世子, 所持有旨, 還來, 以予爲黃海道招討使。本意, 只是與廷白數州義士, 募兵以禦零賊, 不意受此重任, 人器不合, 不知所爲矣。郡守來會。午時, 倭賊數十人入郡, 未知何意? 權憘[295]·權悏[296]·權愰[297]三兄弟, 與八十老母避難, 自平山到趙賓庭家, 將渡江華云, 點兵時, 過訪[298]略敍苦懷而罷。夕, 投宿于別兒浦[299]村家。

---

293 邊濂(변렴, 1560~?): 본관은 原州, 자는 浩源. 1603년 식년시 무과에 급제하였다.

294 分領(분령): 임무를 분담함.

295 權憘(권희, 1547~1624): 본관은 安東, 자는 思悅, 호는 南岳. 1568년 진사가 되고, 1584년 별시 문과에 급제, 한림·주서·전적을 거쳐 각 조의 낭관 및 사헌부·사간원의 벼슬을 지냈다. 1592년 임진왜란이 일어나 선조가 의주로 피난할 때, 宗廟署令으로서 역대 왕들의 신주와 왕실의 어보를 안전하게 보관하였다. 1596년 장령·사간·종부시정·헌납·집의 등을 거쳐 陳慰使의 書狀官으로 명나라에 다녀온 뒤 호조·예조·형조의 참판을 지냈다. 이듬해 동부승지 등을 거쳐, 1599년 도승지·병조참지·충청감사가 되었다. 1603년 奏請副使로서 명나라를 다녀왔다. 이듬해 황해도 감사를 역임하였다. 이어 충청도 관찰사·강화유수·금산 군수·광주 목사 등을 지내고, 1607년 도승지가 되었다.

296 權悏(권협, 1553~?): 본관은 安東, 자는 思省, 호는 石塘. 1577년 알성문과에 급제하여 전적·사예·승문원·춘추관 등의 벼슬을 거치고, 1592년 임진왜란 때에는 장령으로서 서울을 굳게 지킬 것을 주장하였다. 1596년에 교리·시강관을 거쳐 이듬해 응교로 있을 때 정유재란이 일어나자 告急使로 명나라에 가서 사태의 시급함을 알리고 원병을 청하였다. 예조참판·호조참판이 되었으며, 황해도 관찰사로 나아갔다. 1604년 대사헌이 되었고, 이듬해 전라도감사가 되었다.

297 權愰(권황, 1543~1641): 본관은 安東, 자는 思瑩, 호는 恥庵. 1576년 진사시에 합격하고, 蔭補로 의금부 도사가 되었다. 이어 世子翊衛司의 副率·衛率에 올랐으며 이로부터 10여 년 동안 형조좌랑·호조좌랑·호조정랑·掌樂院僉正을 지내고, 지방관이 되어 한산군수·순창군수·고양군수·마전군수를 역임하였다.

298 過訪(과방): 지나는 길에 방문함.

8월 5일

왜적이 도로 강음(江陰)으로 향하였고, 군수가 찾아와서 만났다. 아침밥을 먹은 후에 감사(監司) 및 조방장(助防將)의 관자(關子: 공문)가 도착했는데, 곧바로 보니 조방장은 곧 송선(宋瑄)이라 불리는 사람으로 감사가 연안(延安)과 배천(白川)의 의병을 일으키려고 하니 오는 9일에 합세하여 해주(海州)의 왜적을 공격하자는 것이었다.

저녁에 도마동(刀馬洞)으로 이동하여 촌가에서 묵었는데, 고인(故人) 목사(牧使: 충주 목사) 김예종(金禮宗)의 계집종이 주거리(注去里)에 피난하여 떠돌다가 찾아와서 만나니 가련하였다.

初五日。

倭賊還向江陰，郡守來訪。食後，監司及助防將關子到，卽見之，則助防將乃宋瑄[300]稱名人，監司欲起延白之兵，來初九日，合擊海州賊倭云。夕，移宿于刀馬洞[301]村家，故牧使金禮宗[302]婢□

---

299 別兒浦(별아포): 조선시대 황해군 배천군의 지역으로서 군의 남부 각산 아래에 있던 각산방이 관할하던 8개 자연부락의 하나. 곧 一里(별아포리), 二里(하별아포리), 三里(가은교리), 四里(후야리), 五里(노교리), 六里(전곶리), 七里(당두리), 八里(회후리)이다.

300 宋瑄(송선, 1544~1629): 본관은 礪山, 자는 仲懷, 호는 木翁·養志亭. 1576년 遺逸로 천거되어 繕工監役이 되고 1582년 廉謹吏로 발탁되어 司饔院主簿를 제수받고 과천 현감과 포천 현감을 지냈다. 다시 강음 현감과 사헌부 감찰을 거쳐 운봉 현감이 되었다. 1592년 임진왜란 중에는 기근의 구제를 잘해 명망을 얻었다. 뒤에 호조 좌랑·병조 정랑·형조 정랑·군자감 첨정·곡산 군수·단양 군수·재령 군수 등을 지냈다.

301 刀馬洞(도마동): 道村洞. 황해도 배천군 봉화리 소재 자연부락. 칠리도마리, 도

兒, 注去里避難流離, 來見可憐。

8월 6일

봉화리(도마동) · 우포리

우포(牛浦)에서 친분이 두터웠던 주인 박언희(朴彦喜)가 찾아와 만났는데, 그의 말을 듣건대 당초 왜적이 배천(白川)에 쳐들어왔을 때

마동이라고도 하였다.

302 金禮宗(김예종, 생몰년 미상): 본관은 海豊, 자는 和叔. 생부는 金軒이고, 양부는 金軼이다. 1552년 식년시에 급제하여 진사가 되고, 1564년 별시 문과에 급제하였다. 1573년 하동 현감, 1586년 담양 부사, 1588년 충주 목사

그 마을의 양반 등이 그에게 우리 일행을 접대했다는 허물을 뒤집어 씌우고 위세를 부리면서 엄하게 매를 치고는 병든 아들을 결박하여 왜적에게 보내고자 했지만, 마침 그날 왜적이 쳐들어오지 않은 까닭에 실행하지 못했다고 하니 그 고약함을 알 수 있었다.

아침밥을 먹은 뒤에 연안(延安)으로 향하여 조방장(助防將)과 다시 만나려고 했는데, 왜적이 본군(本郡: 배천군)에 난입하였다는 급보가 날아들어 별아포(別兒浦)로 달려가 배를 타고 조류를 따라 이동하여 교동현(喬桐縣) 땅에 정박한 뒤 배 안에서 묵었다.

初六日。

牛浦接主人朴彦喜來見, 聞其言, 則當初賊入白川時, 其里兩班等, 歸咎[303]接置吾行, 武斷重杖, 至欲縛送病子于賊倭, 適其日, 賊不來, 故未果云, 頑惡可知。食後, 欲向延安, 與助防將來會, 急聞賊倭攔入本郡, 馳到別兒浦, 乘船隨潮, 移泊于喬桐縣地, 宿于船中。

8월 7일

새벽에 듣건대 왜적이 도로 강음(江陰)으로 향했다고 하니, 아들 이준(李濬: 셋째아들) 및 군관 봉희문(奉希文)을 강화(江華)에 보내어 의병장(義兵將: 김천일) 및 전라 병사(全羅兵使: 최원)에게 편지를 전달

303 歸咎(귀구): 남에게 허물을 돌려 씌움.

하도록 해서 군사를 거느리고 바다를 건너와 연안(延安)과 배천(白川) 지경에 주둔하여 성원해달라고 하였는데, 과연 말을 들어주겠는가.

날이 밝기 전에 이동하여 연안 지경에 정박하였고, 저녁에 식척(食尺)의 촌가에서 묵었다. 의병장이 보내온 편지에 먼저 강음을 공격하려 한다고 하였으니, 가히 도모하지 않아도 이룰 수 있게 된 것이라 하겠다.

初七日。

曉聞, 倭賊還向江陰。送豚濬及軍官奉希文[304]于江華, 移書義兵將及全羅兵使, 使之領軍渡海, 屯住延白二境, 以爲聲援, 果能諧否。未明, 移泊于延安地境, 夕宿于食尺村家。義將通書, 欲先攻江陰, 可謂不謀而得矣。

8월 8일。비。

초토사(招討使)에 명하는 교지(敎旨)를 공경히 받았다. 왜적들의 동향에 관한 서장(書狀)과 하순(河淳) 등이 적선을 탈취한 일의 서장 2통을 봉하여 행재소에 보냈는데, 군관(軍官) 하순 · 변승룡(邊承龍: 邊勝龍의 오기) 등이 가지고 갔다. 전 부사(前府使) 이사례(李嗣禮) · 평산(平山) 조방장(助防將) 전 군수(前郡守) 전현룡(田見龍)을 연안 참모관으로 정해 임명하였다.

---

304 奉希文(봉희문, 1548~?): 본관은 미상, 자는 孝叔.

변황(邊愰)이 강화(江華)에서 돌아왔는데, 가솔들은 편안히 잘 지낸다는 소식을 들었으며, 경기 감사(京畿監司: 권징) 및 충청 수사(忠淸水使: 변양준)가 군사를 거느리고 오늘내일 모두 강화로 향할 것이라고 하였다. 저녁이 되어서 같은 마을에 살았던 고인(故人) 품관(品官) 송대립(宋大立: 이정암의 첫째사위인 송광정의 부친)의 집으로 이동하여 묵었다.

初八日。雨。

招討使下教祗受。賊情書狀·河淳等賊船奪取事書狀二道，封送于行在所，軍官河淳·邊承龍[305]等持去。前府使李嗣禮[306]·平山助防將前郡守田見龍[307]，延安參謀官差定。邊愰，還自江華，得家屬平安消息，京畿監司及忠淸水使領兵，今明皆向江華云。夕，移宿于同里故品官宋大立[308]家。

---

305 邊承龍(변승룡): 邊勝龍(1561~?)의 오기인 듯. 본관은 미상, 자는 雲瑞. 李廷馣의 《四留齋集》 권9 〈海西結義錄〉에 나온다.

306 李嗣禮(이사례, 1537~?): 본관은 全州, 자는 大胤. 1579년 식년시 무과에 급제하였다. 조방장, 오위장을 지냈다.

307 田見龍(전현룡, 1542~?): 본관은 牛峯, 자는 德普. 1564년 생원시와 진사시에 연이어 합격하여 문명을 떨쳤고, 1568년 증광문과에 급제하였으나 관직에 나가지 않았다. 1592년 임진왜란이 일어나자 招討使 李廷馣이 연안을 지키면서 격문을 보내 의병을 초모할 때 달려가서 이정암의 막하로 들어갔다. 당시 黑田長政에 의해 포위되어 연안성을 지킨 지 4일째 되던 날 동남풍이 일어나는 것을 보고 趙信玉과 함께 몰래 성문을 빠져나와 왜진에 섶을 가져다가 불을 질렀다. 맹렬한 바람에 화세가 충천하여 적이 혼란에 빠지자 성병이 출격하여 왜병을 대파하였다.

308 宋大立(송대립, 1542~1583): 본관은 瑞山, 자는 士强, 호는 畏庵. 1567년 사마

8월 9일

연안(延安)의 식척(食尺)에 머물렀다.

황해도 신임 감사 류영경(柳永慶)이 수안군(遂安郡)에 이르러 연안과 배천(白川) 등의 관아로 공문을 보냈는데, 군사를 징발하여 왜적을 토벌하라는 것이었다. 그 공문을 가지고 온 자들을 불러 물었는데, 곧 철산(鐵山)·삼등(三登) 등 고을의 관원이었다. 그들의 말에 의하면, 당병(唐兵: 명나라 군대) 3천 명이 평양(平壤)에 와서 왜적들과 교전하다가 불리하여 물러났지만, 본도(本道: 평안도)의 군사들이 힘을 다해 싸우고 물러서지 않자 왜적들은 모두 도로 봉산(鳳山) 등지로 떠나 평안도 전부와 황해도 산골의 마을에는 지금 머물러 있는 적병이 없으며, 대가(大駕)는 의주(義州)에 머물러 있고 왕세자는 성천부(成川府)에 있다고 하였다.

이수득(李壽得: 異腹 姊兄 봉화현감 李美善의 아들)의 편지를 받고 나서야 비로소 제씨(娣氏: 姊氏의 오기) 일행이 연안의 북면(北面)에 와 임시로 지낸다는 사실을 알았고, 곧바로 데려오도록 하여 강화(江華)로 건너가게 할 계획을 세웠다.

初九日。

留延安食尺[309]。黃海新監司柳永慶[310]，到遂安郡，移文延白等

시에 합격하여 생원이 되고, 1573년 성균관의 천거로 의금부 도사가 되었다. 그 뒤 司歷·司評·감찰을 거쳐 호조·형조·공조 좌랑 및 정랑을 지냈고, 학행이 뛰어나 李珥의 천거를 받아 사헌부 지평에 올랐다.

309 食尺(식척): 황해도 연안의 남쪽으로 15리에 있던 마을.

官，徵兵討賊。招問持者，則乃鐵山[311]·三登[312]等邑官人也。其人言內，唐兵三千，來到平壤，與賊交鋒，不利而退，本道之兵，力戰不退，倭賊皆還出鳳山[313]等地，平安一道及黃海山郡，時無留賊，大駕留義州，王世子在成川[314]府云。得李壽得書，始知娣氏一行，來寓延安北面，卽令率來，渡送江華爲計。

8월 10일

식척(食尺)에 머물렀다.

---

310 柳永慶(류영경, 1550~1608): 본관은 全州, 자는 善餘, 호는 春湖. 1572년 정시 문과에 급제하였다. 이후 삼사의 관직을 거쳐 1583년 고산도찰방으로 부임하였다. 1592년 임진왜란이 일어나자 피난 가는 선조를 호종하였으며, 초유어사로 임명되어 황해도 지역을 순찰하였다. 1599년 병조판서·사헌부 대사헌을 거쳐, 1602년 우의정, 1604년 좌의정에 올랐다. 선조 말년 소북의 영수로 활동하였는데, 선조의 뜻에 따라 광해군 대신 永昌大君을 세자로 책봉하려고 했다. 선조가 죽기 전 영창대군의 보위를 부탁한 遺敎七臣 가운데 한 명이었다. 1608년 광해군이 즉위하자 대북 세력이 권력을 잡은 뒤 鄭仁弘과 李爾瞻의 탄핵으로 경흥부에 유배되었으며, 1608년 사사되었다.

311 鐵山(철산): 평안북도 서부에 있는 고을. 동쪽은 선천군, 서쪽은 용천군, 북쪽은 의주군, 남쪽은 황해와 면한다.

312 三登(삼등): 평안남도 강동군 삼등면 지역.

313 鳳山(봉산): 황해도의 중앙에서 약간 북부에 있는 고을. 동쪽은 서흥군, 남동쪽은 평산군, 남서쪽은 재령군, 북쪽은 황주군과 접하며, 북서쪽은 재령강을 건너 안악군과 마주한다.

314 成川(성천): 평안남도 남동쪽에 있는 고을. 동쪽은 양덕군, 동남쪽은 황해도 곡산군, 서쪽은 강동군, 남쪽은 황해도 수안군, 북쪽은 순천군·맹산군과 접한다.

연안 부사(延安府使: 김대정)·배천 군수(白川郡守: 남궁제)가 찾아와서 만났다. 아들 이준(李濬: 셋째아들)이 강화(江華)에서 돌아왔는데, 일가가 아무 탈 없이 잘 있다는 소식을 들을 수 있었으나 남군(南軍)의 답서에는 강을 건너올 뜻이 없다고 하였으니 안타깝기만 했다.

평산 조방장(平山助防將) 이사례(李嗣禮)·배천 조방장(白川助防將) 김자신(金自新: 金自獻의 오기) 등이 약속을 받아들이고 갔다. 강음 현감(江陰縣監) 최승휘(崔承徽)가 벼슬을 버리고 간 곳을 알지 못하게 되자, 가관(假官) 조종남(趙宗男)·조방장(助防將) 신성(申晟)을 정해 보냈다.

初十日。

留食尺。延安府使·白川郡守來見。濬兒還自江華, 得一家平安消息, 南軍答書, 無意渡江, 可嘆。平山助防將李嗣禮·白川助防將金自新[315]等, 受約束而去。江陰縣監崔承徽[316], 棄官□□□□[317], 假官趙宗男·助防將申晟[318]定送。

---

315 金自新(김자신): 金自獻(1541~?)의 오기. 본관은 미상, 자는 仲忱. 都事를 지냈다. 李廷馣의 《四留齋集》 권9 〈海西結義錄〉에 나온다.

316 崔承徽(최승휘): 藥圃 鄭琢의 〈避難行錄〉 8월 21일자에는 崔永徽로 나옴.

317 □□□□: 不知去處인 듯.

318 申晟(신성, 1563~?): 본관은 平山, 자는 明遠. 판관을 거쳐, 1593년 안산 군수, 1608년 가리포 첨사를 지냈다.

8월 11일

식척(食尺)에 머물렀다.

강음 현감(江陰縣監)이 가관(假官)을 보냈다는 기별을 듣고 밖에 와서 글을 올렸지만, 그를 보지 않고 돌려보냈다.

제씨(娣氏: 姊氏의 오기) 일행이 가까운 마을에 도착하여 곧장 가서 보니, 이리저리 떠돌며 산을 넘고 강을 건너느라 모습이 아주 수척하여 그 참담함을 차마 볼 수 없었다. 저녁에 한언오(韓彦悟: 이정암의 둘째매부 韓訶) 일행이 배를 타고 강화(江華)로 향하였다.

도내(道內)의 각 고을에서 불러 모집한 의병을 각 관아로 나누어 배정하였는데, 해주(海州) 등 네 고을은 생원(生員) 조광정(趙光庭), 황주(黃州) 등 네 고을은 정자(正字) 김덕함(金德諴), 수안(遂安) 등 다섯 고을은 진사(進士) 조정견(趙廷堅: 趙庭堅의 오기), 풍천(豊川) 등 네 고을은 생원 장봉서(張鳳瑞), 신천(信川) 등 세 고을은 유학(幼學) 장간(張揀)이었으니 모두 연안(延安)과 배천(白川) 두 고을의 의협심 있는 선비들이었다.

그대로 묵었다.

十一日。

留食尺。江陰縣監, 聞送假官之奇, 來外呈□[319], 不見而送。娣氏一行, 到近村, 卽往見, 流離跋涉, □□憔枯[320], 慘不忍見。夕,

---

319 呈□: 呈文인 듯.

320 □□憔枯: 形容憔枯인 듯.

韓彦悟一行, 乘船向江華。道內各邑, 招募義兵, 官分定, 海州等四邑生員趙光庭[321], 黃州[322]等四邑正字金德諴, 遂安等五邑進士趙廷堅, 豊川[323]等四邑生員張鳳瑞[324], 信川等三邑幼學張揀[325], 皆延白二邑之義士也。仍留宿。

8월 12일

아침밥을 먹은 뒤에 길을 떠나 연안성(延安城) 안의 남산(南山)에 도착하였다. 한낮의 점심 먹을 시간에 배천 조방장(白川助防將: 김자헌)이 찾아와서 만났다. 저녁에 남신당(南神堂)의 신성리(薪城里)에 있는 내노(內奴)의 집에서 투숙하였다.

---

321 趙光庭(조광정, 1552~1638): 본관은 漢陽, 자는 應順. 1582년 사마시에 급제하였다. 1592년 임진왜란 때 황해도 여러 고을이 왜군의 수중에 들어가자, 李廷馣의 막하에 들어가 연안대첩을 거두는데 참여하였다.

322 黃州(황주): 황해도 서북단에 있는 고을.

323 豊川(풍천): 황해도 서북부에 있는 고을. 동쪽은 은율, 남쪽은 송화·장연, 서쪽과 북쪽은 서해와 접한다.

324 張鳳瑞(장봉서, 1549~?): 본관은 唐津, 자는 景儀. 1579년 식년시에 급제하였다.

325 張揀(장간, 1559~?): 본관은 蔚珍, 자는 君選. 張應祺의 조카이다.

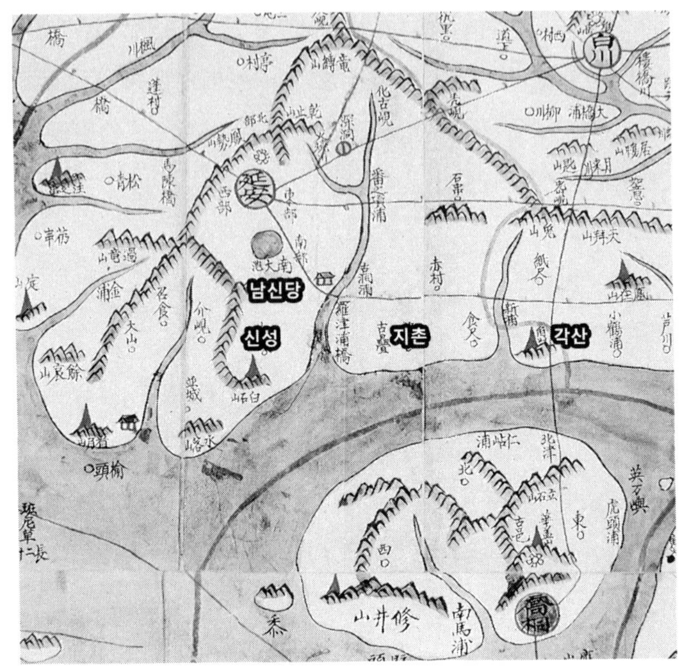

남신당 · 신성 · 지촌 · 각산

十二日。

食後發行, 到延安城內南山。午點, 白川助防將來見。夕, 投宿于南神堂[326]薪城里內奴家。

326 南神堂(남신당): 황해도 연안의 남쪽으로 7리쯤에 있었던 祠廟.

8월 13일

신성(薪城)에 머물렀다.

생원(生員) 정여충(鄭汝忠)·이신갑(李臣甲) 등이 찾아와서 만났다. 서장(書狀) 4통을 관인(官印) 찍어서 교생(校生) 경영(慶詠) 등에게 주어 보냈는데, 그 중의 1통은 도내(道內) 각 고을의 순찰사(巡察使)·초토사(招討使)가 일을 반으로 나누어서 총괄하여 다스리도록 인신(印信)을 내려보내는 것이고, 또 1통은 【결락】

十三日。

留薪城。生員鄭汝忠[327]·李臣甲[328]等來見。書狀四道成貼, 校生慶詠等授送, 其一道內各邑, 巡察使·招討使, 分半摠治事, 印信下送事, 其一【欠】

8월 15일

아침 일찍 강음(江陰)의 가관(假官) 조종남(趙宗男)이 술과 안주를 가지고 와서 만났는데, 머물러 있는 왜적의 수가 1,260여 명이라고 하였다.

---

327 鄭汝忠(정여충, 1539~1608): 본관은 海州, 자는 公恕, 호는 梅窓. 생부는 鄭承尹, 양부는 鄭承先이다. 1573년 식년시에 급제하였다. 1592년 임진왜란 때 황해도 연안에서 의병을 일으켜 이정암과 합세하여 화공법을 구사하였다. 우봉 현령을 지냈다.

328 李臣甲(이신갑, 1554~?): 본관은 全州, 자는 藎卿. 1613년 증광시에 급제하였다.

아침밥을 먹은 뒤에 각산보(角山堡)의 옛터로 향하여 옮겼는데, 앞으로 해안을 마주하니 진실로 풍광이 좋은 곳이었다. 이웃에 사는 하영혼(河永渾: 河淳의 아버지) 및 조빈정(趙賓庭)이 찾아와서 만났다.

저녁에 촌가에서 투숙하였다.

十五日。

早朝, 江陰假官趙宗男, 持酒饌來見, 留倭賊數一千二百六十餘名云。食後, 移向于角山堡[329]□基[330], 前臨海岸, 眞勝地也。隣居河永渾及趙賓庭來見。夕, 投宿于村家。

8월 16일

새벽에 강음 가관(江陰假官: 조종남)이 외로이 떨어져 돌아다니는 적을 잡아다 베어 죽이고 머리 2개를 보내면서 서장(書狀)을 작성하여 보내왔다. 전날 변란을 대비하려던 차에 위장(衛將)·복병장(伏兵將)·계원장(繼援將)·수전장(水戰將)·양향차사원(粮餉差使員)을 마련하도록 공문을 보냈다.

아침밥을 먹은 뒤, 각산보(角山堡)에 올랐다. 연안 부사(延安府使: 김대정) 및 의병장 등이 해주 사람 조진(趙進)을 붙잡아다 보냈는데, 왜적과 내통하고 민가를 분탕질한 자였는지라 즉시 목을 베어 죽여서

329 角山堡(각산보): 조선시대 황해도 호동면 봉화리에 있는 작은 鎭.

330 □基: 舊基인 듯.

조리돌렸다.

오후에 배천(白川)의 지척(紙尺)으로 이동해 민간에서 임시로 지냈는데, 평산(平山) 의병 유학(幼學) 오첨(吳瞻) 등 2명이 찾아와 만났다.

저녁에 한언오(韓彦悟: 이정암의 둘째매부 韓詗)가 강화(江華)에서 돌아왔는데, 장연(長淵)의 대모(大母)가 이달 13일에 세상을 떠났다는 부음(訃音)을 듣고서 놀라고 애통해 마지않았다.

이날 배천 땅으로 이동해 촌가에서 지내니 배천 군수(白川郡守: 남궁제)가 찾아와서 만났는데, 마을 사람 1명이 술을 가져와 마시기를 권하였다.

十六日。

曉, 江陰假官, 捕斬零賊, 二頭以送, 書狀成送。前日待變次, 衛將 · 伏兵將 · 繼援將 · 水戰將 · 粮餉差使員, 磨鍊移文。食後, 上角山堡。延安府使及義兵將等, 捉送海州民趙進, 與賊交通, 焚蕩民家者, 卽處斬以徇。午後, 移寓于白川紙尺民家, 平山義兵幼學吳瞻等二人來見。夕, 韓彦悟, 還自江華, 聞長淵大母, 本月十三日, 捐世之訃, 驚慟不已。是日, 移寓于白川地村家, 白川郡守來見, 村民一人, 持酒勸飲。

8월 17일

배천(白川) 땅에 머물렀다.

연안 부사(延安府使: 김대정) · 배천 조방장(白川助防將: 김자헌) · 별장(別將) 변렴(邊濂) 등이 찾아와서 만났다. 충청 수사(忠淸水使) 변양준(邊良俊)의 군관(軍官) 봉사(奉事) 변속(邊涑)이 찾아와서 만났는데, 수사가 이미 강화(江華)에 도착하여 주사(舟師: 수군) 수십 척을 거느리고 통진(通津)·교하(交河) 등지에서 잡거나 쫓고 있다는 것을 들을 수 있었다.

평산(平山)에 사는 봉사 이영(李英)이 일으킨 의병들과 찾아와서 만났으며, 해주(海州)에 사는 훈련 참봉(訓鍊參奉) 유연(兪淵)이 의병을 일으킨 이들과 함께 찾아와서 만났는데 바로 새로 강음 현감(江陰縣監)으로 제수된 자였다. 배천에 사는 품관(品官) 신인손(申獜孫)이 찾아와서 만났는데, 이 사람은 바로 사사로이 비축해두었던 껍질을 까지 않은 잡곡을 바쳤으니 모두 600석으로 군수물자에 보태었다.

연안 부사를 통해 호남 의병장의 군관 2명이 행재소에서 돌아가다가 본부(本府: 연안부)에 이르러 말한 것에 의하면, 정철(鄭澈)이 도체찰사(都體察使)가 되어 가까운 시일 내 본도(本道: 황해도) 지경에 머무를 것이며, 당병(唐兵: 명나라 군대) 2만 명이 이미 의주(義州)로 건너와서 가까운 시일 내 평양(平壤)에 도착할 것이며, 주상이 의주에서 철산(鐵山)으로 옮기려 한다고 하였다.

十七日。

留白川地。延安府使·白川助防將·別將邊濂等來見。忠淸水使邊良俊軍官奉事邊涑來見，得聞水使，已到江華，領舟師數十艘，捕逐倭寇于通津·交河等地。平山居奉事李英，與起義兵來見，海州居訓鍊參奉兪淵，與起義兵來見，乃新除江陰縣監者也。

白川居品官申㨾孫來見, 此人乃納私儲穀皮雜穀, 幷陸百石, 以助軍需者也。因延安府使, 聞湖南義將軍官二人, 還自行在所, 到本府, 言內, 鄭澈[331]爲都體察使, 近日將泊本道地境, 唐兵二萬, 已渡義州, 近日將到平壤, 上王自義州, 移蹕于鐵山云。

8월 18일

평산(平山) 의병장 전 내금(前內禁) 신교(申皎)가 찾아와서 약속을 받아들이고 갔으며, 의병장 유학(幼學) 이해(李海)가 왜적의 머리 2개

---

331 鄭澈(정철, 1536~1593): 본관은 延日, 자는 季涵, 호는 松江. 어려서 仁宗의 淑儀인 맏누이와 桂林君 李瑠의 부인이 된 둘째누이로 인하여 궁중에 출입하였는데, 이때 어린 慶原大君(明宗)과 친숙해졌다. 1545년 을사사화에 계림군이 관련되자 부친이 유배당하여 配所를 따라다녔다. 1551년 특사되어 온 가족이 고향인 전라도 담양 昌平으로 이주하였고, 그곳에서 金允悌의 문하가 되어 星山 기슭의 松江 가에서 10년 동안 수학하였다. 1561년 진사시에, 이듬해의 별시 문과에 각각 장원하여 典籍 등을 역임하였고, 1566년 함경도 암행어사를 지낸 뒤 李珥와 함께 賜暇讀書하였다. 1578년 掌樂院正에 기용되고, 곧 이어 승지에 올랐으나 珍島 군수 李銖의 뇌물 사건으로 東人의 공격을 받아 사직하고 고향으로 돌아왔다. 1580년 강원도 관찰사로 등용되었고, 3년 동안 강원·전라·함경도 관찰사를 지냈다. 1589년 우의정에 발탁되어 鄭汝立의 모반사건을 다스리게 되자 西人의 영수로서 철저하게 동인 세력을 추방했고, 이듬해 좌의정에 올랐으나 1591년 建儲문제를 제기하여 동인인 영의정 李山海와 함께 光海君의 책봉을 건의하기로 했다가 이산해의 계략에 빠져 혼자 광해군의 책봉을 건의했다. 이때 信城君을 책봉하려던 왕의 노여움을 사 파직되었고, 晉州로 유배되었다가 이어 江界로 移配되었다. 1592년 임진왜란 때 부름을 받아 왕을 의주까지 호종, 이듬해 謝恩使로 명나라에 다녀왔다. 얼마 후 동인들의 모함으로 사직하고 강화의 松亭村에 寓居하면서 만년을 보냈다.

를 가지고 와서 장계(狀啓)를 작성하여 주었다.

저녁을 먹은 뒤에 배천(白川)으로 이동하여 우피포(牛皮浦)에서 지냈는데, 군수가 찾아와서 만났으며, 평산 의병장 전 군수(前郡守) 김암(金巖)이 약속을 받아들이고 갔다. 김암을 통해 듣건대 본도(本道: 황해도) 방어사(防禦使) 이시언(李時言)이 도착했다고 하였다. 우봉현(牛峯縣) 전 감찰(前監察) 신성(申晟) 또한 의병장으로서 왜적의 머리 1개를 가지고 왔으며, 평산 공형(公兄: 이방 · 호장 · 수형리) 이 또 장계로 신임 부사(府使)는 황주(黃州)에 사는 무사(武士) 윤사헌(尹士憲)이 제수되었다고 하였다.

이날은 바로 나의 초도일(初度日: 환갑)이었지만 분주하게 떠돌아다니며 칠순 노모와 바다를 사이에 두고 서로 바라봄에 낳고 길러주신 어머니의 은덕을 갚고자 한잔 술조차 올리지 못하니, 사람으로 태어나 이러한 지경에 이르러 진실로 통곡할 노릇이다.

저녁에 듣건대 정희번(鄭姬藩) 씨가 어사(御使: 임금의 심부름을 하는 관리)로서 연안(延安)에 왔다고 하는지라, 곧바로 종사관 유한량(劉漢良)을 보내어 행재소의 소식을 탐문하게 하였더니, 지난달 15일에 하직인사를 하고 떠나와서 그 이후의 일은 알 수 없다고 한다 하여 한탄스러웠다.

十八日。

平山義將前內禁申皎, 來受約束而去, 義將幼學李海, 持賊首二級而來, 狀啓成給。夕後, 移寓于白川牛皮浦, 郡守來見, 平山義將前郡守金巖[332], 來受約束而去。因金巖, 聞本道防禦使李時言[333]來到。牛峯縣前監察申晟, 亦以義將, 持賊首一級而來, 平山公兄又狀, 新府使黃州居武士尹士憲除授云。是日, 乃予初度之日, 流離奔走, 七十老母, 隔海相望, 而不得獻一杯, 以報劬勞, 人生到此, 良可慟哭。夕聞, 鄭姬藩[334]氏, 以御使, 來泊延安, 卽遣從事官劉漢良[335], 探問行在消息, 則前月十五日, 拜辭而出, 其後之事, 未能聞知云, 可嘆。

---

332 金巖(김암, 1555~?): 본관은 미상, 자는 卓叔.

333 李時言(이시언, 1557~1624): 본관은 全州, 자는 季仲. 1579년 무과에 급제하였으며, 1589년 李山海의 천거로 五衛 司勇에 등용되었으며, 그 뒤 사과에 오르고 1592년에는 상호군에 승진되었다. 임진왜란 중 황해도 좌방어사로 있다가 충청도 병마절도사로 전임, 경주 탈환전에서 큰 공을 세웠다. 1594년 전라도 병마절도사로 나아갔으며, 1601년에는 충청도 일원에서 일어난 李夢鶴의 난을 진압하는 데 기여하고, 1605년 함경도 순변사로 변방을 맡았다. 광해군 때에는 평안병사·훈련대장이 되었고, 인조 초에는 巡邊副元帥가 되었으나 1624년 李适이 반란을 일으키자, 內應을 염려하여 奇自獻을 비롯한 35명이 처형될 때 함께 사형되었다.

334 鄭姬藩(정희번, 1543~?): 본관은 溫陽, 자는 子翰, 호는 孤松. 1570년 식년문과에 급제하였다. 1585년 충주목사가 되었다. 1592년 임진왜란이 일어나자 장령으로서 왕을 의주까지 호종하였다. 그 해 10월 직무를 태만히 한다 하여 간원의 탄핵을 받고 파직되었다가 얼마 뒤 12월에 사간이 되었다. 이듬해인 1593년 정월 동부승지가 된 뒤 우부승지·좌부승지·우승지를 거쳐, 같은 해 10월 공조참의·병조참의·병조참지를 역임한 뒤 다시 1594년 11월에 좌승지·우승지 및 經筵參贊官 등을 지냈다.

335 劉漢良(유한량, 1530~?): 본관은 미상, 자는 而直. 內資寺 正을 지냈다.

8월 19일

배천(白川)의 우피포(牛皮浦)에 머물렀다.

동년(同年: 같은 해에 함께 과거 급제한 사람) 생원 이박(李璞)이 찾아와서 만났다. 군관(軍官) 민해룡(閔海龍: 閔海壽의 오기)이 강화(江華)에서 돌아왔는데, 장전(長箭)·편전(片箭) 각 15부(部)와 흑각궁(黑角弓) 5정(丁)을 구해서 왔다. 충청 수사(忠淸水使: 변양준)를 행재소에서 붙잡아갔다고 하였다.

十九日。

留白川牛皮浦。同年生員李璞[336]來見。軍官閔海龍[337]，還自江華，得長片箭，各十五部·黑角弓五丁而來。忠淸水使，自行在所，拿去云。

8월 20일

아침밥을 먹은 뒤에 길을 떠나 연안(延安)의 동면(東面) 지촌(池村)에 이르러 묵었다.

우봉(牛峯) 이 진사(李進士: 李潔, 다섯째아들 李洚의 장인)의 가족이 소금을 사기 위하여 이곳에 이르렀는데, 아무 탈 없이 잘 지낸다는

---

336 李璞(이박, 1529~1594): 본관은 全州, 자는 文玉. 1558년 식년시에 급제하였다.

337 閔海龍(민해룡): 閔海壽(1560~?)의 오기인 듯. 이정암의 《四留齋集》 권9 〈海西結義錄〉에 나온다. 본관은 驪興, 자는 太叟. 1584년 별시 무과에 급제하였다.

기별을 들을 수 있었다. 유수(留守: 아우 이정형) 또한 군사를 이끌고 왜적을 사로잡기 위하여 우봉의 동면에 와 있다고 하나 믿어야 할지 말아야 할지 알 수 없었다.

해주(海州) 의병장 유연(兪淵)이 왜적의 머리 2개를 베어 보내서 장계를 작성해 주었으며, 해주에 사는 연성감(蓮城監: 李復齡인 듯) 및 충의위(忠義衛) 정담(鄭聃)이 찾아와서 하는 말에 의하면, 해주의 동면은 그곳에 사는 백성들이 왜적들과 내통하며 여염집을 분탕질하여 왜적과 다를 바가 없다고 하면서 관첩(官帖: 公文帖)을 얻어 의병을 모아 무찔러 없애고자 한다고 하였다. 즉시 정담 등 4명에게 그 마을의 복병장(伏兵將)으로 삼는 관첩을 주어서 보냈다.

二十日。

食後發行, 到延安東面池村[338], 宿焉。牛峯李進士家人, 以貿鹽事來此, 得聞平安之奇。留守, 亦率軍捕倭, 來到牛峯東面云, 未知信否。海州義兵兪淵, 斬送倭頭二顆, 狀啓成給, 海州居蓮城監及忠義衛鄭聃, 來見言內, 海州東面, 居民與賊交通, 焚蕩閭家, 無異倭賊, 欲得官帖, 聚兵勦除云。卽以鄭聃等四人, 爲其里伏兵將, 給帖以送。

---

338 池村(지촌): 황해도 연안군 동남쪽 20리 지점에 있는 마을.

8월 21일

지촌(池村)에 머물렀다.

연안(延安)의 아전 차대남(車大楠)을 강화(江華)로 보내어 소식을 탐문하게 하였다.

二十一日。

留池村。送延安吏車大楠于江華，探問消息。

8월 22일

평산(平山) 의병장 신성(申晟)이 왜적의 머리 하나를 바치니 장계(狀啓)를 작성하여 보냈다. 아침밥을 먹은 뒤에 이동하여 연안성(延安城) 안으로 들어갔는데, 성안의 민가는 모조리 텅 비었고 도로 들어온 자는 열 명 중에 한두 명이었으니 인심을 돌리기가 이와 같이 어려웠다. 강음 가관(江陰假官) 조종남(趙宗男)이 왜적의 머리 2개를 보내와서 장계를 작성해 보냈다. 평산 의병장 이지(李砥)가 찾아와서 만났고, 종사관 우준민(禹俊民)이 평산에서 왔다가 유숙하였다.

二十二日。

平山義將申晟，進首級一顆，狀啓成送。食後，移入延安城中，城中民家盡空，還入者十中一二，人心之難回如此。江陰假官趙宗男，送首級二顆，狀啓成送。平山義將李砥[339]來見，從事官禹

339 李砥(이지, 1542~?): 본관은 固城, 자는 季拔. 생부는 李澤이고, 양부는 李名

俊民, 自平山來, 留宿。

8월 23일

연안(延安)에 머물렀다.

차대남(車大楠)이 강화(江華)에서 왔는데 아무 탈 없이 잘 지낸다는 소식을 들을 수 있었다. 복세(卜世)가 강화에서 왔는데 유수(留守: 아우 이정형)가 나의 안부를 묻는 편지를 받아보고 나서야 비로소 성우계(成牛溪: 成渾)와 의병을 모집하러 장단(長湍)의 북면(北面)에 와 있으며, 그의 처자식들 또한 춘천(春川)으로 피난한 것을 알게 되었다. 김용경(金龍鏡)의 가솔들이 마전(麻田)·삭녕(朔寧) 등지로 피난하여 겨우 죽음을 면했다고 하니 참으로 다행이고 진실로 다행이었다.

二十三日。

留延安。車大楠自江華來, 得平安消息。卜世自江華來, 得留守書問[340], 始知與成牛溪, 招集義兵, 來到長湍北面, 其妻子亦避難于春川。金龍鏡家屬, 避難于麻田[341]·朔寧[342]等地, 免死云, 良幸良幸。

珪이다. 1570년 식년시에 급제하였다.

340 書問(서문): 편지로 안부를 묻는 것.

341 麻田(마전): 경기도 연천군 미산면에 있는 고을.

342 朔寧(삭녕): 경기도 연천과 강원도 철원 지역의 옛 지명.

8월 24일

연안(延安)에 머물렀다.

본관(本官: 고을 수령)의 전통(傳通)에 의하면, 도체찰사(都體察使) 인성부원군(寅城府院君) 정철(鄭澈)이 이달 15일에 삼화(三和)를 떠나 장련(長連)으로 향했다고 한 선문(先文: 미리 알리는 공문)이 도착했다고 하였다.

아침밥을 먹은 뒤, 성을 순시한 다음에 군사를 성안에 있는 남산에 주둔시키고 성안의 인가를 살피니 돌아와 거주하는 곳은 열에 예닐곱은 되었다.

해주(海州)의 동면(東面)에 사는 충의(忠義) 정영경(鄭永慶)·전 감목관(前監牧官) 한우(韓祐)·신급제(新及第) 박응룡(朴應龍) 등이 찾아와서 만났는데, 한우신(韓祐新: 韓祐의 오기)·박응룡(朴應龍)은 군관으로 정해 임명하고 그대로 본관에 보내어 의병을 불러 모으게 하였으며, 정영경은 수량감관(收粮監官)으로 정해 임명하고서 보냈다.

노복(奴僕) 복세(卜世)가 계집종 연지(延之) 및 그의 아들 3명을 이끌고 강화(江華)로 향해 돌아갔다. 고인이 된 참의(參議) 안용(安容) 씨의 아들 안천현(安天顯)이 찾아와서 만났다.

二十四日。

留延安。本官傳通內, 都體察使寅城府院君鄭澈, 今月十五日, 發三和[343], 向長連[344], 先文來到。食後, 巡城後, 駐軍于城內南

343 三和(삼화): 평안남도 용강군에 있는 고을.

山, 城內人家摘奸[345], 則還接[346]十居七八矣。海州東面居忠義鄭永慶·前監牧官韓祐[347]·新及第朴應龍[348]等來見, 韓祐新·朴應龍則軍官差定, 仍送于本官, 使之招集義兵, 鄭永慶則收粮監官差定以送。奴卜世, 率婢延之及其子三人, 還向江華。故安參議容[349]氏子天顯來見。

8월 25일

연안(延安)에 머물렀다.

연안성(延安城)에 머물며 취원정(聚遠亭)에 앉아 있었다. 유수(留守: 아우 이정형)가 보낸 사람이 와서 물으니, 아무 탈 없이 잘 지낸다는 소식을 들었고, 지금 장단(長湍)의 북면(北面)에서 의병 500여 명을 모집하였는데 왜적의 머리를 벤 것이 이미 70여 개라고 하였다. 장남 이화(李澕)가 강화(江華)에서 찾아와 만났다.

---

344 長連(장련): 황해도 은율군에 있는 고을.

345 摘奸(적간): 난잡한 죄상이 있나 없나를 살피어 조사함.

346 還接(환접): 돌아와 거주함.

347 韓祐(한우, 1539~?): 본관은 新坪, 자는 仲輔. 아버지는 韓孝恭이다. 1583년 별시 무과에 급제하였다.

348 朴應龍(박응룡, 1556~?): 본관은 미상, 자는 雲叟.

349 安參議容(안참의용): 安容(1522~1588). 본관은 廣州, 자는 士默, 호는 松坡. 1552년 진사시에 합격하고, 1558년 식년문과에 급제하여, 1566년 예문관 대교가 되었다. 그 뒤 형조좌랑·持平을 거쳐, 1571년 영광군수로 부임하였다. 1575년 掌令·사간원 사간을 역임한 뒤, 1581년 황해도감사가 되었다.

봉산 초모관(鳳山招募官) 김덕함(金德諴)이 의사(義士) 여응주(呂應周)를 보냈는데, 의병을 불러 모은 군적(軍籍) 및 왜적을 벤 머리 2개를 가지고 왔으니, 응모자가 거의 천 명에 이르렀고 그들은 나라를 위하여 몸을 돌보지 않으며 적진을 드나들려는 정성이 지극하였다. 장계(狀啓)에 관인(官印)을 찍어서 그것을 여응주에게 주어 보냈다.

二十五日。

留延安。留延城, 坐聚遠亭[350]。留守送人來問, 得平安消息, 時在長湍北面, 得義兵五百餘人, 斬首已七十餘級云。瀁兒自江華來見。鳳山招募官金德諴, 送義士呂應周[351], 持招募軍籍及首馘二級以來, 應募者幾至千人, 其爲國忘身, 出入賊塵之誠, 至矣。狀啓成貼, 付呂應周以送。

8월 26일

연안(延安)에 머물렀다.

선친의 제삿날이지만 앉아 있지 못했다. 배천 군수(白川郡守: 남궁

---

350 聚遠亭(취원정): 聚遠樓. 황해도 연안군 연안읍 연성리에 누정. 1357년 안렴사 李昉과 연안부사 金仁伯이 창건하였는데, 1522년 金季愚가 연안부사로 있을 때 中宗이 어제시 보낸 것을 宣祖 때 부사로 부임한 尹斗壽가 金字로 새기고 붉은 비단으로 싸서 걸어놓아 더욱 유명해졌다.

351 呂應周(여응주, 1562~?): 본관은 咸陽, 자는 景遇. 아버지는 呂沃이다. 1588년 식년시 무과에 급제하였다.

제)가 찾아와서 만났다. 첫째 종사관 우준민(禹俊民: 禹珀의 아들)이 부모를 뵌 뒤에 돌아왔다.

二十六日。

留延安。先考諱晨[352], 不坐。白川郡守來見。一從事官[353]禹俊民, 覲省[354]後, 還來。

8월 27일

연안(延安)에 머물렀다.

장남 이화(李澕)가 강화(江華)로 돌아갔다. 개성(開城) 사람이 돌아간다고 알려 왔는데, 아병(牙兵) 봉억룡(奉億龍)을 함께 가도록 하여 유수(留守: 아우 이정형)의 소식을 탐문하게 하려 했으나 변보(變報)를 듣고 실행하지 못하였다.

평산 의병장(平山義兵將: 李砥)의 치보(馳報)에 의하면, 그 수를 헤아릴 수 없는 해주(海州)의 왜적들이 연안(延安)으로 향한다고 하였고, 배천 의병장(白川義兵將) 조응서(趙應瑞)의 치보에 의하면, 그 수

---

352 諱晨(휘신): 돌아가신 날. 제삿날.

353 一從事官(일종사관): 李廷馣의 〈海西結義錄〉에 의하면, 종사관은 禹俊民, 劉漢良, 田見龍, 金巖, 李繼祿, 趙宗男, 金德諴, 李慶涵, 趙庭堅 순으로 기록되어 있음.

354 覲省(근성): 지방 출신의 관리가 3년에 1차례 정도 휴가를 받아 부모를 찾아 뵙는 것. 노환이나 병환 등의 이유로 부모를 찾아 문안하고 보살피는 것.

를 헤아릴 수 없는 왜적이 배천을 침입해 왔다고 하였다.

아침밥을 먹은 뒤, 남산(南山)에 올라가 변란에 대비하기 위하여 사방을 돌아보니 연기와 불길이 하늘을 뒤덮었다. 이는 필시 우리가 미처 대비하지 못한 틈을 타서 침공해 온 것이 틀림없었다. 즉시 한형(韓詗: 이정암의 둘째매부) · 이신갑(李臣甲)을 보내어 호남 의병장(湖南義兵將: 김천일) 및 전라 병사(全羅兵使: 崔遠)에게 급히 달려와 구원하도록 알렸다.

종사관(從事官) 우준민(禹俊民: 禹珀의 아들)은 부모님을 뵙는다는 핑계로 성을 빠져나갔으나, 배천 별장(白川別將) 민인로(閔仁老)는 구원하러 왔다.

二十七日。

留延安。滜兒還江華。開城人告歸, 牙兵奉億龍, 與之偕行, 探候留守消息, 聞變未果。平山義將馳報內, 海州倭賊不知其數, 向延安云, 白川義將趙應瑞馳報內, 倭賊不知其數, 來寇白川云。食後, 上南山待變, 回望四境, 烟焰漲天。此必乘我未備, 來攻丁寧。卽遣韓詗 · 李臣甲, 告急于湖南義將及全羅兵使赴援。從事禹俊民, 托以覲親, 出城而去, 白川別將閔仁老來援。

8월 28일

연안성(延安城)에 머물렀다.

아침밥을 먹은 뒤에 왜적 4천여 명의 기병이 서면(西面)으로 쳐들어와 외남산(外南山) 및 서문(西門) 밖에 진(陣)을 치고 종일토록 포를 쏘아대어 소리가 천지를 진동하였는데, 아군이 서로 버티며 종일토록 굳게 지키면서 편전(片箭: 짧은 화살)으로 왜적 10여 명을 쏘아 맞추어도 밤새도록 물러가지 않았다.

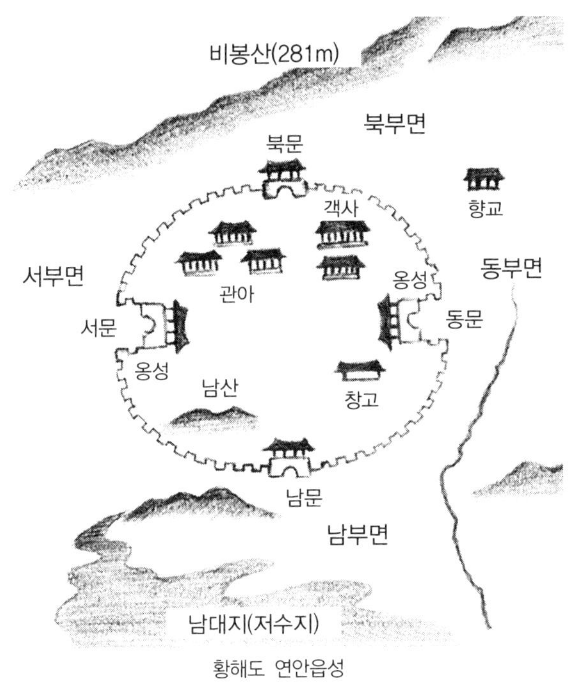

황해도 연안읍성

배천(白川) 의병 봉요신(奉堯臣) · 조서룡(趙瑞龍) 등이 성 위에다 줄을 매달고 밤중에 나가서 배천 의병장 조응서(趙應瑞) 등에게 구원하러 오기를 청했으나 조응서가 오지 않자, 병장기만 가지고 되돌아와서 성 위에다 줄을 매달고 성으로 들어왔으니 진실로 의사(義士)이었다. 그런데 수배(隨陪: 시중드는 아전) 유대춘(劉大春)은 야음을 틈타 도망쳐 가버렸다.

二十八日。

留延城。食後，倭賊四千餘騎，自西面入來，結陣于外南山及西門外，終日放砲，聲震天地，我軍相持，終日堅守，以片箭射中十餘人，終夜不退。白川義兵奉堯臣・趙瑞龍等，縋城夜出，請白川義將趙應瑞等來援，應瑞不來，持兵器還到，縋城以入，眞義士也。隨陪劉大春，乘夜遁去。

8월 29일

연안성(延安城)에 머물렀다.

왜적이 계속 공격하며 물러나지 않아 종일토록 서로 싸웠는데, 야사경(夜四更: 새벽 2시 전후)에 왜적이 구름다리를 설치하고 급습하며 성의 서남쪽 모퉁이를 오르자, 아군이 있는 힘을 다하여 싸우며 나무와 돌로 어지러이 마구 공격하여 죽는 자가 그 수를 알 수 없게 되니 겨우 퇴각시킬 수 있었다.

二十九日。

留延城。倭賊仍攻不退，終日相戰，夜四更，賊爲雲梯[355]急攻，

---

355 雲梯(운제): 성을 공격할 때 사용하던 높은 사닥다리. 높이가 구름에 닿을 만큼

登城西南隅, 我軍力戰, 以木石亂擊, 死者不知其數, 僅得退却。

9월 1일

연안성(延安城)에 머물렀다.

포위한 왜적이 충거(衝車: 성 공격용 수레)로서 성을 허물어뜨리려고 하였지만, 아군이 비루(飛樓: 높이 솟은 누각)에서 내려다 보며 활을 쏘거나 횃불을 묶어서 던져 불태우니 왜적은 성에 가까이 올 수가 없었다.

밤중에 배천(白川)의 별장(別將) 김자헌(金自獻)·의병장(義兵將) 조응서(趙應瑞)가 사람을 보내어 성 위에다 줄을 매달고 넘어 들어왔는데, 곧 군사를 거느리고 양동(涼洞: 深洞의 오기)에 이르러 야간 공격할 계획이라고 하는지라 서로 약속하고 보냈다. 평산(平山) 조방장(助防將) 이사례(李嗣禮)가 사람을 보내어 군사 100여 명을 거느리고 구원하러 달려오겠다고 하는지라 서로 약속하고 보냈다. 그러나 두 사람은 밤새도록 오지 않았으니 몹시 애통하고 애통하였다.

높다고 하여 붙여진 이름이다.

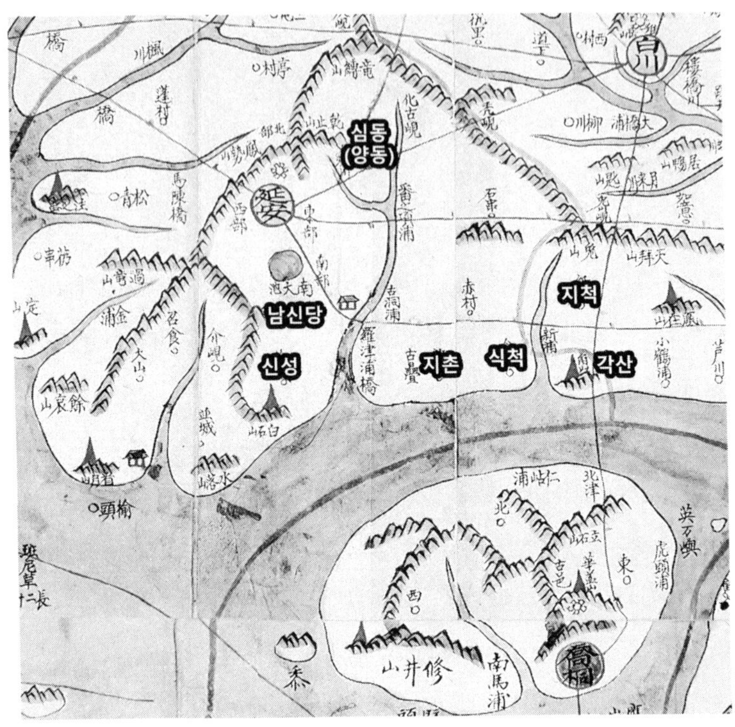

심동(양동) · 남신당 · 신성 · 지촌 · 식척 · 각산 · 지척

九月初一日。

留延城。圍中賊, 欲爲衝車[356]以毁城, 我軍爲飛樓[357]以俯射, 或束火以投燒, 賊不得近城。夜, 白川別將金自獻 · 義將趙應瑞,

---

356 衝車(충거): 성을 공격할 때에 성벽을 들이박거나 허물어뜨리기 위해 사용하던 수레의 한 가지.

357 飛樓(비루): 나는 것처럼 임시로 높게 세운 누각.

送人縋城以入, 卽領軍, 到凉洞[358], 夜擊爲計, 相約以送。平山助防將李嗣禮送人, 領軍百餘, 赴援云, 相約以送。二人, 終夜不來, 痛甚痛甚。

9월 2일

해가 돋아 밝아올 때에 왜적들은 포위를 풀고 물러갔으며, 그 나머지도 무려 수천 명이나 되었는데 배천(白川)을 향하여 갔다. 이번 거사는 방비에 미처 조치하지 못한 상태에서 대규모의 적이 쳐들어와 공격하는데도 외부의 구원이 닿지 않았으니, 만약 인심이 굳게 지키려 하지 않았다면 함몰되었음은 틀림없었을 것이다. 소와 말 30여 두(頭)와 무기 약간을 얻었고, 아군은 사수(射手) 중에 탄환에 맞아 죽은 자가 10여 명이었다.

미시(未時: 오후 2시 전후)에 왜적 수백 명이 서문(西門) 10리쯤에 도착하여 진을 쳐서 밤새도록 엄히 경계하였더니, 밤을 틈타 가버렸다. 아마도 앞서 왜적이 패배하여 퇴각한 소식을 듣고서 싸우지도 않고 스스로 무너진 것이리라.

初二日。

平明[359]時, 賊解圍退去, 其餘無慮數千人, 向白川以去。是擧

---

358 凉洞(양동): 황해도 연안군 鹽州에 있는 深洞의 오기. 驛站이 있었다.

359 平明(평명): 해가 돋아 밝아올 무렵.

也, 防備未及措, 大賊來攻, 外援不至, 若非人心固守, 則陷沒必矣。得牛馬三十餘頭, 軍器若干, 我軍射手中丸死者十餘人。未時, 倭賊數百, 又到西門外十里許結陣, 終夜戒嚴, 乘夜遁去。盖聞前賊退北, 不戰自潰矣。

9월 3일

연안성(延安城)에 있었다.

북산(北山)에 있던 척후병이 나아와 보고한 것에 의하면, 왜적이 일의(日衣: 白衣의 오기, 흰옷)로 갈아입고 배천(白川)으로부터 산으로 향한 뒤에 서쪽으로 가는 중이라고 하는지라 경계를 하루 내내 엄중히 하고 있는데, 배천(白川) 별장(別將) 조응서(趙應瑞)·변렴(邊濂), 조방장(助防將) 김자헌(金自獻), 평산 조방장(平山助防將) 이사례(李嗣禮) 등이 의병을 거느리고 와서 성안으로 들어왔다.

初三日。

在延城。北山候軍, 進告內, 倭賊變着日衣[360], 自白川向山後而西, 卽戒嚴終日, 白川別將趙應瑞·邊濂·助防將金自獻·平山助防將李嗣禮等, 領兵來入城中。

360 日衣(일의): 문맥상 白衣의 오기인 듯.

9월 4일

성안에 있었다.

호남 의병장(湖南義兵將: 김천일) 및 전라 병사(全羅兵使: 최원)가 각기 군사 300명을 보내어 구원하러 온 지가 이미 오래였으나 교동(喬桐) 해변에 머물러 있다가 오늘 뭍으로 내려와 남신당(南神堂)에 진(陣)을 쳤다.

월곶 첨사(月串僉使) 이빈(李贇) 또한 군사를 거느리고 바다를 건너왔는데, 성안으로 맞아들여서 함께 이야기를 나누니 무변(武弁) 중에서 쉽게 구할 수 있는 사람이 아니었으며, 군공(軍功)을 많이 세워 당상관(堂上官)에 올랐다고 하였으며, 성을 나가 동면(東面)에 진(陣)을 쳤다. 어제부터 오늘까지 배천(白川)에 머물렀던 왜적들이 여염집을 분탕질하여 연기와 불길이 하늘을 뒤덮었다.

한언오(韓彦悟: 이정암의 둘째매부 韓詷) · 이신갑(李臣甲)이 강화(江華)에서 돌아왔으며, 종사관(從事官) 우준민(禹俊民)이 되돌아 성안으로 들어왔으며, 소모관(招募官) 정자(正字) 김덕함(金德諴)이 봉산(鳳山) 의병 100명을 거느리고 구원하러 왔으며, 평산(平山) 의병장 이영(李英)이 왜적의 머리를 베어 보내왔는데 바로 뒤쫓아가며 공격하여 전날 퇴각했던 왜적이었다. 해주(海州) 의병장 유연(兪淵)의 아우 유렴(兪濂)이 와서 왜적의 머리를 바쳤다.

이날 봉화 자씨(奉化姊氏: 李美善에게 시집간 이복 누나)가 세상을 떠났다는 기별을 들으니 몹시 비통하고 비통하였다.

初四日。

在城中。湖南義將及全羅兵使, 各遣兵三百, 來援已久, 而留泊喬桐海邊, 今日下陸, 結陣于南神堂。月串僉使李贇, 亦領軍渡海, 邀入城中, 與語, 則武弁中, 未易得者也, 多立軍功, 陞堂上云, 出城結陣于東面。自昨至今日, 白川留賊, 焚蕩閭閻, 烟焰漲天。韓彦悟·李臣甲, 自江華來, 從事官禹俊民, 還入城中, 招募官正字金德諴, 領鳳山義兵一百來援, 平山義將李英來, 送首級, 乃追擊前日退賊者也。海州義將兪淵之弟濂, 來獻首級。是日, 聞奉化娣氏別世之奇, 悲慟悲慟。

9월 5일

성안에 있었다.

배천(白川)의 왜적들이 오래 머무를 계획이라는 소식을 듣고 종사관(從事官) 조종남(趙宗男)을 보내어 본군(本郡: 배천군) 조방장(助防將: 김자헌)과 세 별장(三別將: 민인로·조응서·변렴)의 소속 군인들을 거느리고서 기회를 엿보아 추포하도록 하였고, 정자(正字) 김덕함(金德諴)이 봉산(鳳山) 의병을 이끌고서 계속 후원하도록 당일 떠나보냈는데, 배천 별장 조응서(趙應瑞)가 와서 왜적의 머리를 바쳤다.

호남 의병 및 월곶 첨사(月串僉使: 이빈)가 이날 모두 되돌아갔다. 배천 군수(白川郡守: 남궁제)가 보낸 전통(傳通)에 의하면, 전라 병사(全羅兵使: 최원)가 친히 군마(軍馬)를 이끌고 바다를 건너와 우피포(牛皮浦)에 머물러 있다고 하였다. 곧바로 군관(軍官)을 보내어 아군과 양쪽에서 공격할 수 있는 기각지세(掎角之勢)를 구축해 배천에 머물러 있는 왜적을 죽이거나 붙잡자고 청하였다.

군관 조기종(趙起宗)이 수안(遂安)에서 되돌아왔는데, 감사(監司: 류영경)가 보낸 답서에 의하면, 방어사(防禦使) 이시언(李時言)이 감사와 함께 깊은 산속의 고을에 있는 왜적을 잡고 있으며, 방어사 김경로(金敬老)가 순찰사(巡察使) 조인득(趙仁得)과 함께 해변에 있는 왜적을 잡는 중이라고 하였다. 그렇게만 된다면 나는 걱정이 없겠다.

初五日。

在城中。聞白川賊爲久留之計, 遣從事官趙宗男, 領本郡助防將 · 三別將所屬軍人, 乘機追捕, 正字金德諴, 率鳳山義兵, 爲繼援, 卽日發送, 白川別將趙應瑞, 來獻首級。湖南義兵及月串僉使, 是日皆還。白川郡守傳通內, 全羅兵使, 親率軍馬渡海, 來泊牛皮浦。卽遣軍官, 請與我軍掎角, 勦捕白川留賊。軍官趙起宗[361], 還自遂安, 見監司答書, 則防禦使李時言, 與監司, 同捕山郡之賊, 防禦使金敬老[362], 與巡察使趙仁得, 同捕海邊之賊云。然則吾無

---

361 趙起宗(조기종, 1564~?): 본관은 미상, 자는 叔與.

362 金敬老(김경로, ?~1597): 본관은 慶州, 자는 惺叔. 남원 출신. 1576년 무과에 급제하였다. 1592년 임진왜란이 일어났을 때 慶尙助防將이었는데, 금산으로 적이 쳐들어오자 그곳으로 나아가 수십 명의 적병을 베었다. 그리고 宣祖가 피난한 의주로 달려가니 선조가 매우 칭찬하고, 黃海防禦使에 임명하였다. 1593 정월에 평양방어사 李時言과 더불어 평양으로부터 후퇴하는 왜장 고니시 유키나가[小西行長]의 퇴로를 막고 격전을 벌였다. 그 결과 전공을 세워 다시 전라방어사로 전입되었다. 1597년 정유재란이 일어나자 왜적이 사천 · 고성 등지로

患矣。

9월 6일

성안에 머물렀다.

왜변(倭變)에 관한 서장(書狀)을 작성하고 관인(官印)을 찍었는데, 행재소에는 군관(軍官) 유일(劉逸)·막사(幕士) 한형(韓詗: 이정암의 둘째매부)이, 동궁(東宮)에는 군관 심경우(沈慶祐)·막사 이덕일(李德一)이 가지고 가게 하였다.

평산(平山)의 의병장 김무(金珷)·신성(申晟)·이지(李砥)·신경창(申慶昌) 등이 군사들을 이끌고 구원하러 들어왔다. 평산 의병장 이영(李英)이 보낸 치보(馳報)에 의하면, 해주(海州)에 머물러 있는 왜적들이 관사(官舍)를 불태우고 성곽(城郭)을 허물어뜨리며 민가의 가축들을 노략질하고서 모두 떠나갔는데 평산으로 향한다고 하였다.

한밤중에 배천 조방장(白川助防將: 김자헌)이 군사 200여 명을 이끌고서 성안으로 뛰어 들어왔으니, 그가 겁먹었음을 알 수 있었다.

初六日。

留城中。倭變書狀成貼, 行在所, 軍官劉逸[363]·幕士韓詗, 東宮

상륙하여 남원을 포위하자, 병마절도사 李福男과 결사대를 조직, 남원으로 들어가 방어사 吳應井, 구례 현감 李元春과 함께 명나라의 副總兵 楊元을 도와 왜적과 싸우다 성이 함락되자 진지에서 전사하였다.

363 劉逸(유일, 1550~?): 본관은 白川, 자는 安仲. 1583년 별시 무과에 급제하였다.

則軍官沈慶祐[364] · 幕士李德一陪去。平山義將金瑊 · 申晟 · 李砥 · 申慶昌等, 率兵入援。平山義將李英, 馳報內, 海州留賊, 焚燒官舍, 毁破城郭, 擄掠民畜, 盡數出去, 向于平山云。夜半, 白川助防將, 率軍二百餘名, 投入城中, 其怯可知。

9월 7일

성안에 머물렀다.

군관(軍官) 변승룡(邊勝龍)이 성천(成川)의 행재소에서 되돌아와 말한 것에 의하면, 당병(唐兵: 명나라 군대)이 이때에도 서경(西京: 평양)에 머물러 있는 왜적을 쳐부수지 않았다고 하였으며, 변승룡은 내금(內禁)에 제수되었다고 하였다.

교생(校生) 경영(慶詠)이 행재소에서 되돌아왔는데, 신(臣: 이정암)을 공조 참의(工曹參議)로 삼았고 경영(慶詠)을 북부 참봉(北部參奉)으로 삼았으며, 공명고신(空名告身: 임명되는 자의 이름을 비워둔 채 발행하는 임명장) 15장을 만들어 보내왔다. 참모관(參謀官) · 조방장(助防將)이 길을 나누어 왜적을 토벌한 것과 같은 일은 모두 시행되지 못하자, 종사관(從事官) 우준민(禹俊民) · 이계록(李繼祿) 등이 행재소에 사람을 보냈다고 하니 한탄스러웠다.

아버지는 劉漢信이다.

364 沈慶祐(심경우, 1543~?): 본관은 미상, 자는 君吉.

당일 대청(大廳)에서 사은례(謝恩禮)를 행하였는데, 호남 의병장(湖南義兵將: 김천일)이 군관을 보내어 와서 왜적을 물리친 것에 대해 축하하였다.

初七日。

留城中。軍官邊勝龍, 還自成川行在, 所言, 唐兵時未攻破西京留賊云, 勝龍除授內禁云。校生慶詠, 還自行在所, 以臣爲工曹參議, 詠爲北部參奉, 空名告身十五丈成送。參謀官 · 助防將, 分道討賊等事, 皆不見施, 從事官禹俊民 · 李繼祿等, 起送行在所云, 可嘆。卽日, 行謝恩于大廳, 湖南義將, 送軍官, 來賀却賊。

9월 8일

성안에 머물렀다.

노복(奴僕) 복세(卜世)가 강화(江華)에서 와 아무 탈없이 잘 지낸다는 소식을 전하고 그날로 되돌아갔다. 평산(平山) 의병장 주신원(朱愼元)이 약속을 받아들이고 갔고, 봉산(鳳山) 의병장 전 감찰(前監察) 장응기(張應箕)는 본군(本郡: 봉산군)에 되돌아가 외로이 떨어져 돌아다니는 적을 죽이거나 잡겠다고 청하여 즉시 길을 떠나 돌아가도록 하였다. 곽수민(郭秀民) · 양호(梁護) · 최무(崔武) 세 사람을 임시 군관(軍官)으로 삼아 막하(幕下)에 머물러 있게 하였다.

배천 군수(白川郡守) 남궁제(南宮悌)가 와서 왜적의 머리를 바쳤는데, 아병(牙兵) 두 사람을 정하여 배천의 적변(賊變)을 직접 가서 탐문하게 하였더니 밤 이고(二鼓: 밤 10시 전후)에 돌아와서 말하기를, 조종남(趙宗男)이 왜적과 서로 싸우느라 살았는지 죽었는지 알 수 없다고 하니, 매우 놀라고 걱정되었다.

이날 하루 내내 비가 내리다가 한밤중이 되어서야 그쳤다.

初八日。

留城中。奴卜世, 來自江華, 得平安消息, 卽日還去。平山義將朱愼元, 受約束而去, 鳳山義將前監察張應箕, 請還本郡, 勦捕零賊, 卽令發還。郭秀民[365]·梁護[366]·崔武[367]三人, 署爲軍官, 留置幕下。白川郡守南宮悌, 來獻首級, 定牙兵二人, 體探白川賊變, 夜二鼓來言, 趙宗男與賊相戰, 不知存沒云, 驚慮驚慮。是日終日下雨, 夜半乃止。

9월 9일

성안에 머물렀다.

아침밥을 먹은 뒤, 남산(南山)에 올라 성을 지켜낸 장수와 군사들에게 음식을 먹였는데, 막하(幕下) 김상천(金相天)·전건(全謇) 등이 취하여 시를 지어 올려서 나 또한 운(韻)을 따서 지으니 군관(軍官)·별

---

365 郭秀民(곽수민, 1557~?): 본관은 玄風, 자는 子文. 아버지는 郭彭이다. 1584년 별시 무과에 급제하였다.

366 梁護(양호, 1569~?): 본관은 미상, 자는 彦保.

367 崔武(최무, 1556~?): 본관은 미상, 자는 健夫.

장(別將) 등이 일어나 춤추면서 날이 저물어서야 헤어졌다.

初九日。

留城中。食後，登南山，饋饗守城將士，幕下金相天[368]·全謇等，醉中呈詩，予亦次韻，軍官·別將起舞，日夕乃罷。

9월 10일

성안에 머물렀다.

막료(幕僚) 정여충(鄭汝忠)을 강화(江華)에 보내어 도체찰사(都體察使: 정철) 및 경기 순찰사(京畿巡察使) 권이원(權而遠: 권징)·창의사(倡義使: 김천일)에게 안부를 묻도록 하였다. 앞서 비변사(備邊司)에서 공문을 보내와 각 고을의 조방장(助防將)·참모관(參謀官) 등을 모두 혁파하였다. 저녁에 도체찰사가 군관(軍官)을 보내어 안부를 물었다.

初十日。

留城中。遣幕僚鄭汝忠于江華，問安都體察使及京畿巡察使權而遠·倡議使。前以備邊司文移，各邑助防將·參謀官等，皆革罷。夕，都體察使，送軍官問訊。

368 金相天(김상천, 1569~?): 본관은 미상, 자는 悠甫.

9월 11일

성안에 머물렀다.

문안하러 갔던 사람[정여충]이 강화(江華)에서 되돌아왔는데, 아무 탈 없이 잘 있다는 소식 및 손자 이경윤(李慶胤)이 살아서 돌아왔다는 기별을 들었다.

十一日。

留城中。問安人, 還自江華, 聞平安消息及孫兒慶胤生還之奇。

9월 12일

성안에 머물렀다.

十二日。

留城中。

9월 13일

성안에 머물렀다.

아침밥을 먹은 뒤, 남산(南山)에 올라 장수와 군사 등에게 술을 먹였다.

十三日。

留城中。食後, 登南山, 將士等饋酒。

9월 14일

성안에 머물렀다.

변진(邊鎭)에 들어가 방어한 별장(別將) 김규(金珪: 金球의 오기)·신성(申晟)·신경창(申慶昌)·이지(李砥) 등이 하직 인사하고 갔으며, 유연(兪淵)·이영(李英)·한우(韓佑)·박응룡(朴應龍)·김암(金岩) 등이 방어하러 들어갔다.

十四日。

留城中。入防別將金珪·申晟·申慶昌·李砥等, 辭去, 兪淵·李英·韓佑·朴應龍·金岩等, 入防。

9월 15일

성안에 머물렀다.

배천(白川)의 입방군(入防軍: 방어하러 가는 군사)이 교대하고 갔는데, 별장(別將) 이해(李海)가 군사를 이끌고 방어하러 들어갔다. 종사관(從事官) 우준민(禹俊民)·이계록(李繼祿)·행호군(行護軍) 이사례(李嗣禮)가 행재소로 향하는데, 서장(書狀)을 가지고 가는 사람으로서 송덕영(宋德榮)·박언룡(朴彦龍) 등이 함께 갔다.

순찰사(巡察使) 조덕보(趙德甫: 趙仁得) 영공(令公)이 보낸 공문서에 의하면, 풍천부사(豊川府使: 황윤용)를 조방장으로 삼아 장연(長淵)·옹진(甕津)·강령(康翎)·용매(龍媒)의 수령들을 거느리고 배천에서 변고에 대비하라고 하였는지라, 곧바로 여러 장수의 부서(部署)를 정하고 그때그때 필요에 따라 대응하는 계획을 세웠다.

연안 부사(延安府使: 김대정)가 감사(監司: 류영경)의 영리(營吏: 감영 아전)로부터 전해받은 서신을 찾아 보낸 것에 의하면, 당장(唐將: 명나라 장수)과 왜장이 서로 간에 통지한 글을 보니 유격 장군(遊擊將軍) 심유경(沈惟敬)이 먼저 순안(順安)에 도착해 평행장(平行長: 小西行長, 고니시 유키나가)에게 글을 보내어 평양(平壤)의 동서 20리 땅을 할양하여 군사들을 주둔하는 장소로 삼도록 하면서 50일 동안 군사를 물리도록 약속하라고 하였다. 당장(唐將: 명나라 장수)이 왜적을 토벌할 뜻이 없음을 알 수 있으니 분통을 이기지 못하여 너무나 분통스러웠다.

十五日。

留城中。白川入防軍遞去，別將李海率軍入防。從事官禹俊民·李繼祿·行護軍李嗣禮，向行在所，書狀陪持人宋德榮[369]·朴彦龍[370]等同去。巡察使趙德甫令公移文， 以豊川府使[371]爲助防

---

369 宋德榮(송덕영, 1569~1627): 본관은 延安, 자는 華叔, 호는 四貞. 1593년 무과에 급제하여 萬戶가 되었다. 그 뒤 사신을 수행, 일본에 다녀와서 孟山縣監이 되었다. 1624년 李适의 난 때는 평안도 병마절도사 南以興 막하에서 활약하였고, 鄭忠信·李希達과 함께 길마재[鞍峴] 싸움에서 공을 세웠다. 1627년 정묘호란 때 安州 南城을 수비하다가 전사했다.

370 朴彦龍(박언룡, 1562~1632): 본관은 寶城, 자는 澤卿, 호는 柯軒. 아버지는 朴成霖이다. 1603년 식년시 문과에 급제하였다.

371 豊川府使(풍천부사): 《선조실록》 1592년 8월 3일 4번째기사에 의하면 풍천부사 黃允容이 황해도 조방장으로 제수됨. 황윤용(생몰년 미상)의 본관은 長水, 자는 미상. 1566년 중시 무과에 급제하였다.

將，率長淵・甕津・康翎・龍媒守令，待變于白川，卽部署諸將，爲策應[372]之計。延安府使，覓送監司營吏傳書，唐將與倭將，相通文字見之，則游擊將軍沈惟敬[373]，先到順安[374]，通文于倭將平行長[375]，許割平壤東西二十里地，以爲駐兵之所，約五十日退兵云。唐將之無意討賊可知，不勝痛憤痛憤。

---

372 策應(책응): 벌어진 일이나 사태에 대하여 알맞게 헤아려서 대응함.

373 沈惟敬(심유경): 1592년 임진왜란 때 祖承訓이 이끄는 명나라 군대를 따라 조선에 들어온 명나라 장수. 평양성 전투에서 명나라군이 일본군에게 대패하자 일본과의 화평을 꾀하는 데 역할을 하였고, 1596년 일본에 건너가 도요토미 히데요시를 만나 협상을 진행하였으나 매국노로 몰려 처형되었다.

374 順安(순안): 평안남도 평원 지역의 옛 지명.

375 平行長(평행장): 小西行長. 고니시 유키나가는 오다 노부나가가 사망한 혼노지의 변란 이후로 히데요시를 섬기면서 아버지 류사와 함께 세토나이 해의 군수물자를 운반하는 총책임이 되었다. 1588년 히데요시의 신임을 얻어 히고노쿠니 우토 성의 영주가 되었으며 1592년 임진왜란 때는 그의 사위인 대마도주 소 요시토시와 함께 1만 8,000명의 병력을 이끌고 제1진으로 부산진성을 공격하였다. 조선의 정발 장군이 지키는 부산포 성을 함락하고 동래성을 함락시켰다. 이후 일본군의 선봉장이 되어 대동강까지 진격하였고 6월 15일에 평양성을 함락하였다. 그러나 1593년 명나라 장수 이여송이 이끄는 원군에게 패하여 평양성을 불지르고 서울로 퇴각하였다. 전쟁이 점차 장기화 되고 명나라를 정복할 가능성이 희박해지자 조선의 이덕형과 명나라 심유경 등과 강화를 교섭하였으나 실패하였다. 1596년 강화교섭이 최종 실패로 끝나자 1597년 정유재란 때 다시 조선으로 쳐들어왔으며 남원성 전투에서 조선과 명나라 연합군을 격퇴하고 전주까지 무혈입성하였으며 순천에 왜성을 쌓고 전라도 일대에 주둔하였다. 1598년 도요토미 히데요시가 사망하고 철군 명령이 내려지자 노량해전이 벌어지는 틈을 이용해서 일본으로 돌아갔다.

9월 16일

성안에 머물렀다.

十六日。

留城中。

9월 17일

연안성(延安城)에 머물렀다.

윤흥문(尹興門: 이정암의 처남) · 장남 이화(李澕)가 강화(江華)에서 왔다.

十七日。

留延城。尹興門 · 李澕, 自江華來。

9월 18일

연안성(延安城)에 머물렀다.

넷째아들[李湋]의 부음을 들었는데, 7월 27일에 우봉(牛峯)에서 왜적에게 해를 당한 때문이니 원통하고 애석하기가 그지없었다. 즉시 마부와 말을 보내어 막내 아들[李洚] 및 손자를 데려오도록 하였다.

十八日。

留延城。聞第四子訃音, 乃於七月二十七日, 遇害于牛峰, 慟惜罔極。卽送人馬, 率季子及孫兒以來。

9월 19일

연안성(延安城)에 머물렀다.

저녁에 선전관(宣傳官)이 행재소에서 돌아와 하는 말에 의하면, 한언오(韓彦悟: 이정암의 둘째매부 韓詗) 등이 장계(狀啓)를 가지고 가는 것을 이달 14일에 숙천(肅川) 지역에서 만났다고 하였다.

十九日。

留延城。夕, 宣傳官, 自行在所, 來言, 韓彦悟等, 持狀啓以去, 今月十四日, 遇于肅川[376]地云。

9월 20일

연안성(延安城)에 머물렀다.

아들 이강(李洚: 다섯째아들)의 부부 및 죽은 아들의 처자식 · 손자 이경응(李慶應: 이정암의 장남인 李滰의 둘째아들) 등이 우봉(牛峯)으로부터 와서 도착하였다.

왜적을 잡았다는 장계(狀啓)를 작성하여 보냈는데, 배천(白川)의 박응신(朴應新)이 가지고 갔다.

어제 아들 이준(李濬: 셋째아들)이 강화(江華)로 갔고, 종사관(從事官) 조종남(趙宗男)이 강음(江陰)으로 갔다.

---

376 肅川(숙천): 평안남도 서부에 있는 고을. 동쪽은 안주군 · 순천군, 서쪽은 서해, 남쪽은 평원군, 북쪽은 문덕군과 접한다.

계본(啓本)을 가지고 갔던 사람[박응신]이 성천(成川)에서 되돌아왔는데, 평산 별장(平山別將) 이영(李英)을 부장(部將)으로, 류황(柳璜)을 중부 주부(中部主簿)로, 복병장 장구수(張耉壽)를 수문장(守門將)으로 삼았다.

二十日。

留延城。豚洚夫妻及亡兒妻子·孫慶應等, 自牛峰來到。捕倭狀啓成送, 白川朴應新陪去。昨日, 豚濬往江華, 從事官趙宗男往江陰。啓本陪持人, 還自成川, 平山別將李英爲部將, 柳璜爲中部主簿, 伏兵將張耉壽爲守門將。

9월 21일. 큰비.

연안성(延安城)에 머물렀다.

서흥 별장(瑞興別將) 봉사(奉事) 차기(車杞)가 와서 약속을 받아들이고 갔다. 유수(留守: 아우 이정형)가 사람을 보내와 안부를 물었는데, 바로 2일에 쓴 편지였다. 아병(牙兵) 2명을 정하여 함께 가도록 보냈다.

二十一日。大雨。

留延城。瑞興別將奉事車杞[377], 來受約束而去。留守送人來問,

---

377 車杞(차기, 1559~?): 본관은 龍城, 자는 良幹. 아버지는 車仁軾이다. 1583년 별시 무과에 급제하였다.

乃初二日所裁書也。牙兵二人，定送偕往。

9월 22일

연안성(延安城)에 머물렀다.

아들 이화(李澕: 첫째아들) · 이강(李洚: 다섯째아들) 및 거느렸던 가솔들이 강화(江華)로 향하였다.

二十二日。

留延城。澕 · 洚及所率眷屬，向江華。

9월 23일

연안성(延安城)에 머물렀다.

지촌(池村)에 사는 백성들이 간밤에 왜적들에게 마구 죽임을 당했다는 소식을 듣고 정예병 100여 명을 뽑아 적들을 몰아서 내쫓았다.

二十三日。

留延城。聞池村居民，去夜爲倭賊屠殺，抄精兵百餘名，驅逐。

9월 24일

연안성(延安城)에 머물렀다.

석곶(石串)에 사는 백성들이 간밤에 왜적들에게 죽임을 당했다는 소식을 듣고 또 정예병을 뽑아 적들을 몰아서 내쫓기로 정하였다.

아들 이준(李濬: 셋째아들)이 강화(江華)에서 되돌아왔는데, 가솔들이 아무 탈 없이 잘 지내고 있다는 소식을 들었으며, 강화 의병이 김포(金浦)에서 패배를 당했다는 소식을 듣고서는 몹시 놀라 탄식해 마지않았다.

二十四日。

留延城。聞石串居民, 去夜爲倭賊所屠, 又抄精兵, 定爲驅逐。男濬還自江華, 得家眷平安消息, 聞江華義兵見敗於金浦, 驚嘆不已。

9월 25일

연안성(延安城)에 머물렀다.

금부 도사(禁府都事) 류담(柳潭)이 의주(義州)으로부터 와서 도착하여, 그 연고를 물었더니 충청(忠淸) 전 병사(前兵使) 신익(申翌)을 나포하러 왔다고 하였다.

二十五日。

留延城。禁府都事柳潭[378], 自義州來到, 問其事由, 則忠淸前兵使申翌[379]拿來云。

---

378 柳潭(류담, 1560~?): 본관은 全州, 자는 而靜. 1582년 식년시에 급제하였도, 1594년 정시 문과에 급제하였다. 1599년 형조 좌랑·정랑 등을 역임하였다.

9월 26일

연안성(延安城)에 머물렀다.

유수(留守: 아우 이정형)가 사람을 보내왔는데, 아무 탈 없이 지낸다는 소식을 들었고, 나를 승진시켜 공조 참판(工曹參判)에 제수한다는 소식이 들렸지만 믿어야 할지 말아야 할지 알 수 없었으나 곧 헛소문이었다.

二十六日。

留延城。留守送人來，得平安消息，聞予陞拜工曹參判，未知信否，乃虛傳也。

9월 27일

연안성(延安城)에 머물렀다.

한음(漢陰) 이덕형(李德馨) · 도정(都正: 漢陰都正 李俔)이 강화(江華)로부터 와서 장차 행재소로 가려 하였다. 나에게 말하기를, "상신(相

---

379 申翌(신익, 생몰년 미상): 본관은 平山. 아버지는 申命仁이다. 무과에 급제하고 선전관으로 기용되었다가 1556년 직권남용으로 파직되었다. 1559년 함평현감으로 재임용되었는데, 이때 왜구의 배를 나포한 공으로 6품직에서 4품직으로 특진되었다. 1571년 함경남도 병마절도사, 1573년에는 함경북도 병마절도사, 1574년에는 제주 목사, 1575년에는 전라도 병마절도사, 1583년에는 순천 부사 등을 역임하였다. 1592년 임진왜란 때에는 충청 병사로서 3도의 근왕병을 이끌고 서울로 진격하던 중, 전투다운 전투 한번 못해 보고 대군이 흩어지자 나중에 패전의 허물을 쓰고 옥에 갇히기도 하였다.

臣) 정철(鄭澈)이 장차 대가(大駕)를 맞아서 바닷길로 강도(江都: 江華)로 거둥하게 한다고 하는데, 이러한 뜻은 어떠합니까?"라고 하였는데, 내가 대답하기를, "천병(天兵: 명나라 구원병)이 국경에 바싹 다가오는데, 대가(大駕)가 만약 다른 곳으로 옮겨 간다면 필시 천조(天朝: 명나라 조정)에 의해 의심을 받을 것이니, 동궁이라면 다른 곳으로 옮겨도 괜찮을 것이나 대가의 거동은 가볍고 쉽게 해서는 안 될 것이오."라고 하자, 한음이 말하기를, "생각이 그러한 데까지 미치지 못했는데, 이 말씀은 참으로 옳습니다."라고 하였다.

二十七日。

留延城。漢陰李德馨·都正[380], 自江華來, 將向行在所。語予曰: "鄭相澈, 以爲將邀大駕, 由海路, 幸于江都, 此意如何?" 予答曰: "天兵壓境[381], 大駕若移住他境, 則必爲天朝所疑, 東宮則可以移蹕, 大駕擧動, 恐不可輕易爲之." 漢陰曰: "計不及此, 此語誠然."云。

---

380 都正(도정): 漢陰都正 李俔(1573~?)을 가리킴. 본관은 全州, 자는 磬甫, 호는 喚醒. 아버지는 李慶春이다. 世宗의 5남인 廣平大君의 6세손이다. 1601년 진사시에 합격하였다. 1605년 증광문과에 급제하여 검열에 등용되었고, 이어 여러 내외 벼슬을 역임하고 우승지에 올라 선조의 총애를 받았으며, 정사를 공정히 처리하여 명성이 높았다. 1623년 광해군 축출모의에 참여하여달라는 李厚源의 권유를 거절하고 두문불출하였는데, 이 일로 인조반정 후부터 벼슬길이 막히고 당국의 감시와 천대를 받았다.

381 壓境(압경): 경계 지역에 바싹 다가옴.

9월 28일

연안성(延安城)에 머물렀다.

윤흥문(尹興門: 이정암의 처남)이 강화(江華)로 돌아갔다. 군관(軍官) 이종성(李宗星)이 함께 갔는데, 상공(相公) 정철(鄭澈)에게 편지를 전하기 위해서였다. 대개 며칠 전 아들 이준(李濬: 셋째아들)이 돌아올 때 시무(時務)에 관해 묻는 편지를 보내왔기 때문에 답서를 보낸 것이다.

봉산(鳳山) 유학(幼學) 여흥주(呂興周)가 의주(義州)에서 돌아왔는데, 어제교서(御製教書) 몇 통을 가지고 왔다. 바로 조사(詔使: 황제의 문서를 지닌 중국 사신)의 칙유(勅諭)로 인하여 8도의 모든 군사와 백성들을 깨닫도록 타일러서 왜적을 토멸하여 원수를 갚으면 논공행상을 하겠다는 뜻이었다. 즉시 교생(校生)들을 각 고을에 나누어 보내어 반포하도록 하였다.

二十八日。

留延城。尹興門，還江華。軍官李宗星偕往，致書于鄭相。盖以前日濬兒還時，送書詢及時務，故復之。鳳山幼學呂興周，還自義州，得御製教書數道以來。乃因詔使[382]勅諭，曉諭八道大小軍民，以討賊復讐，論賞之意。卽分遣校生于各邑，使之頒布。

---

382 詔使(조사): 조선시대 중국 사신 가운데 최고 등급의 황제 문서였던 조서를 지참한 사신을 지칭하는 말.

9월 29일

연안성(延安城)에 머물렀다.

왜적이 가까운 경내에 침범해 와서 군사를 보내어 몰아서 내쫓았다.

二十九日。

留延城。倭賊來犯近境，遣兵驅逐。

9월 30일

연안성(延安城)에 머물렀다.

왜적이 가까운 경내에 침범해 와서 군사를 보내어 몰아서 내쫓고 왜적을 붙잡은 장계(狀啓)를 작성하여 관인(官印)을 찍어 성천(成川)에 보냈는데, 아병(牙兵) 박원지(朴元之: 朴彦之) · 허물단(許勿丹) 등이 가지고 갔다.

三十日。

留延城。倭賊來犯近境，遣兵驅逐，捕倭狀啓成貼，送于成川，牙兵朴元之[383] · 許勿丹等陪去。

10월 1일

연안성(延安城)에 머물렀다.

---

383 朴元之(박원지, 생몰년 미상): 李廷馣의 〈海西結義錄〉에는 朴彦之로 기록됨.

봉상 첨정(奉常僉正) 변이중(邊以中)이 소모선유사(召募宣論使)로서 장차 호남을 향하여 용매(龍媒)에 와서 도착해 편지를 보내어 안부를 물어왔다. 그를 맞아서 서로 이야기라도 나누려는데, 왜적들이 성 아래로 바싹 다가왔다고 하여 작별을 하고 배를 타고서 곧바로 건너 교동(喬桐)으로 갔다.

순찰사(巡察使: 조인득)가 보낸 관문(關文: 공문서)에 의하면, 평양(平壤)에 머물렀던 왜적들은 중화(中和)로 많이 빠져나가서 진(陣)을 치고는 봉산(鳳山)·황주(黃州)의 관내를 드나든다고 하였다.

아병(牙兵)이 어제 삭녕(朔寧)에서 돌아오면서 유수(留守: 아우 이정형)의 답서를 가지고 왔는데, 임해(臨海)·순화(順化: 順和의 오기) 두 왕자 및 그 부인들, 김귀영(金貴榮)·황정욱(黃廷彧)·황혁(黃赫), 남병사(南兵使: 李渾)와 북병사(北兵使: 韓克諴) 모두 북도(北道)에서 포로가 되었고 오늘내일 경성(京城)에 도착할 것이라 하였다. 어떤 자가 말하기를, "고을 사람들이 반란을 일으켜 그들을 결박지어 왜적에게 주었다."라고 하였고, 어떤 자가 말하기를, "고을 사람들이 그들을 가리켜 주어 포로가 되었다."라고 하였다. 함경도 전체가 이미 반적(叛賊)의 고장이 되었으니 놀라고 애통해 마지않았는데, 왜적의 모략을 알 수가 없으니 어찌해야 하는가.

十月初一日。

留延城。奉常僉正邊以中[384]，以召募宣諭使，將向湖南，來到

384 邊以中(변이중, 1546~1611): 본관은 黃州, 자는 彦時, 호는 望庵. 1568년 사마

龍媒, 抵書問訊。邀與相敍, 則以賊逼城下爲辭, 乘舟直渡, 喬桐而去。巡察使通關內, 平壤留賊, 多出結陣于中和, 往來于鳳山·黃州地界云。牙兵昨日, 自朔寧還, 得留守復書, 則臨海[385]·順化[386]二王子及其夫人·金貴榮[387]·黃延彧[388]·黃赫[389]·南北兵

시에 합격하였다. 1573년 식년문과에 급제하였다. 1592년에는 전라도 召募使가 되어 軍備 수습에 힘썼다. 그 뒤 調度御使가 되어 누차 전공을 세우는 한편, 火車 300량을 제조하여 순찰사 權慄에게 주어, 행주대첩에 크게 기여하였다. 1600년 사옹원정, 1603년 함안 군수를 지내다가 1605년 벼슬을 그만두고 고향 장성에 돌아가 여생을 보냈다.

385 臨海(임해): 臨海君(1574~1609). 宣祖의 맏아들 珒. 임진왜란 때 왜군의 포로가 되었다가 석방되었다. 광해군 즉위 후 유배되었다가 죽었다.

386 順化(순화): 順和(?~1607)의 오기. 순화군은 宣祖의 여섯째아들 玒. 부인은 승지 黃赫의 딸이다. 임진왜란이 일어나자 왕의 명을 받아 黃廷彧·황혁 등을 인솔하고 勤王兵을 모병하기 위해서 강원도에 파견되었다. 같은 해 5월 왜군이 북상하자 이를 피하여 함경도로 들어가 미리 함경도에 파견되어 있던 臨海君을 만나 함께 會寧에서 주둔하였는데, 왕자임을 내세워 행패를 부리다가 함경도민의 반감을 샀다. 마침 왜군이 함경도에 침입하자 회령에 유배되어 향리로 있던 鞠景仁과 그 친족 鞠世弼 등 일당에 의해 임해군 및 여러 호종 관리와 함께 체포되어 왜군에게 넘겨져 포로가 되었다. 이후 안변을 거쳐 이듬해 밀양으로 옮겨지고 부산 多大浦 앞바다의 배 안에 구금되어 일본으로 보내지려 할 때, 명나라의 사신 沈惟敬과 왜장 小西行長과의 사이에 화의가 성립되어 1593년 8월 풀려났다. 성격이 나빠 사람을 함부로 죽이고 재물을 약탈하는 등 불법을 저질러 兩司의 탄핵을 받았고, 1601년에는 순화군의 君號까지 박탈당하였으나 사후에 복구되었다.

387 金貴榮(김귀영, 1520~1593): 본관은 尙州, 자는 顯卿, 호는 東園. 1555년 을묘왜변이 일어나자 이조 좌랑으로 도순찰사 李浚慶의 종사관이 되어 光州에 파견되었다가 돌아와 이조정랑이 되었다. 1556년 議政府檢詳, 1558년 弘文館典翰 등을 거쳐, 그 뒤 漢城府右尹·춘천 부사를 지냈고, 대사간·대사헌·부제학 등을 번갈아 역임하였다. 선조 즉위 후 도승지·예조 판서를 역임하고, 병조판서로서 지춘추관사를 겸하였으며, 1581년 우의정에 올랐고, 1583년 좌의정이 되었다가 곧 물러나 知中樞府事가 되었다. 1589년에 平難功臣에 녹훈되고 上洛府院

使[390], 皆被虜于北道, 今明將到京城。或云: "邑人作亂, 縛給賊

君에 봉해진 뒤 耆老所에 들어갔으나, 趙憲의 탄핵으로 사직했다. 1592년 임진왜란이 일어나 천도 논의가 있자, 이에 반대하면서 서울을 지켜 명나라의 원조를 기다리자고 주장하였다. 결국 천도가 결정되자 尹卓然과 함께 臨海君을 모시고 함경도로 피난했다가, 회령에서 鞠景仁의 반란으로 임해군·順和君과 함께 왜장 加藤清正의 포로가 되었다. 이에 임해군을 보호하지 못한 책임으로 관직을 삭탈 당했다. 이어 다시 加藤清正의 강요에 의해 강화를 요구하는 글을 받기 위해 풀려나 行在所에 갔다가, 사헌부·사간원의 탄핵으로 推鞫당해 회천으로 유배 가던 중 중도에서 죽었다.

388 黃廷彧(황정욱, 1532~1607): 본관은 長水, 자는 景文, 호는 芝川. 1592년 임진왜란이 일어나자 號召使가 되어 왕자 順和君을 陪從, 강원도에서 의병을 모으는 격문을 8도에 돌렸고, 왜군의 진격으로 會寧에 들어갔다가 모반자 鞠景仁에 의해 임해군·순화군 두 왕자와 함께 安邊 토굴에 감금되었다. 이때 왜장 加藤清正으로부터 선조에게 항복 권유의 상소문을 쓰라고 강요받고 이를 거부하였으나, 왕자를 죽인다는 위협에 아들 赫이 대필하였다. 이에 그는 항복을 권유하는 내용이 거짓임을 밝히는 또 한 장의 글을 썼으나, 體察使의 농간으로 아들의 글만이 보내져 뜻을 이루지 못하고 이듬해 부산에서 풀려나온 뒤 앞서의 항복 권유문 때문에 東人들의 탄핵을 받고 吉州에 유배되고, 1597년 석방되었으나 復官되지 못한 채 죽었다.

389 黃赫(황혁, 1551~1612): 본관은 長水, 자는 晦之, 호는 獨石. 순화군의 장인이다. 임진왜란이 일어나자 護軍에 기용되어 부친 黃廷彧과 함께 사위인 順和君을 따라 강원도를 거쳐 會寧에 이르러, 모반자 鞠景仁에게 잡혀 왜군에게 인질로 넘겨졌다. 安邊의 토굴에 감금 중 적장 加藤清正으로부터 선조에게 항복 권유문을 올리라는 강요에 못 이겨 부친을 대신하여 썼다. 이를 안 황정욱이 본의가 아니며 내용이 거짓임을 밝힌 별도의 글을 올렸으나 체찰사가 가로채 전달되지 않았다. 1593년 부산에서 왕자들과 함께 송환된 후 앞서의 항복 권유문으로 東人에 의해 탄핵, 理山에 유배되었다가 다시 信川에 이배되었다.

390 南北兵使(남북병사): 남병사 李渾과 북병사 韓克誠을 가리킴. 韓克誠(?~1593)은 慶源府使를 거쳐, 1592년 임진왜란 때 함경북도 병마절도사로 海汀倉에서 가토(加藤清正)의 군사와 싸웠다. 이때 전세가 불리해지자 臨海君과 順和君 두 왕자를 놓아둔 채 단신으로 오랑캐 마을 西水羅로 도주하였다가, 도리어 그들에

倭." 或云: "邑人指示, 被虜."云。咸鏡一道, 已爲叛賊之鄕, 不勝驚痛, 未知賊謀, 何以爲之。

10월 2일

연안성(延安城)에 머물렀다.

이 고을 사람들이 의주(義州)에서 돌아왔는데, 한언오(韓彦悟: 이정암의 둘째매부 韓詷)의 편지를 받아 보니 이달 18일 행재소에 이미 도달했다고 하였다.

初二日。

留延城。本府人, 自義州還, 得韓彦悟書, 今月十八日, 已達于行在所云。

10월 3일

연안성(延安城)에 머물렀다.

해주(海州)에 사는 정사과(鄭司果: 이정암의 고종4촌 鄭霽)의 형씨(兄氏: 이정암의 고종4촌 鄭霳) 및 그의 아들 정응상(鄭應祥) · 정응룡(鄭應

게 붙들려 경원부로 호송, 가토의 포로가 되었다. 앞서 포로가 된 두 왕자 및 그들을 호행하였던 대신 金貴榮·黃廷彧 등과 다시 안변으로 호송되었다가 이듬해 4월 일본군이 서울을 철수할 때 허술한 틈을 타서 단신으로 탈출, 高彦伯의 軍陣으로 돌아왔으나 처형당하였다.

龍) · 그의 사위 강응진(姜應禛)이 찾아와서 만났다.

소모관(召募官) 허행차(許行次)라고 불리는 사람이 교동(喬桐)으로부터 와서 도착했고 이윤정(李潤禎) · 권호(權護) 등이 수행해서 왔는데, 허행차의 행실이 심히 어리석고 경망스러워서 다시 들으니 바로 나와 같은 해에 급제한 허시우(許時羽)의 아들이었다.

初三日。

留延城。海州鄭司果[391]兄氏及其子應祥 · 應龍 · 其婿姜應禛來見。召募官許行次稱名人, 自喬桐來到, 李潤禎 · 權護等隨來, 許之行事, 甚爲愚妄, 復聞之, 乃吾同年許時羽子也。

10월 4일

연안성(延安城)에 머물렀다.

정사과(鄭司果: 이정암의 고종4촌 鄭霽)의 일행이 해주(海州)로 돌아갔으나 단지 정응룡(鄭應龍)만이 머물며 군관이 되었다. 저녁에 아우 이정분(李延馚: 셋째동생) · 아들 이남(李湳: 둘째아들) · 생원(生員) 김구(金耉: 이정암의 생질서)가 강화(江華)에서 왔는데 그곳의 가솔들이

---

391 鄭司果(정사과): 鄭霽(생몰년 미상)을 가리킴. 본관은 迎日. 거주지는 海州이다. 副司勇을 지냈다. 圃隱 鄭夢周→장남 鄭宗誠→장남 鄭保→장남 鄭允貞→장남 鄭喜→장남 鄭世健→1남 鄭震 · 2남 鄭霖 · 3남 鄭霔 · 4남 鄭霽 · 5남 鄭栢→3남 정담의 1남 鄭應祥 · 2남 鄭應龍 · 3남 鄭應聖이다. 鄭世健(생몰년 미상)이 바로 이정암의 고모부이다. 자는 伯順, 호는 晦亭이다.

아무 탈 없이 잘 지낸다는 소식을 들을 수 있었다.

군관(軍官) 이종성(李宗星)이 강화로부터 조강(祖江)으로 돌아왔는데, 이날 선박들을 모아 호남(湖南)으로 향한다고 하였다. 종사관(從事官) 조종남(趙宗男)이 강음(江陰)에서 돌아왔는데, 그 고을 사람들이 왜적과 내통하려 한다고 하여서 평산(平山) 의병과 화공(火攻)하기로 서로 약속했으나 군사기밀이 미리 새어나가 실행하지 못하고 돌아왔으니 한탄스러웠다.

初四日。

留延城。鄭司果一行, 還海州, 只留應龍爲軍官。夕, 舍弟延紛·子滴·生員金耉, 自江華來, 得平安消息。軍官李宗星, 自江華還祖江, 是日集舟, 向湖南云。從事官趙宗男, 還自江陰, 聞其縣人, 欲爲內應, 與平山義兵, 相約火攻, 軍機先泄, 不果而還, 可嘆。

10월 5일

연안성(延安城)에 머물렀다.

유수(留守: 아우 이정형)가 아무 탈 없이 잘 있다는 편지를 받았다.

初五日。

留延城。得留守平安書。

10월 6일

연안성(延安城)에 머물렀다.

장차 배천(白川)에서 사변이 있을 것 같았는데, 막료(幕僚) 조정견(趙延堅: 趙庭堅의 오기), 별장(別將) 신성(申晟) · 신경창(申慶昌) · 이현(李賢) · 조응세(趙應世) 등이 약속을 받아들이고 갔다. 종사관(從事官) 김암(金巖) 등이 다시 평산(平山)을 향하여 갔다.

初六日。

留延城。將有事于白川, 幕僚趙延堅 · 別將申晟 · 申慶昌 · 李賢 · 趙應世等, 受約束而去。從事官金巖等, 還向平山。

10월 7일

연안성(延安城)에 머물렀다.

初七日。

留延城。

찾아보기

ㄴ

ㄷ

ㄹ

ㅁ

ㅂ

ㅇ

ㅊ

| 영인자료 |

서정일록

西征日錄

『《西征日錄》附 退憂詩』, 1973 再裝, 플러스예감, 2006.

여기서부터는 影印本을 인쇄한 부분으로 맨 뒷 페이지부터 보십시오.

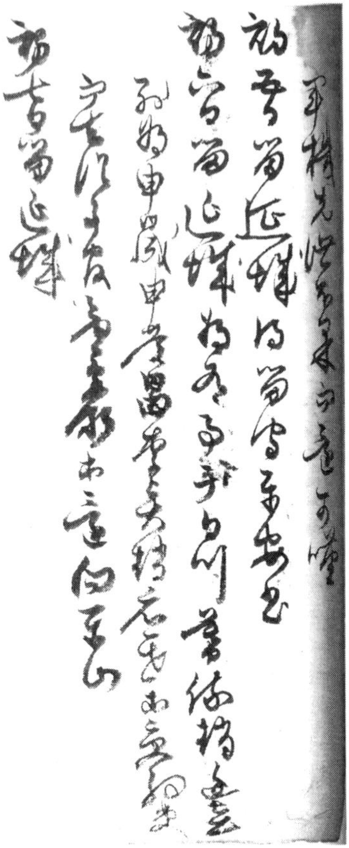

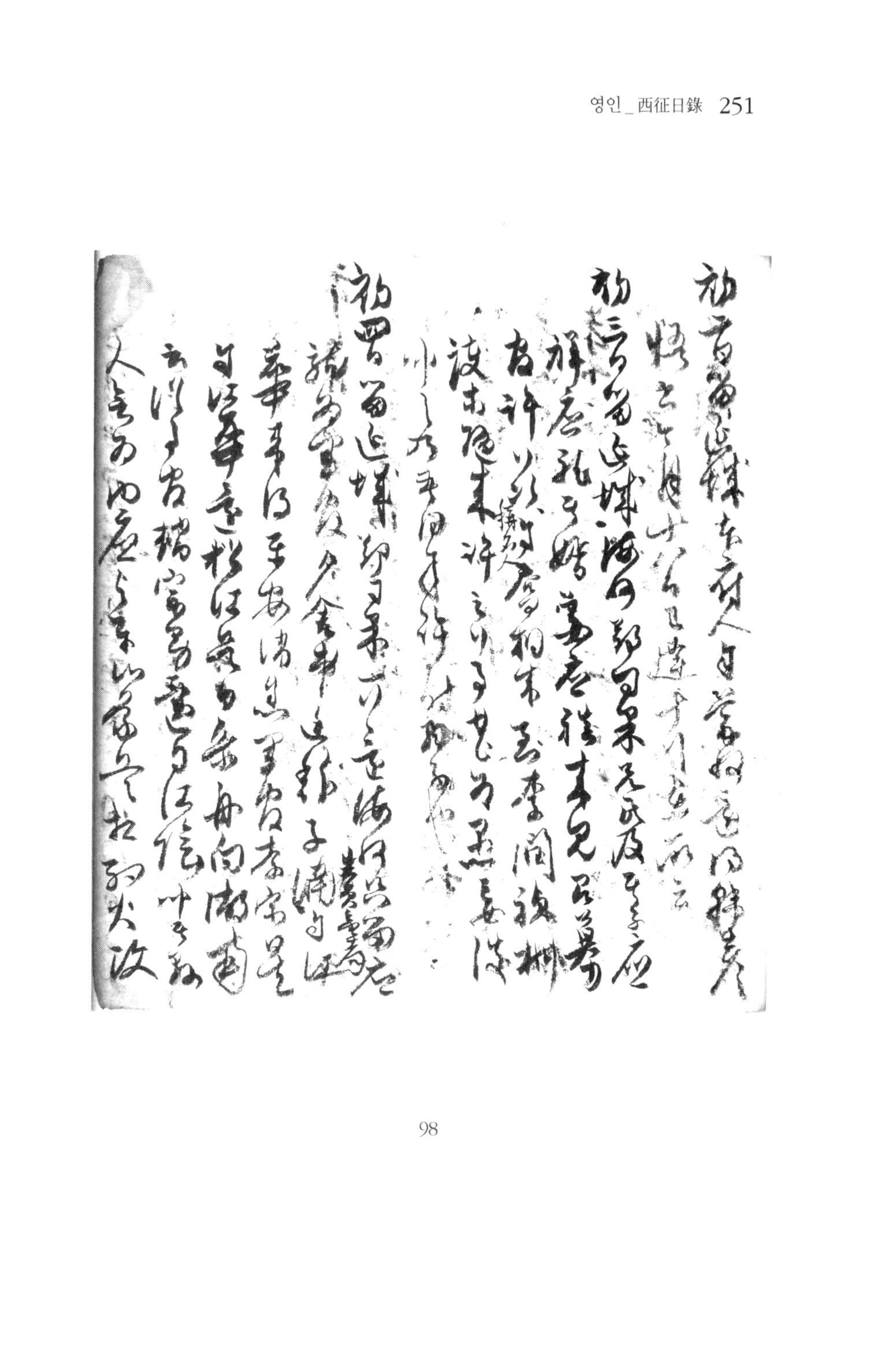

[illegible]

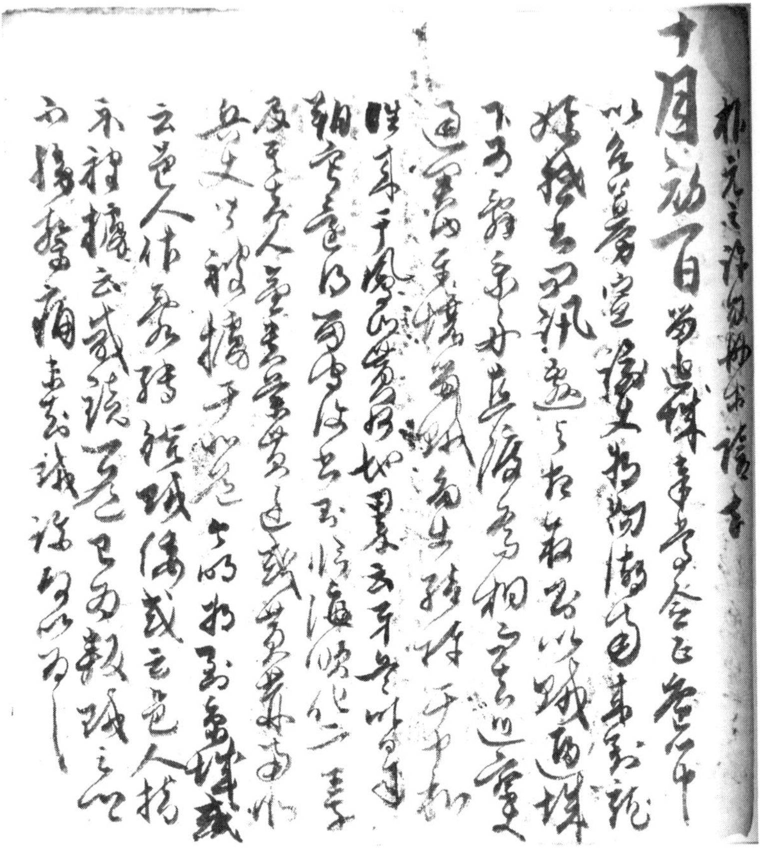

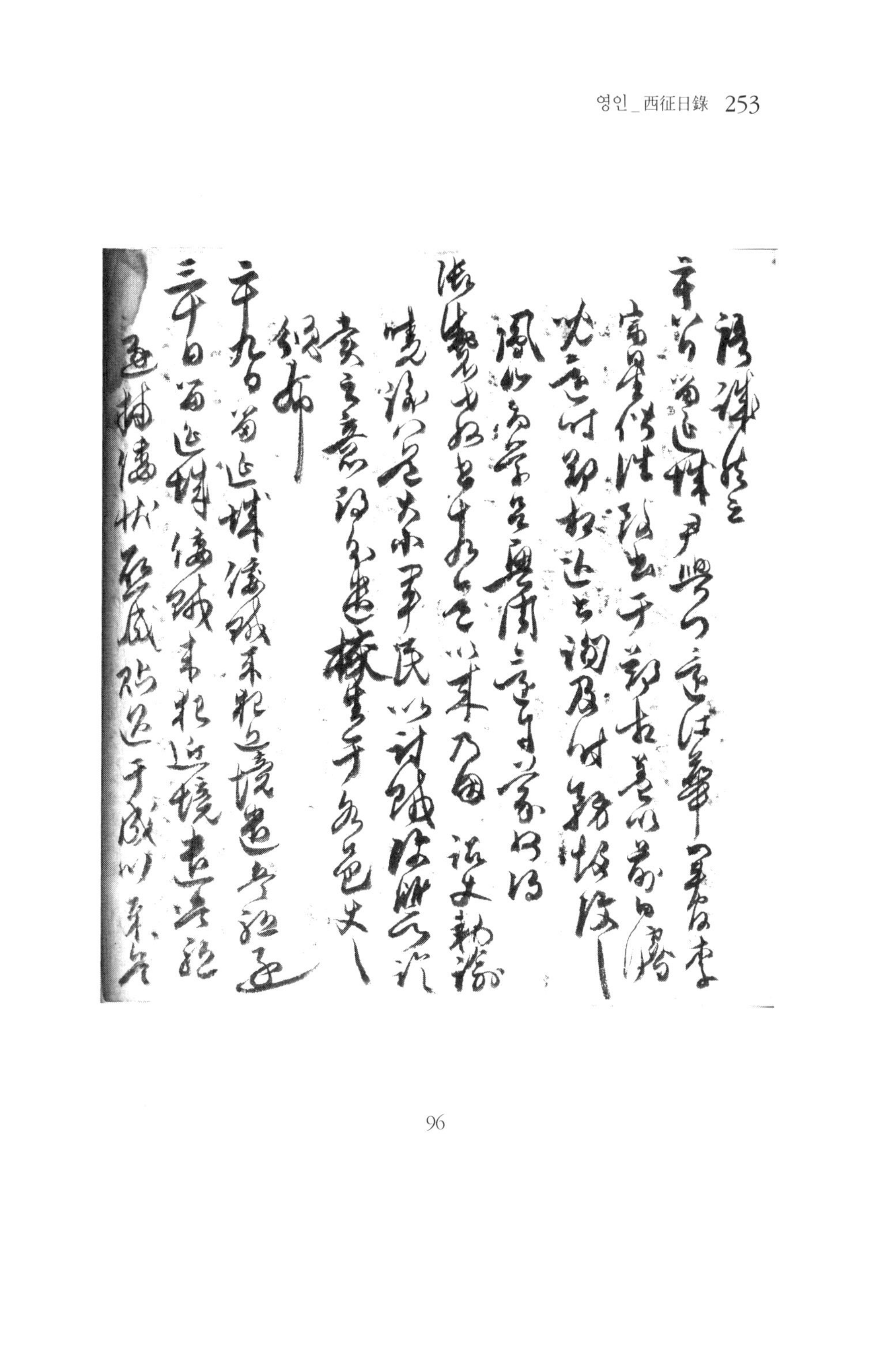

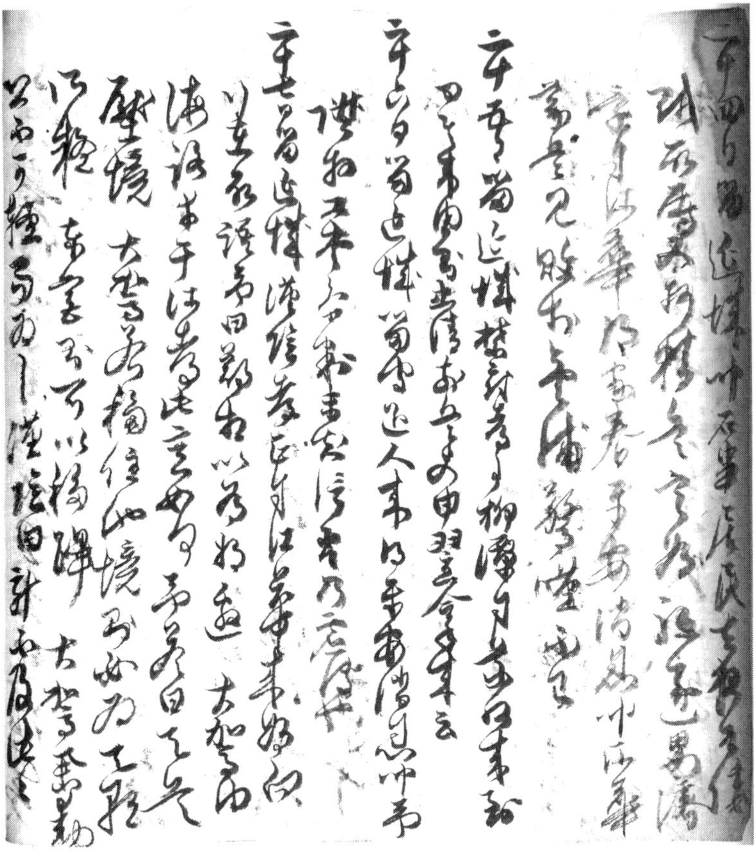

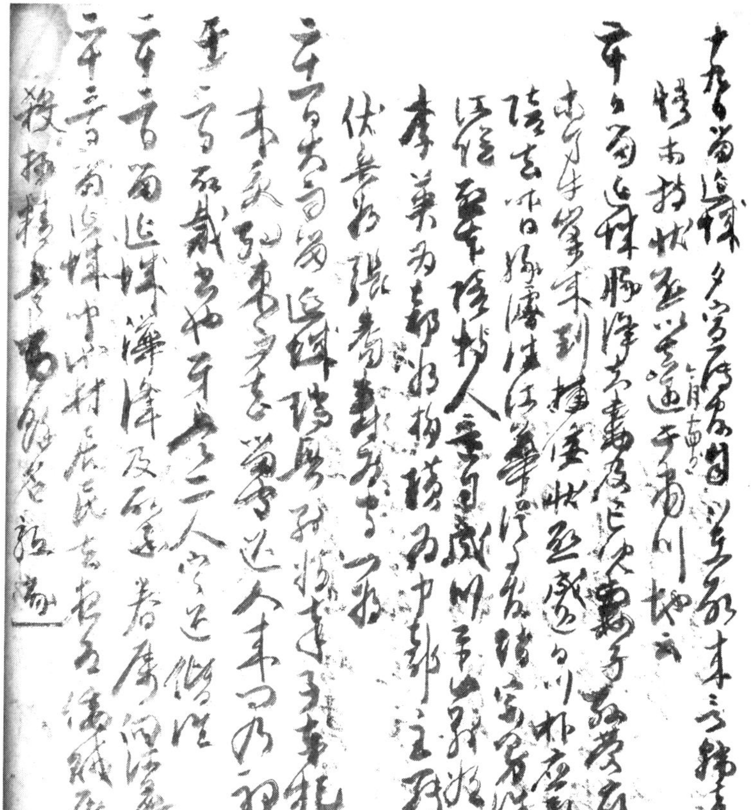

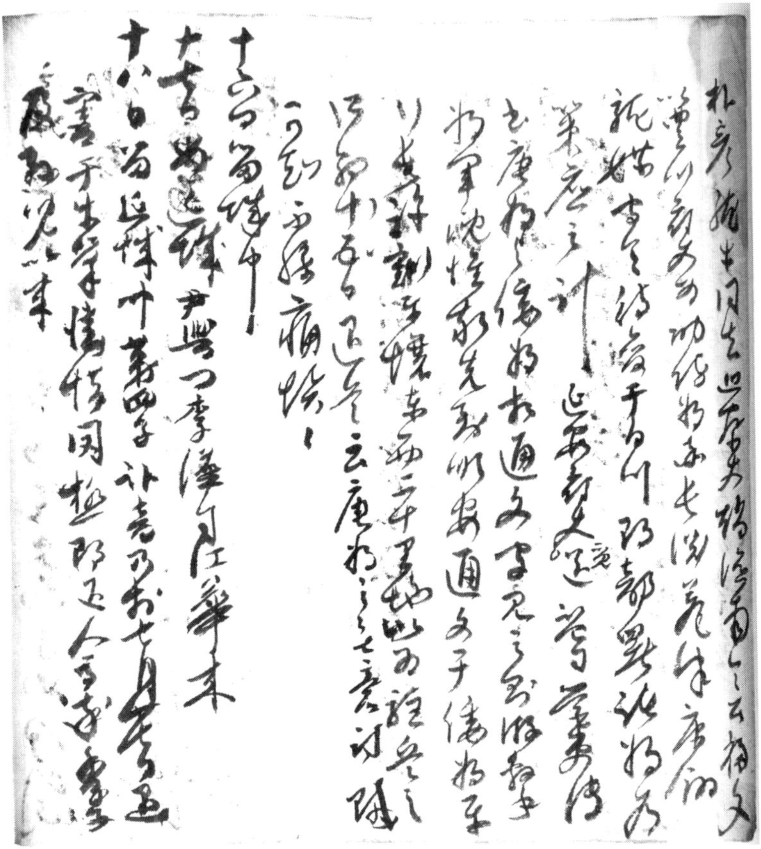

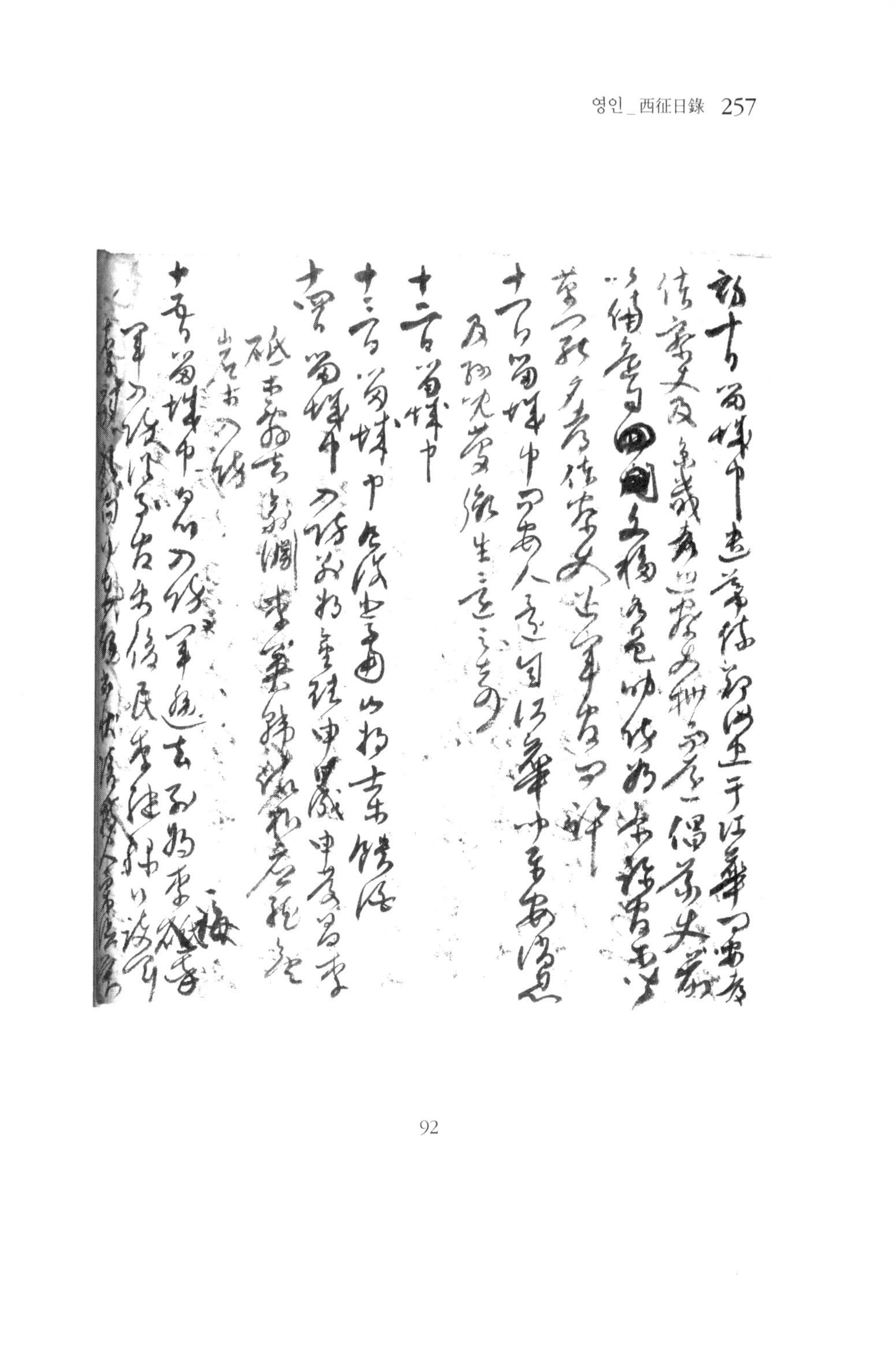

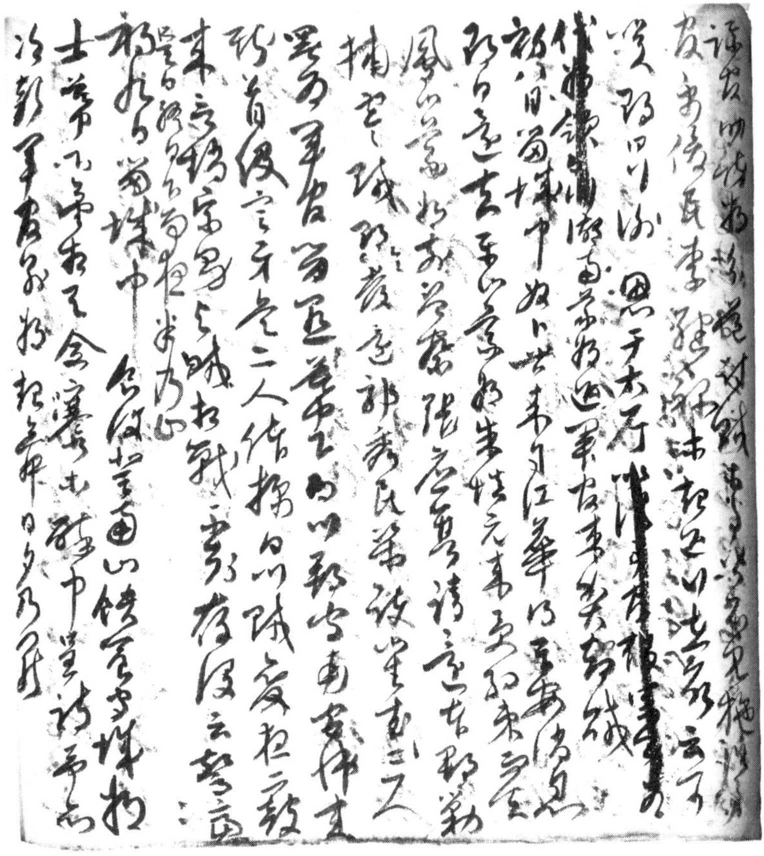

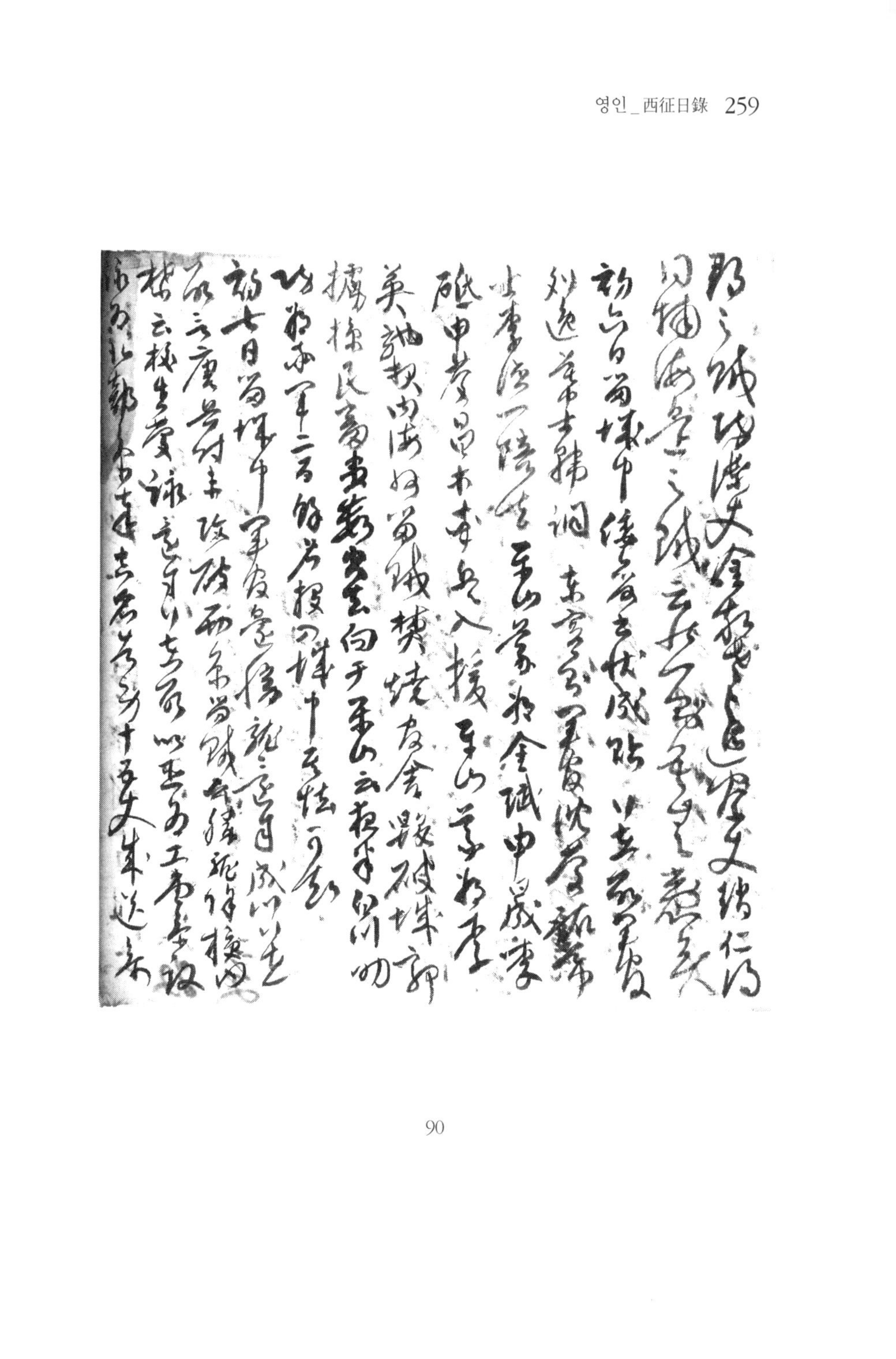

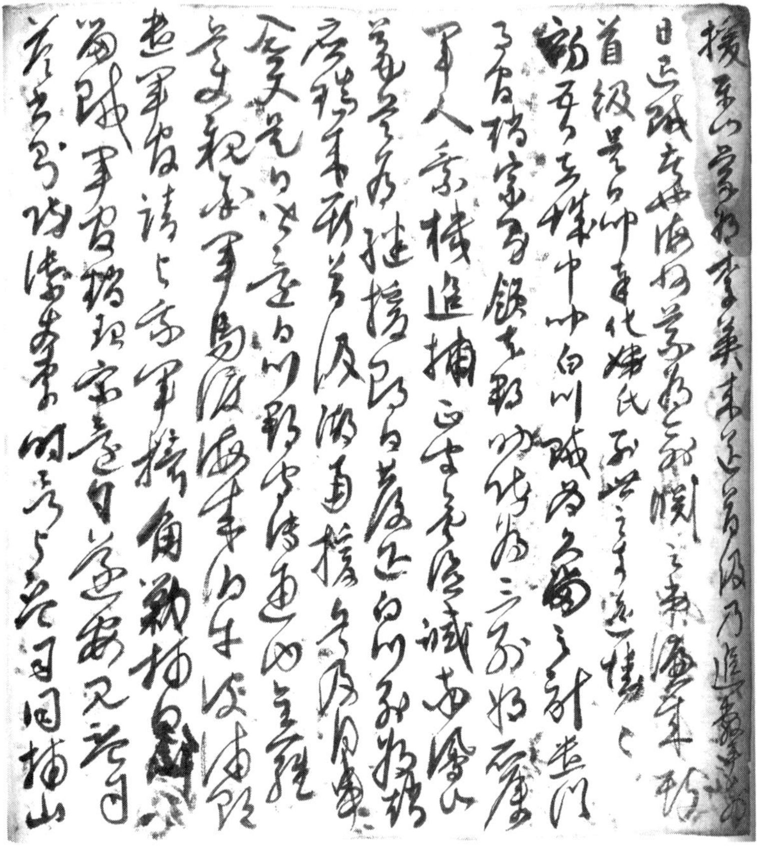

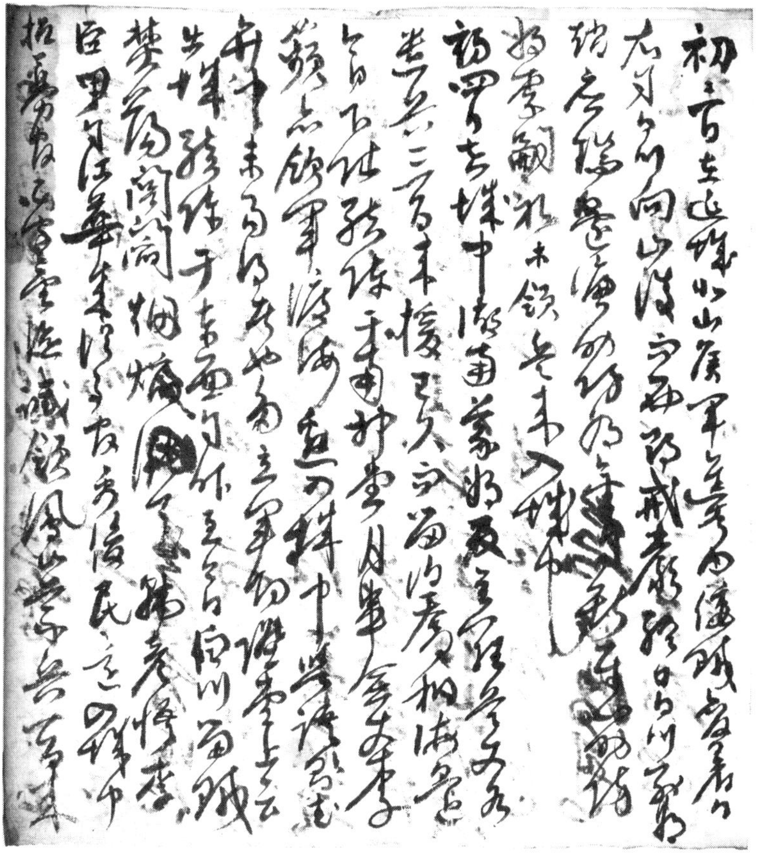

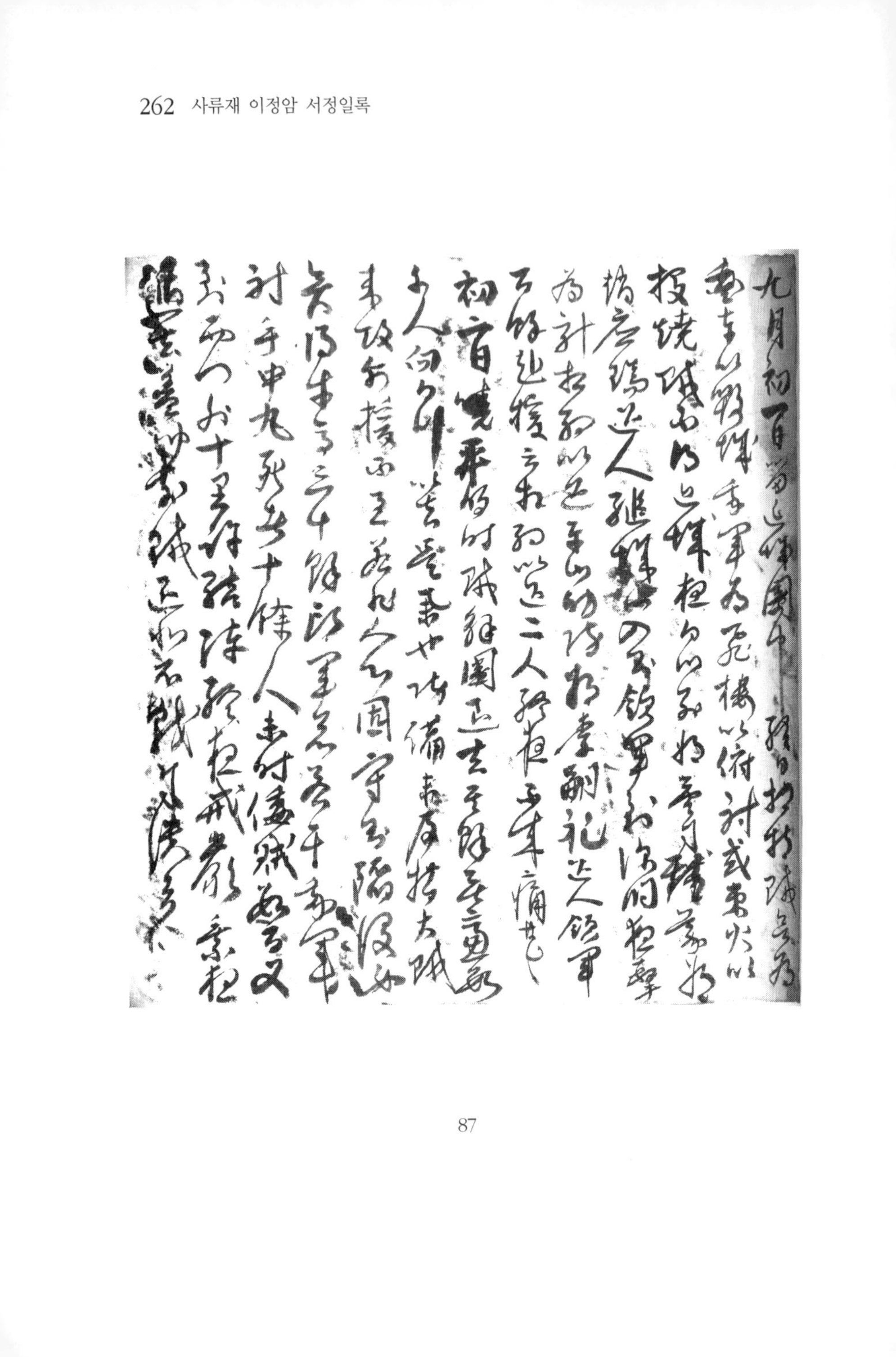

87

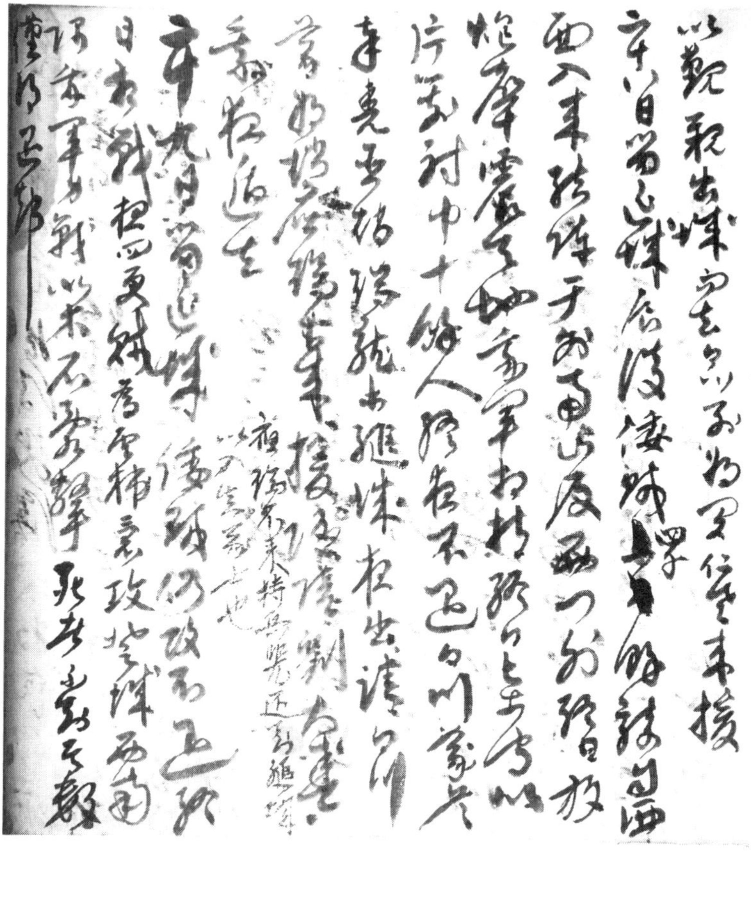

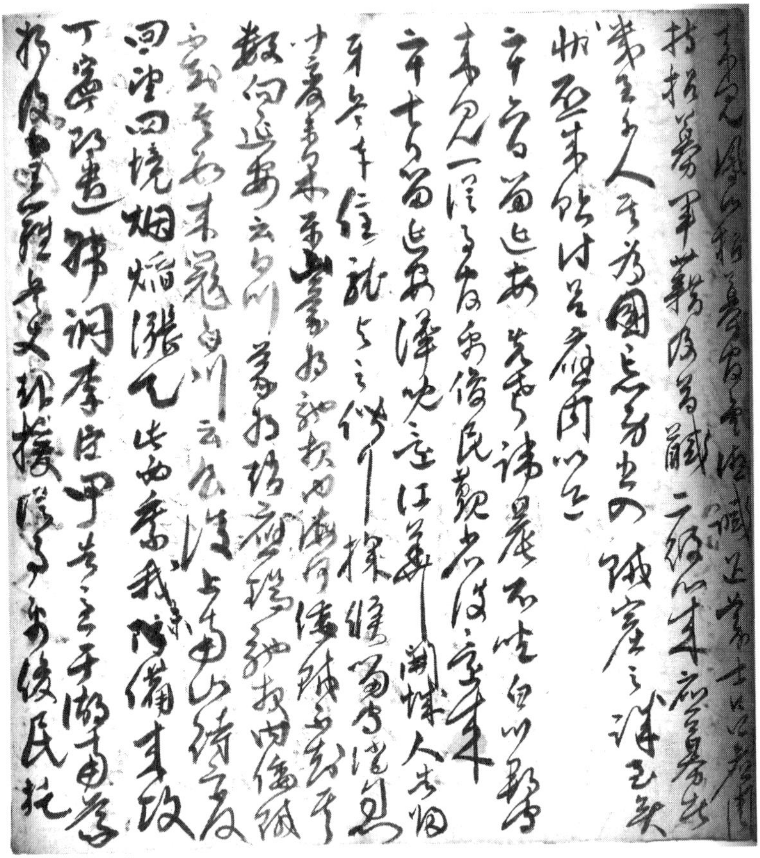

85

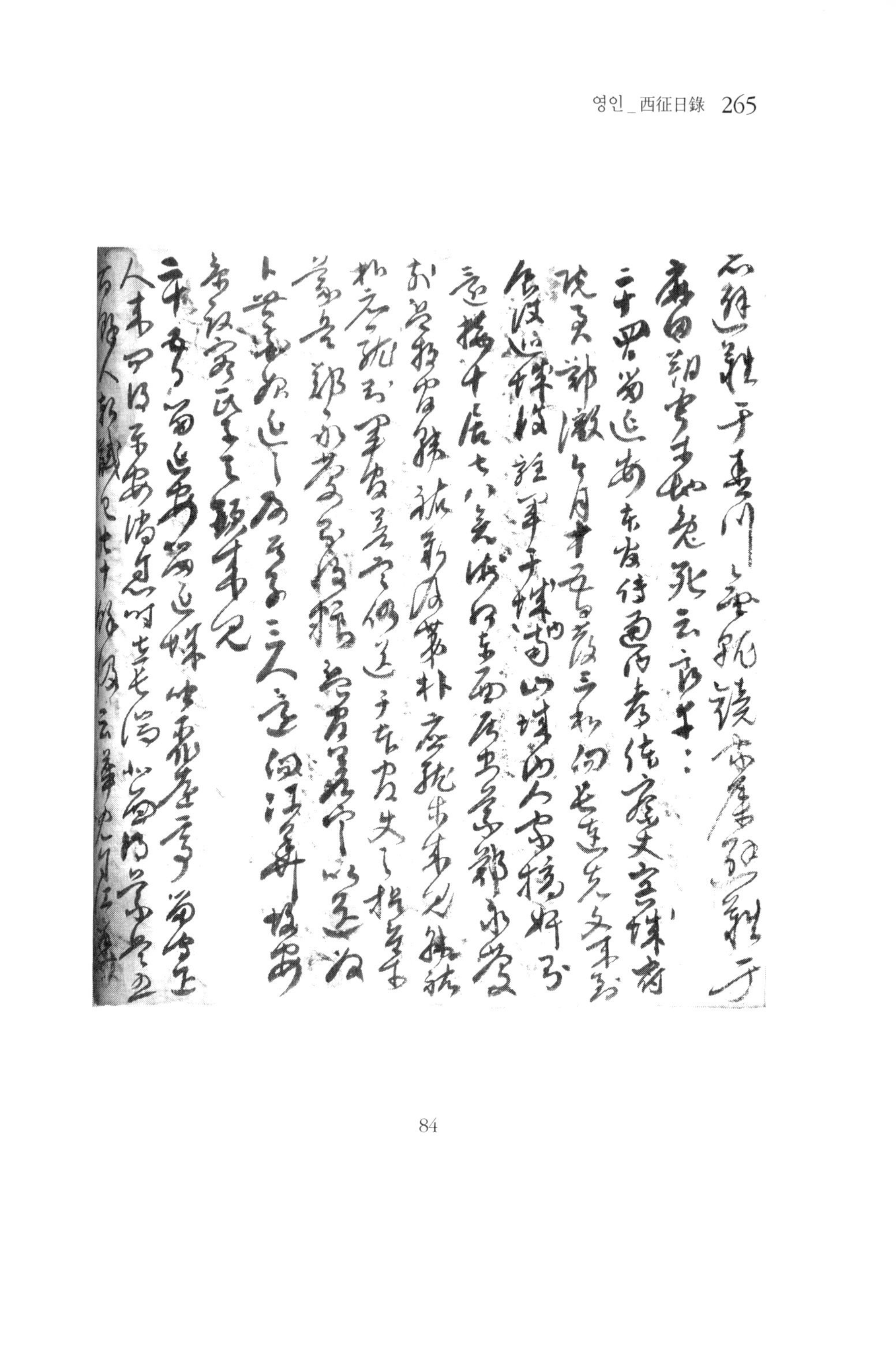

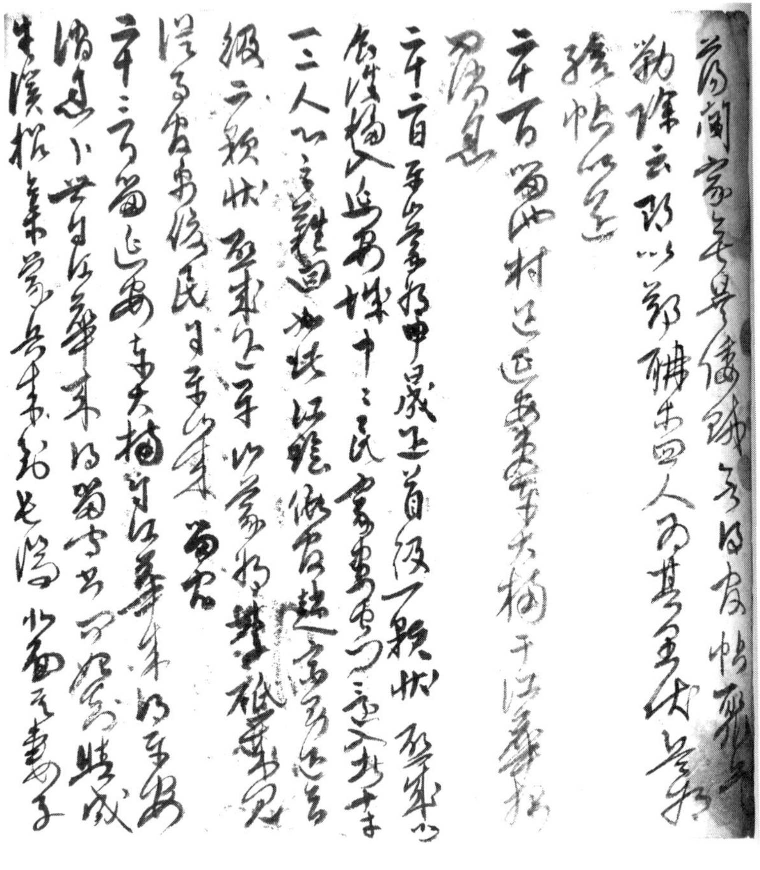

83

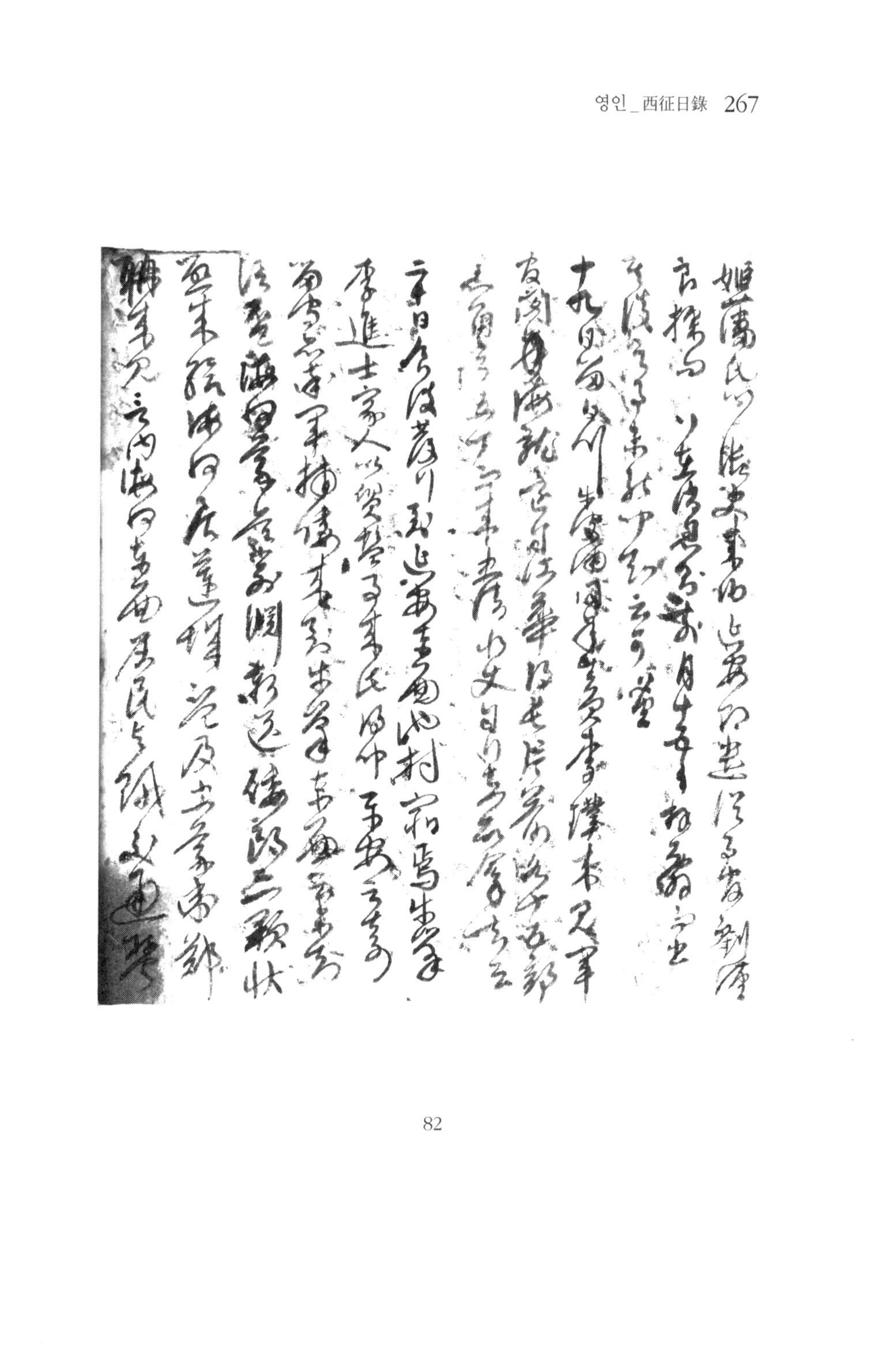

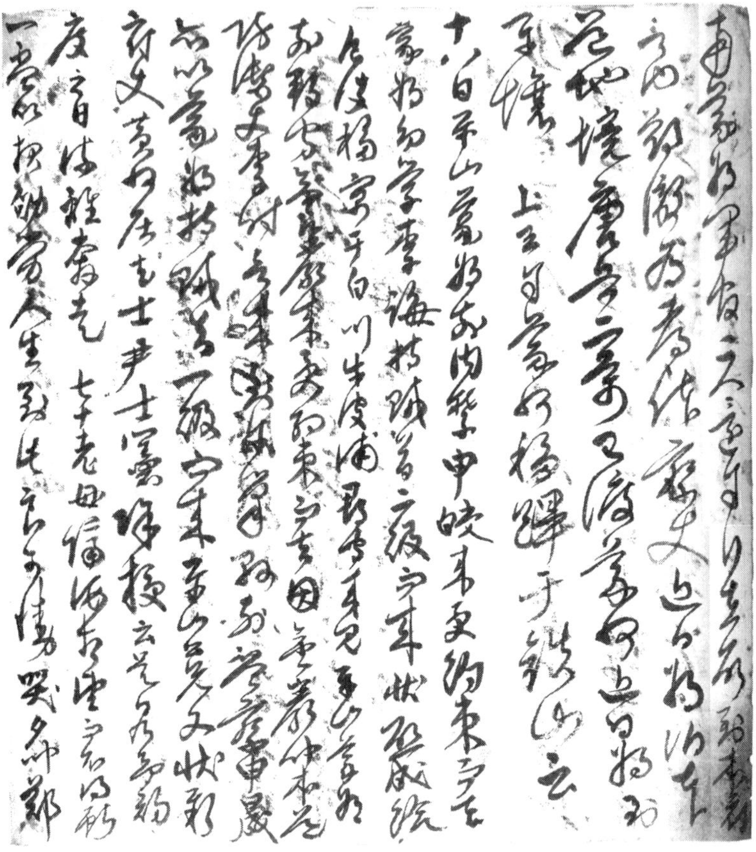

81

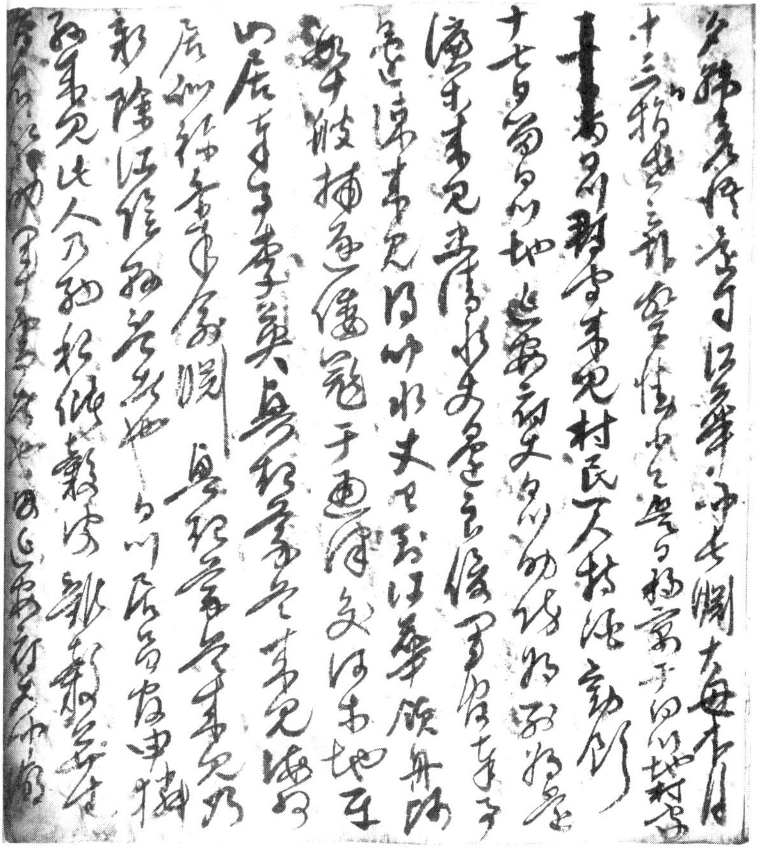

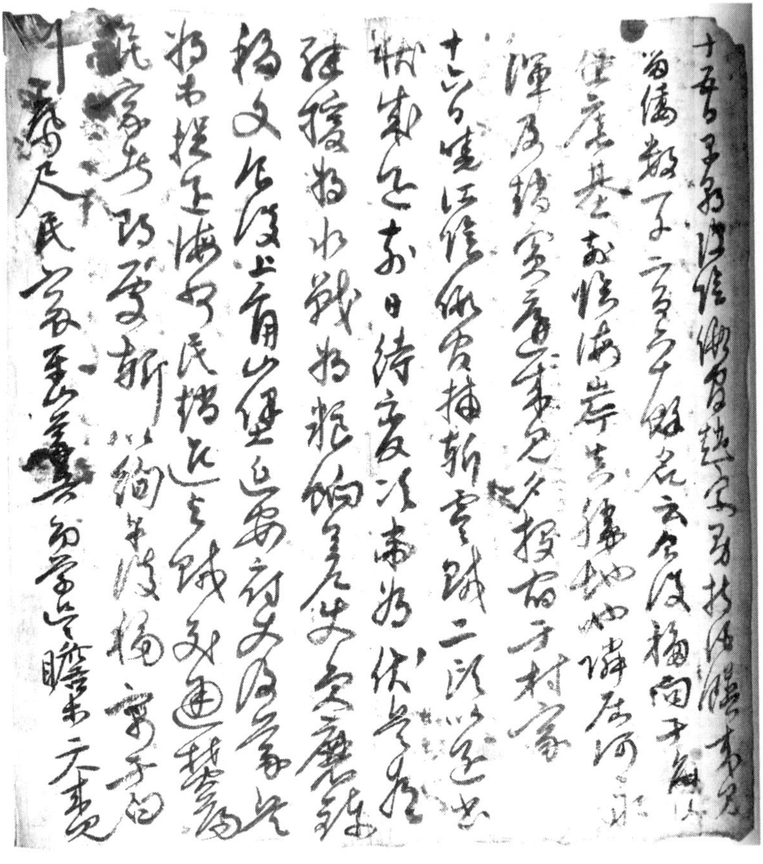

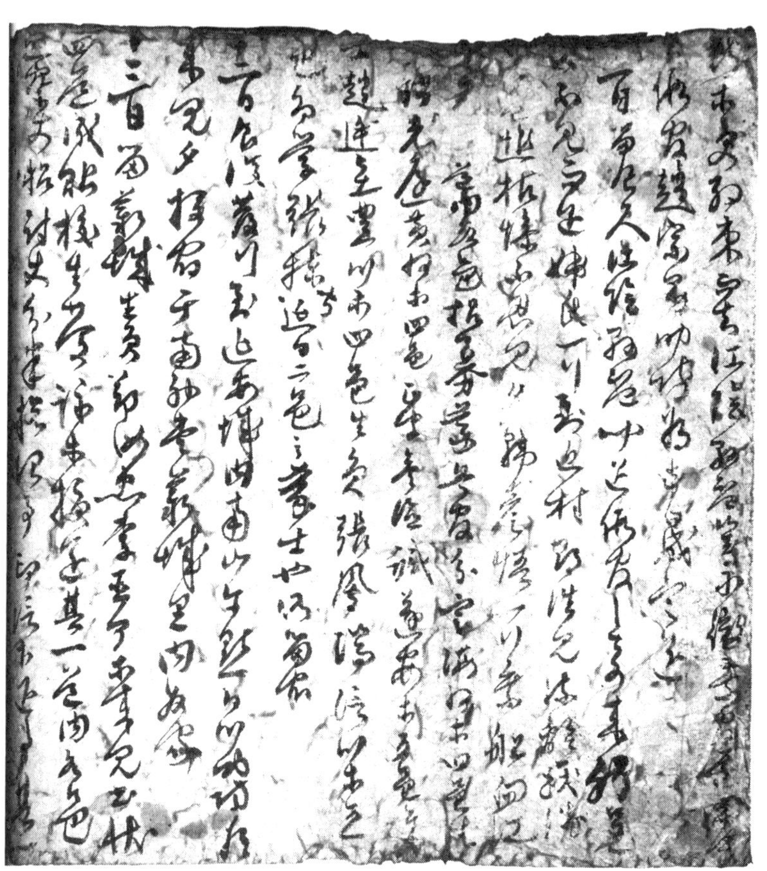

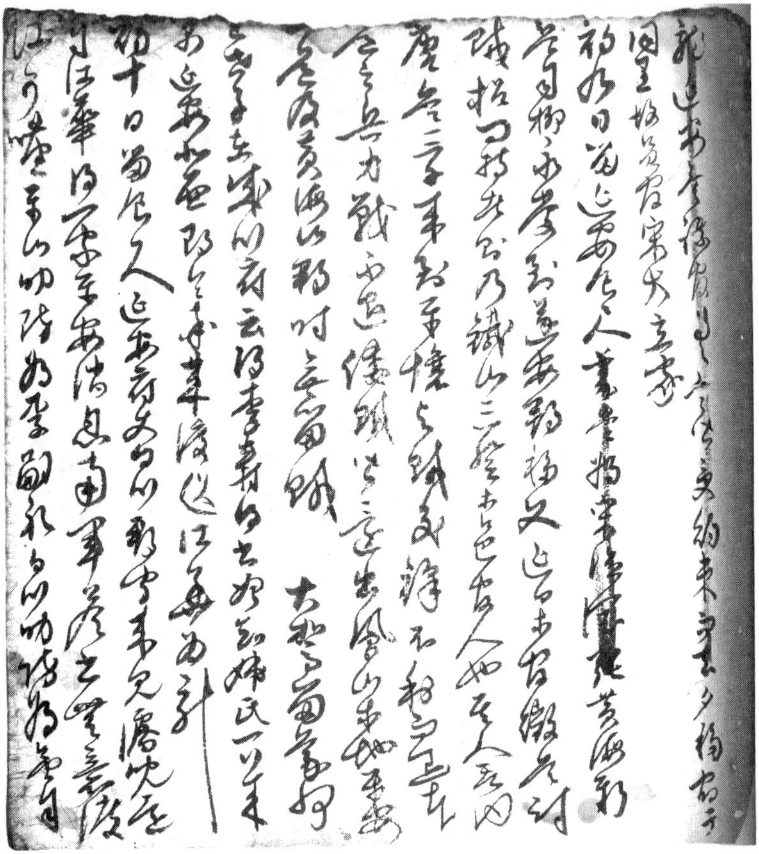

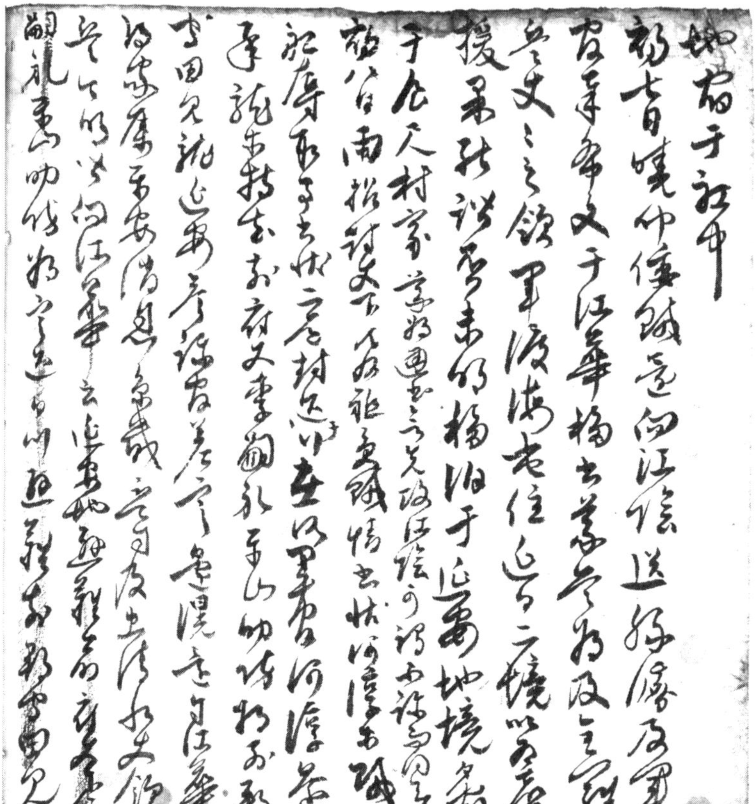

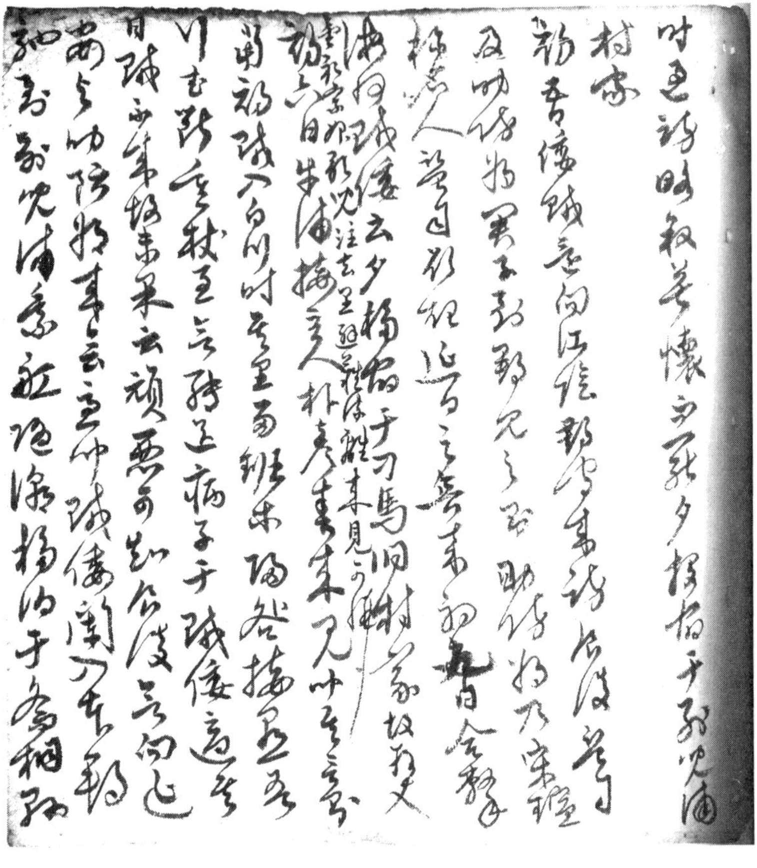

75

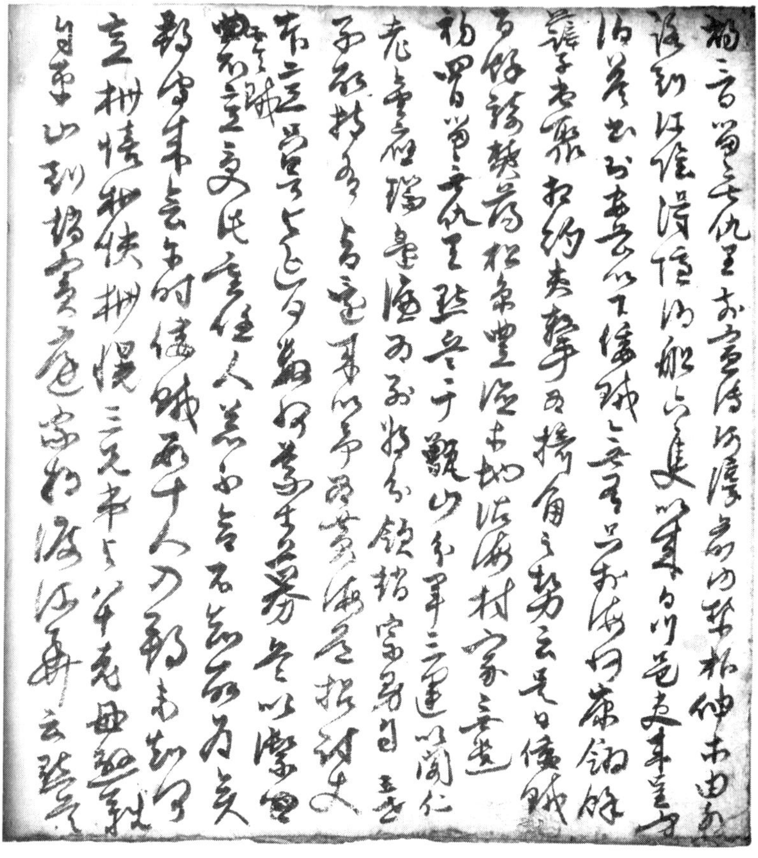

74

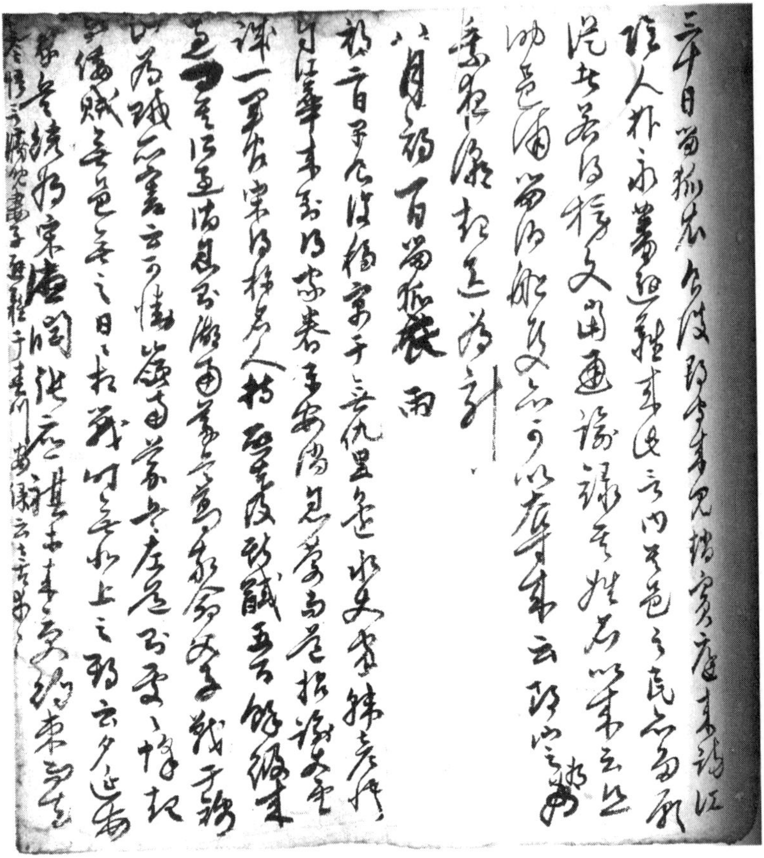

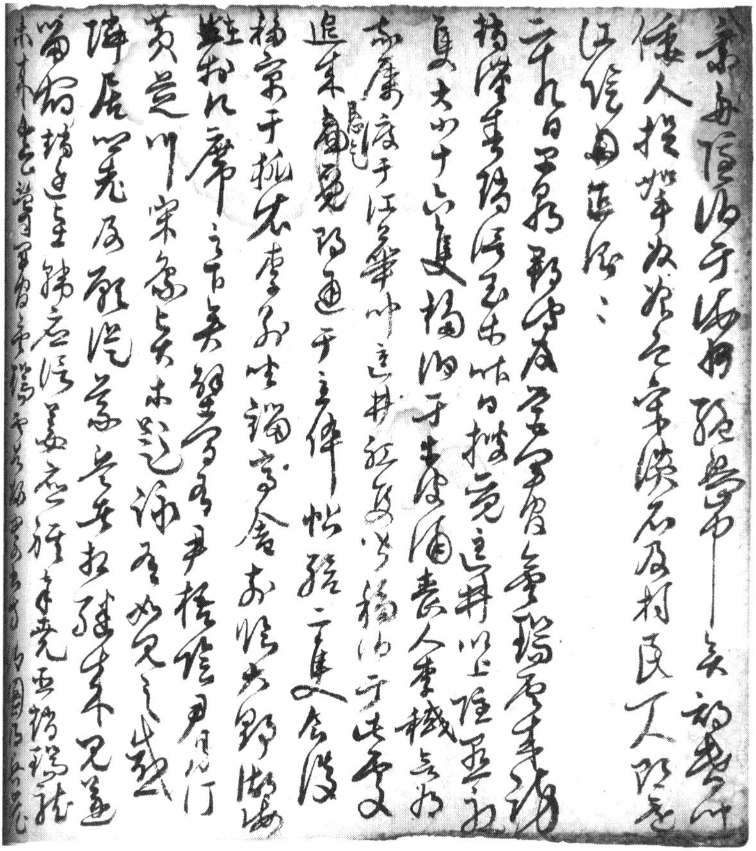

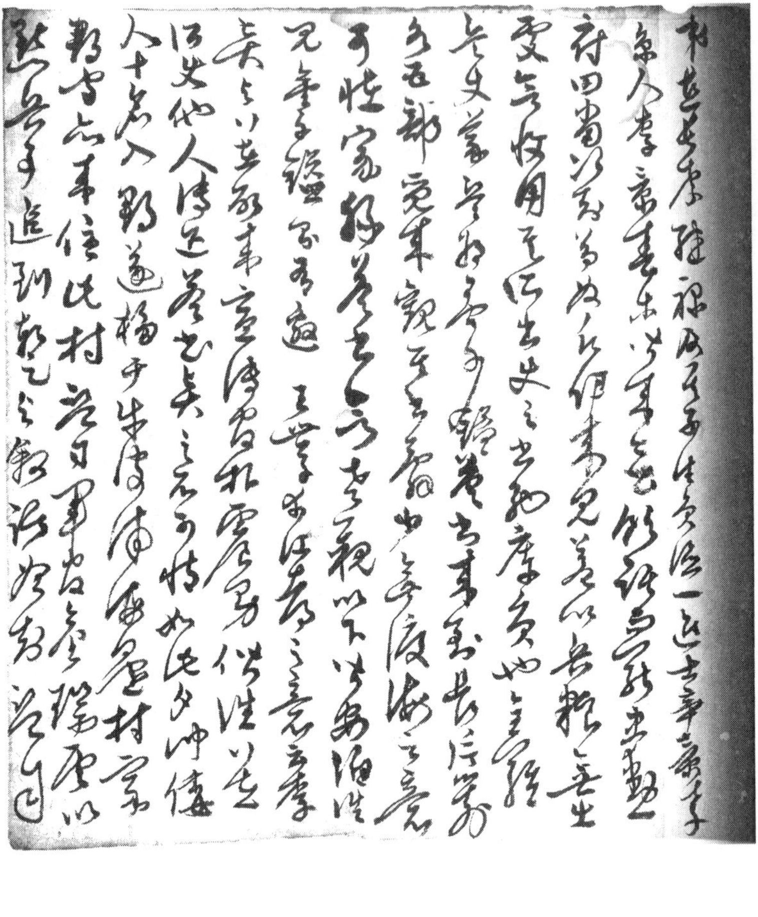

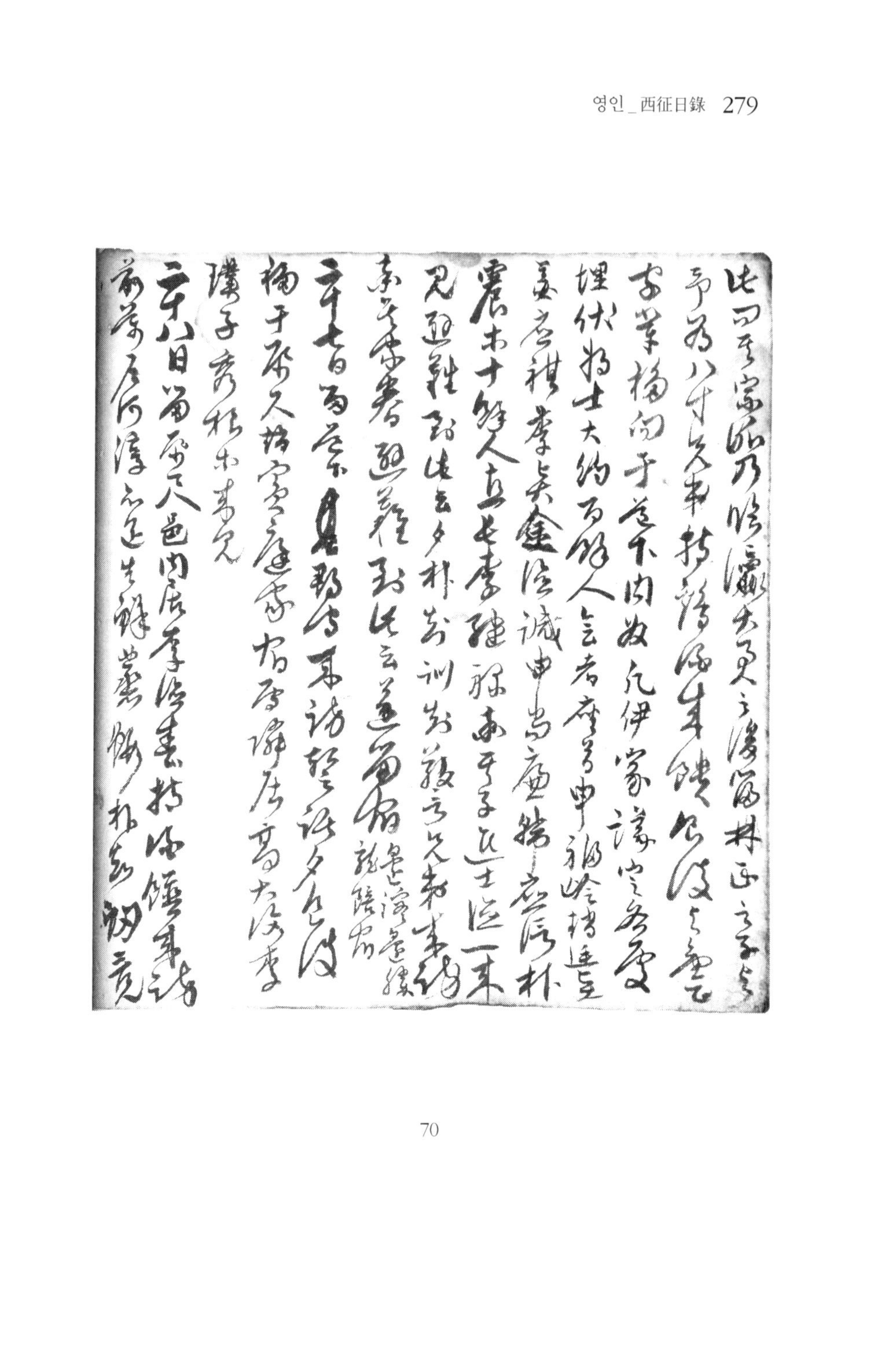

[illegible]

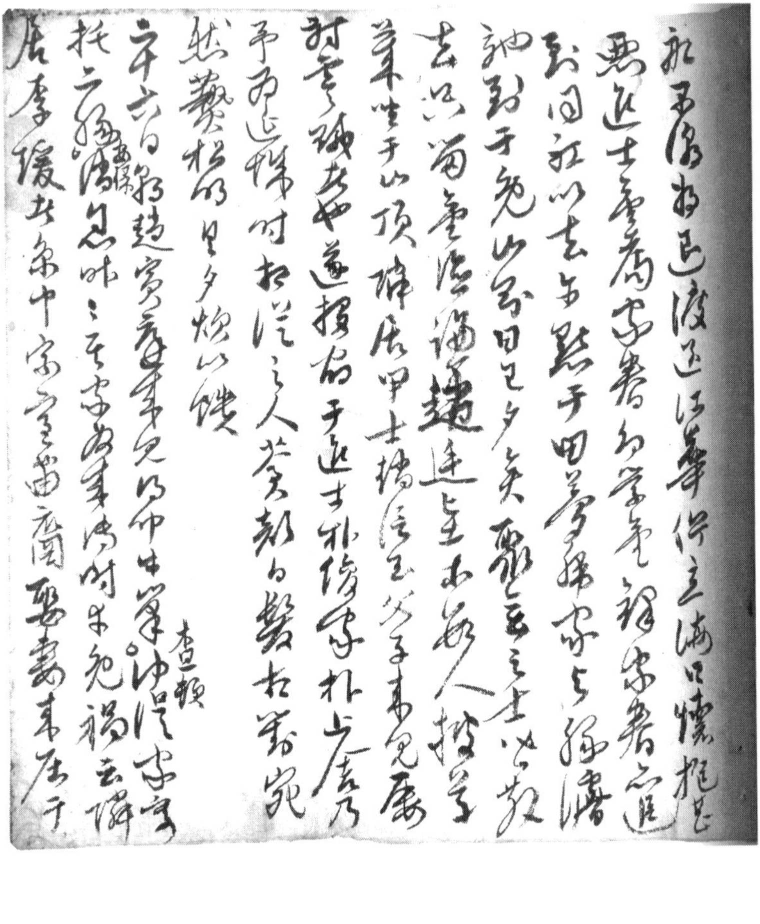

69

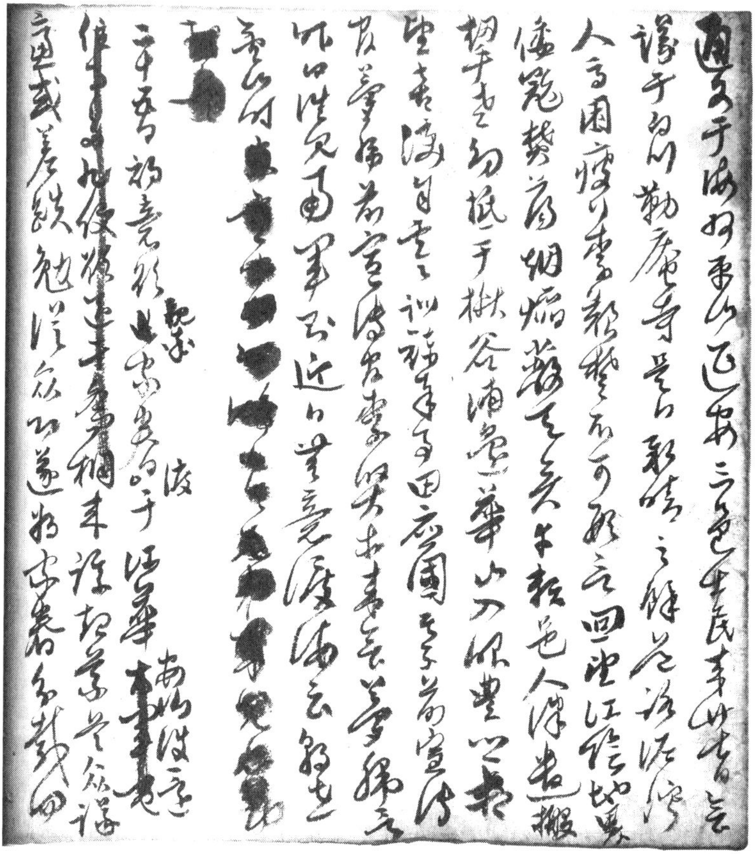

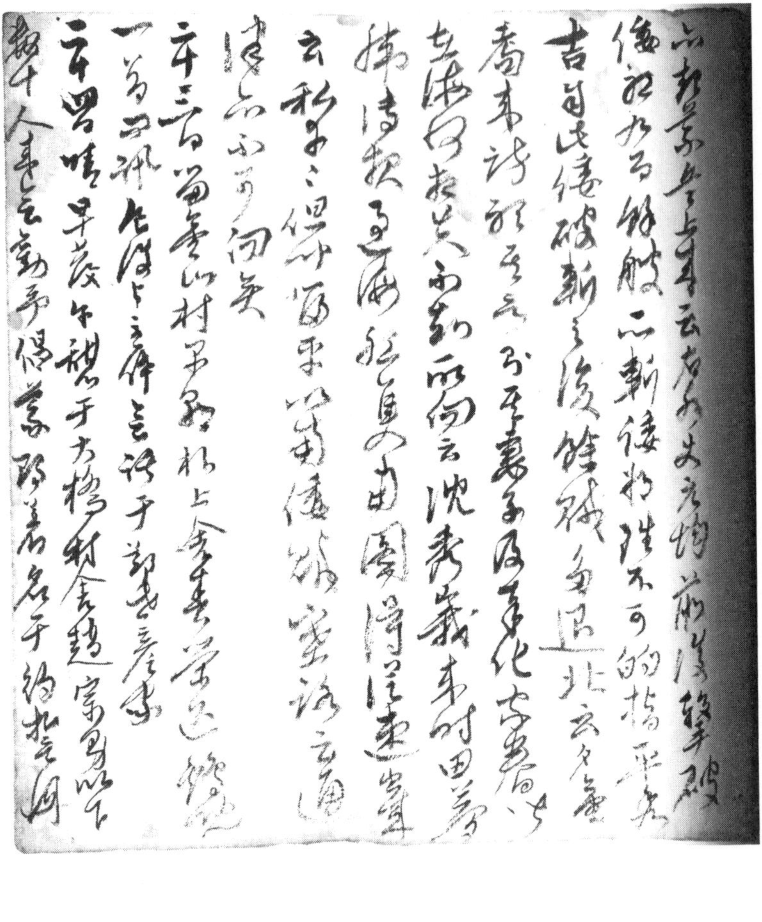

67

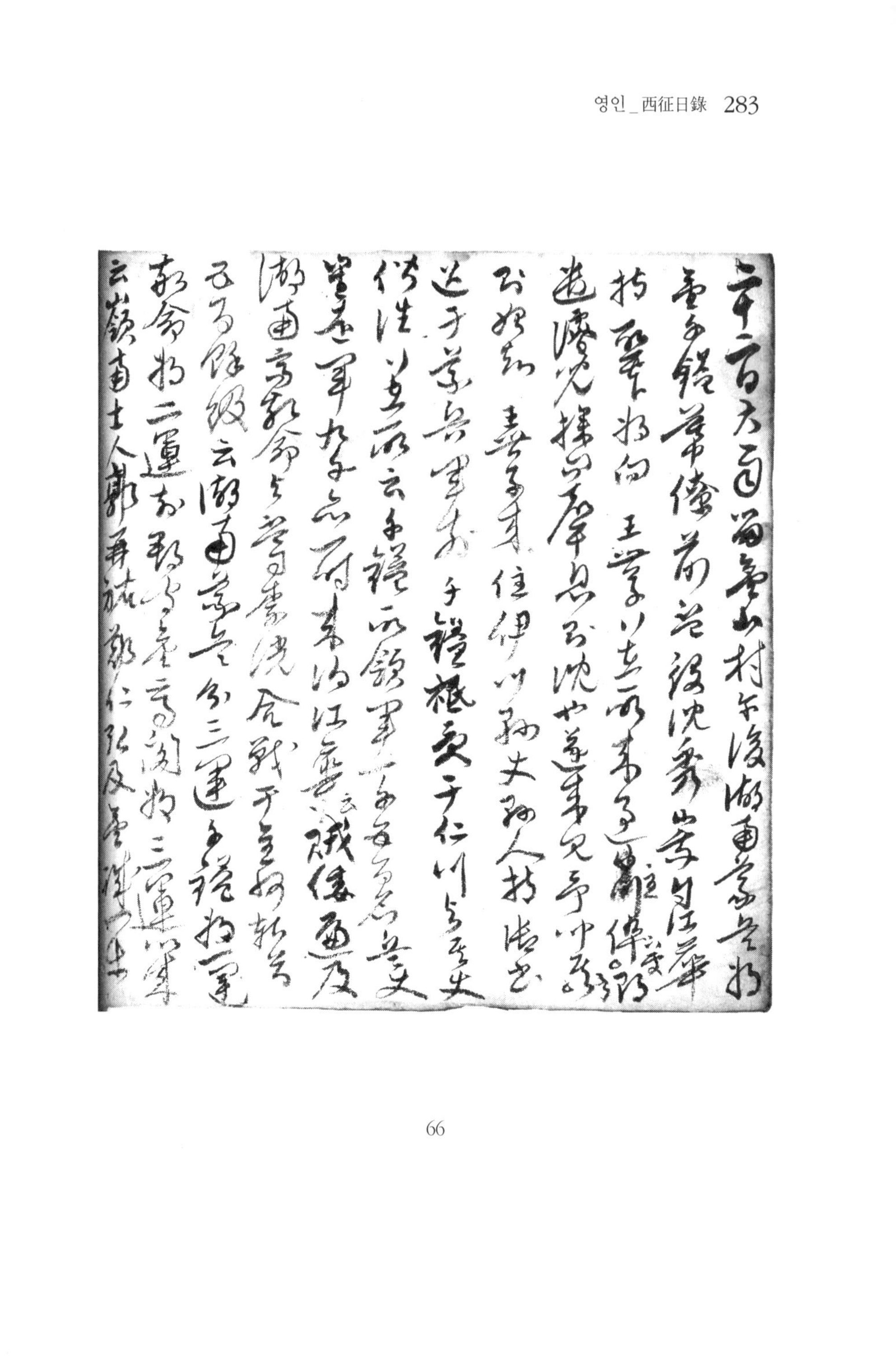

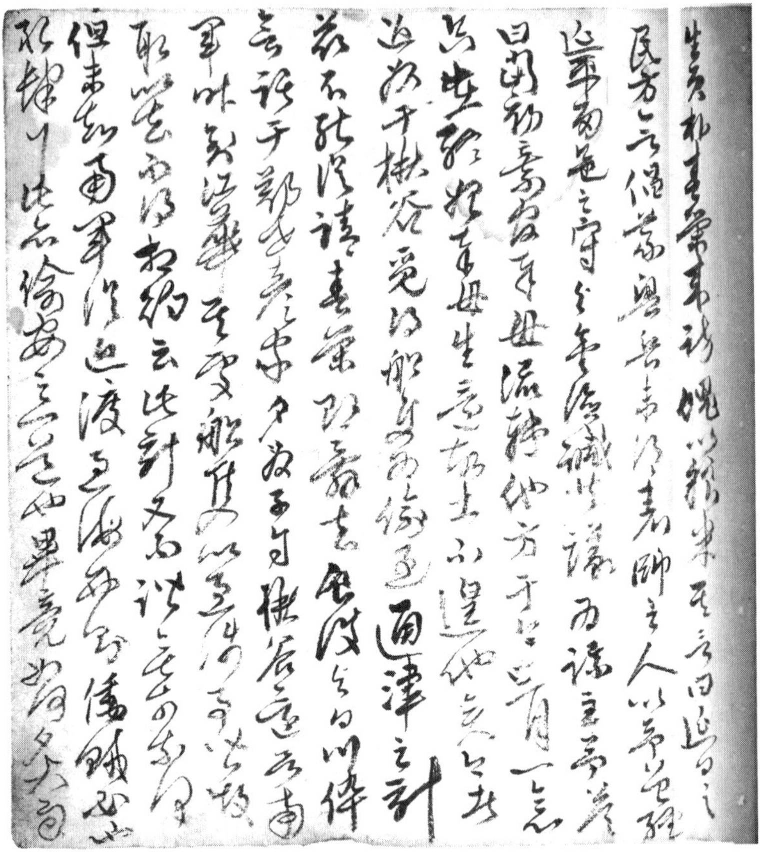

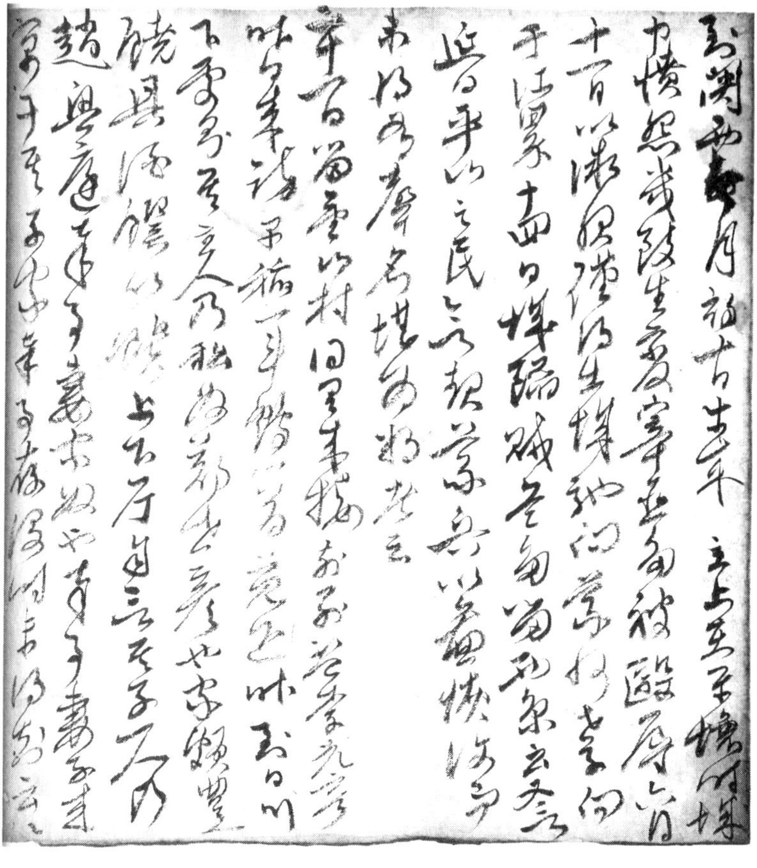

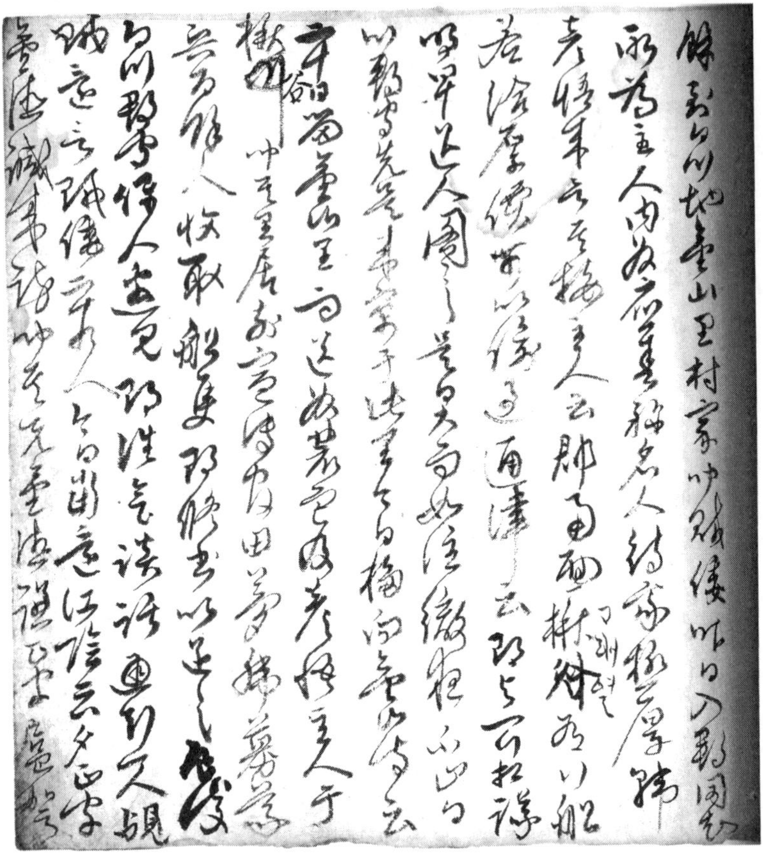

63

于乘船于雲梯島摩尼山前去倭賊陷逸留之
温井明日又將向此處善為待令云來報云[illegible]
十六日留報庵子合陣營高僧陳兵海州境山
烟熖熾也夕倭兵亡于賊錄意向温井云來見
以故因人皆之我軍合定可以搞于此處也矣
昨日則雲梯島也[illegible]而[illegible]連收之來逸人
老弱死者得之將死之[illegible]不一而足問[illegible]
十七日留報庵子
十六日留報庵王迎及揮兵摩尼山于白山[illegible]
者之乘人立鄉伏一應報本之寿遠近其城
倭賊[illegible]返而遂之守人家一以[illegible]富家伏山[illegible]
然不下[illegible]而搞殺之[illegible]
十九日乘月[illegible]行[illegible]里[illegible]藥王[illegible]又二里

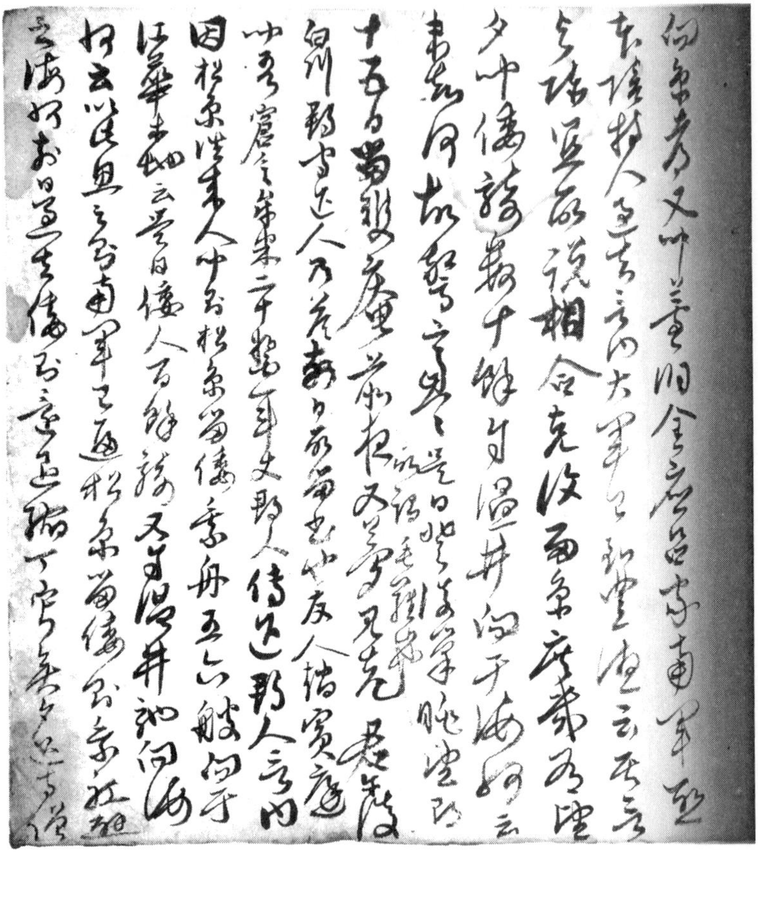

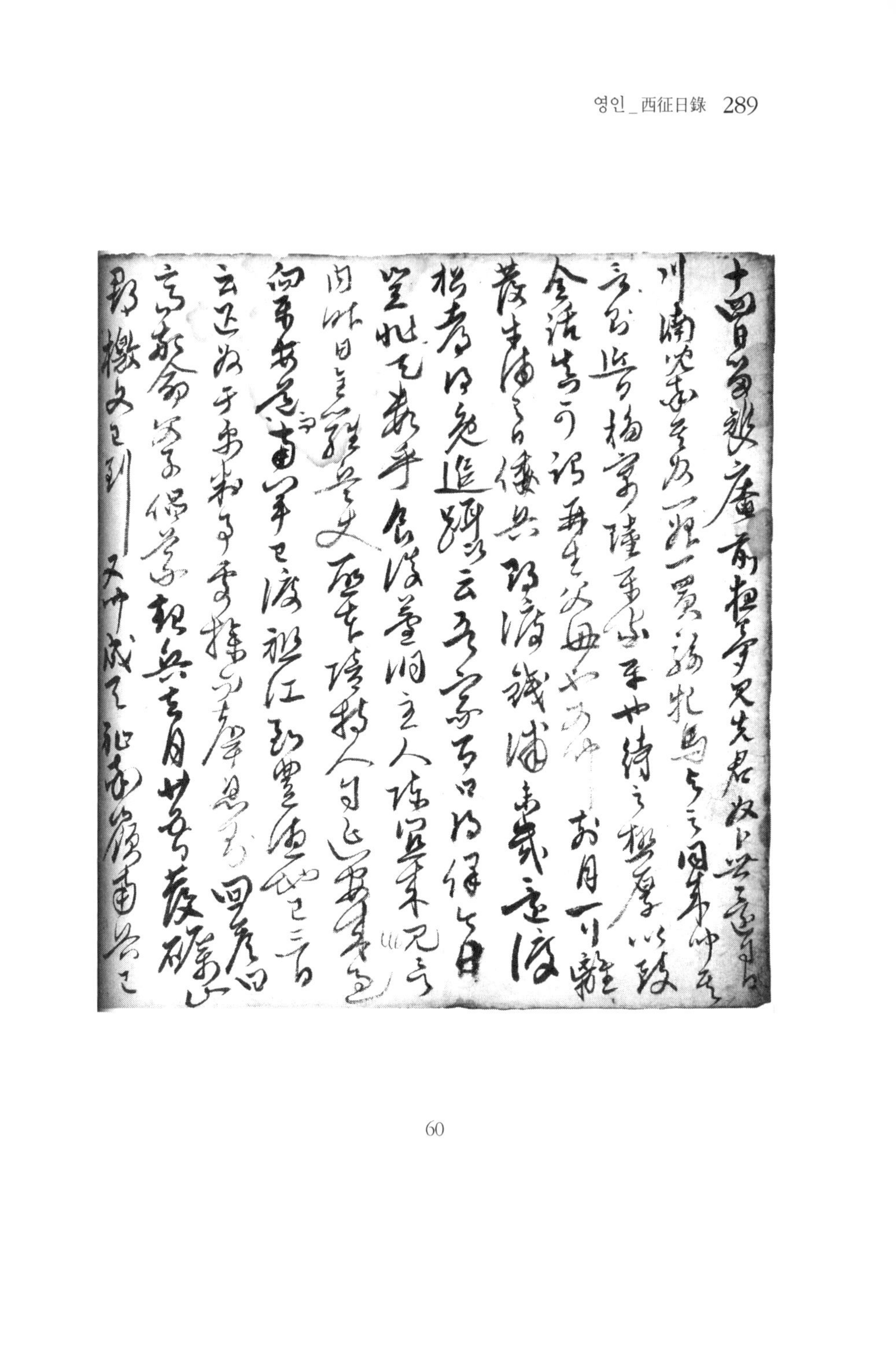

[illegible]

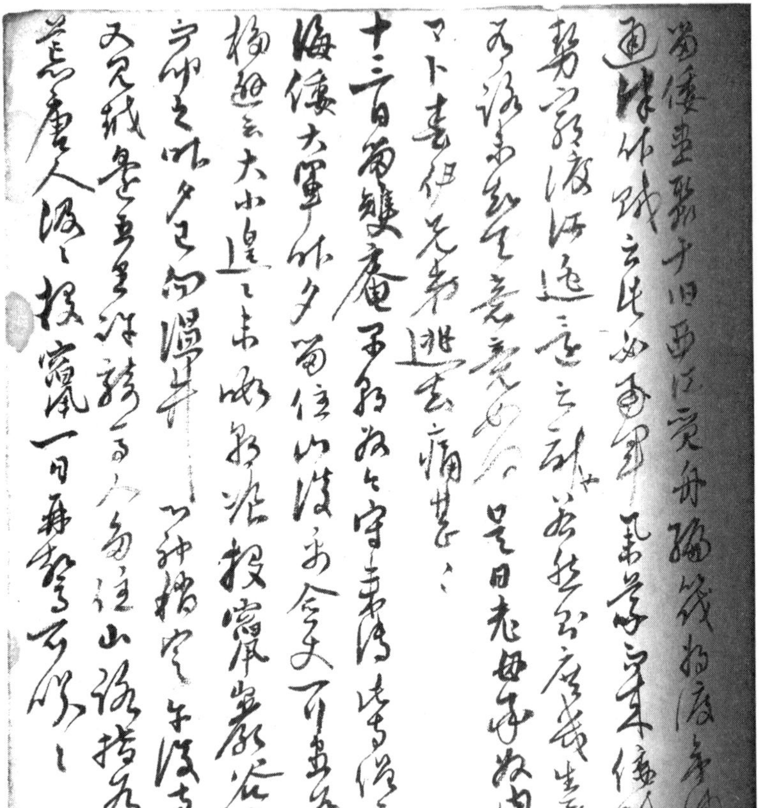

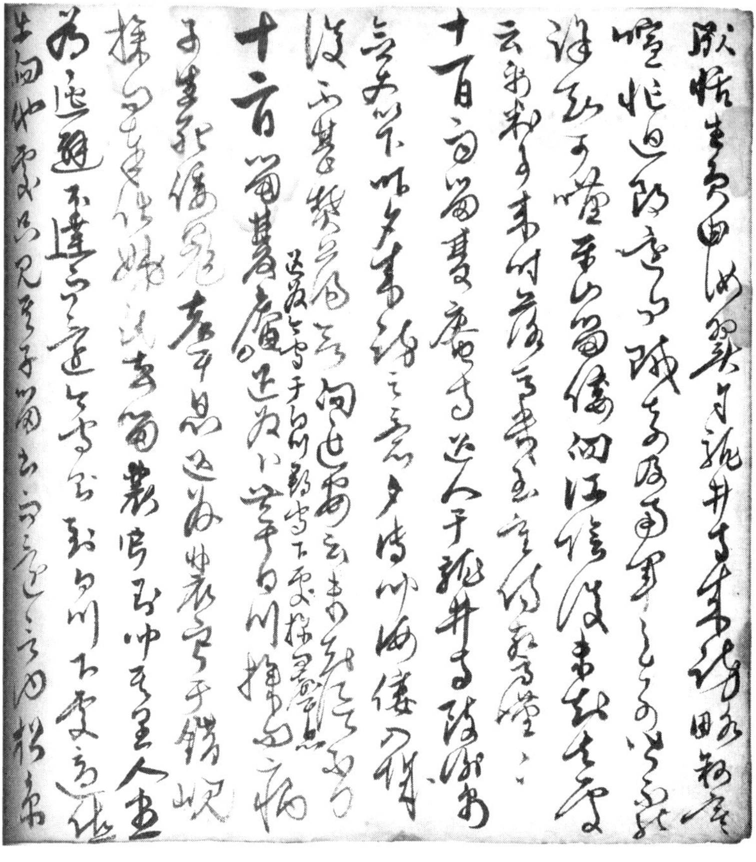

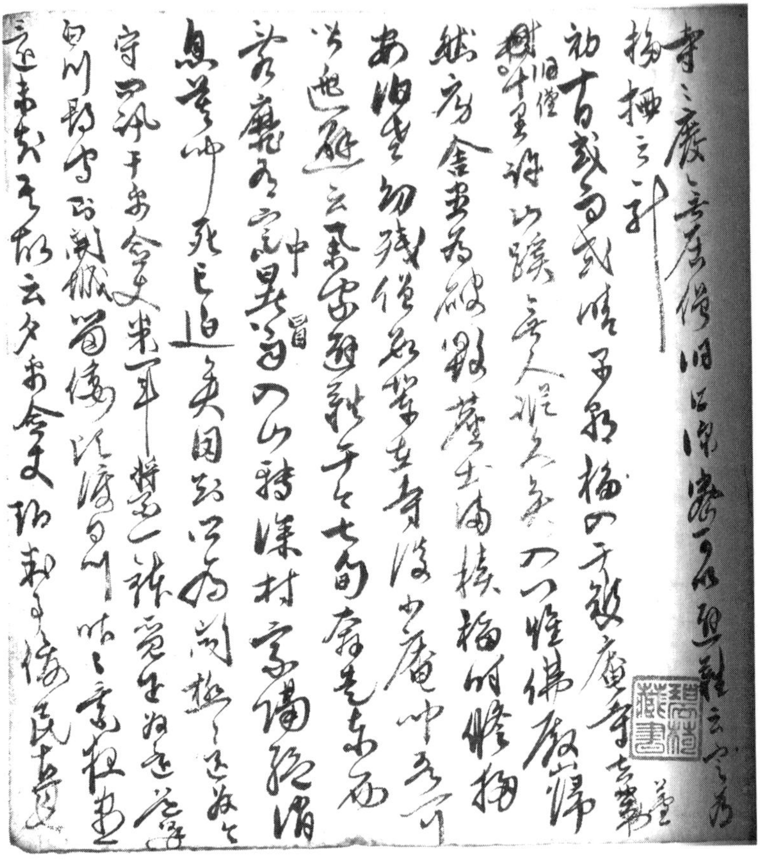

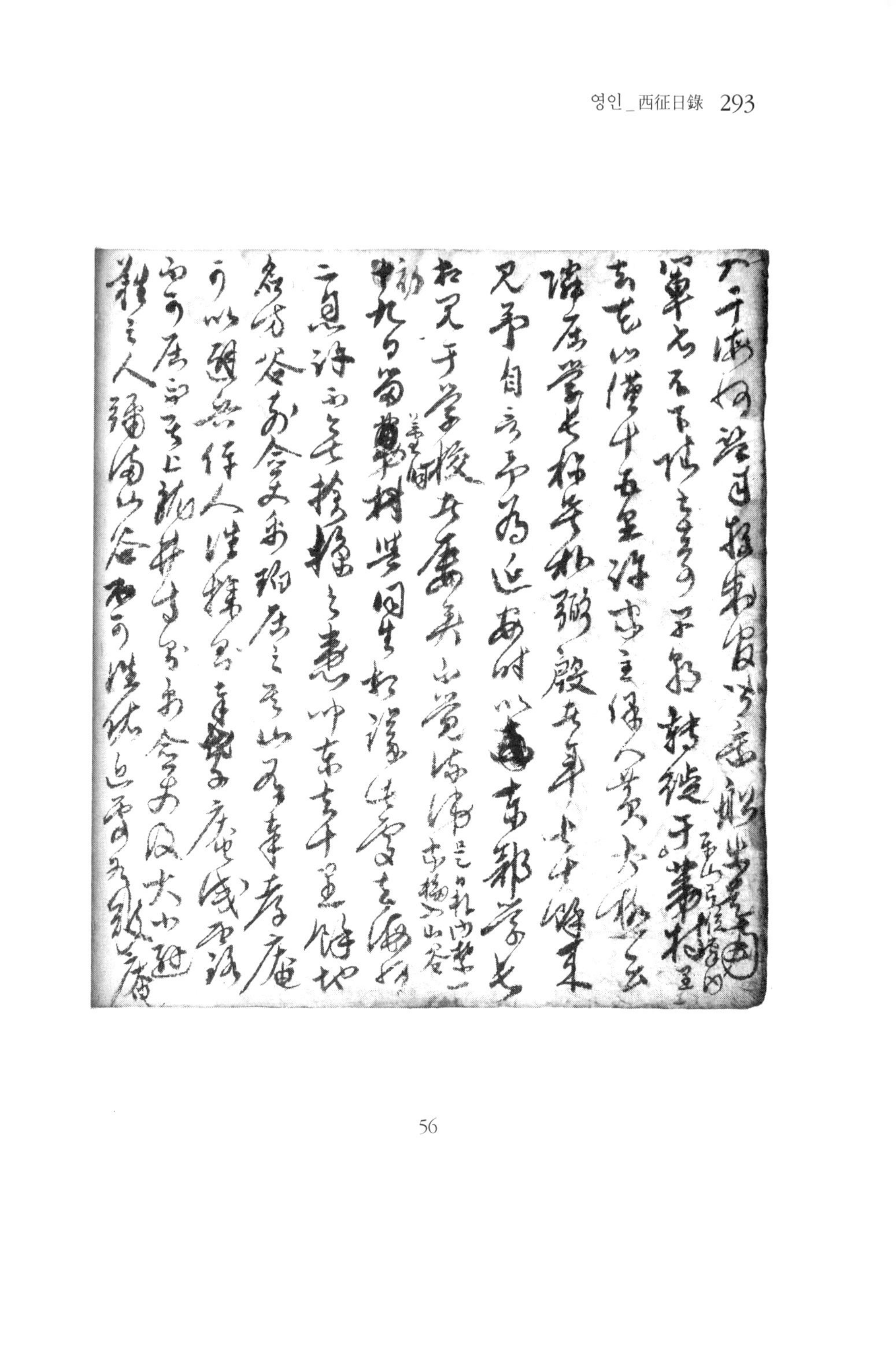

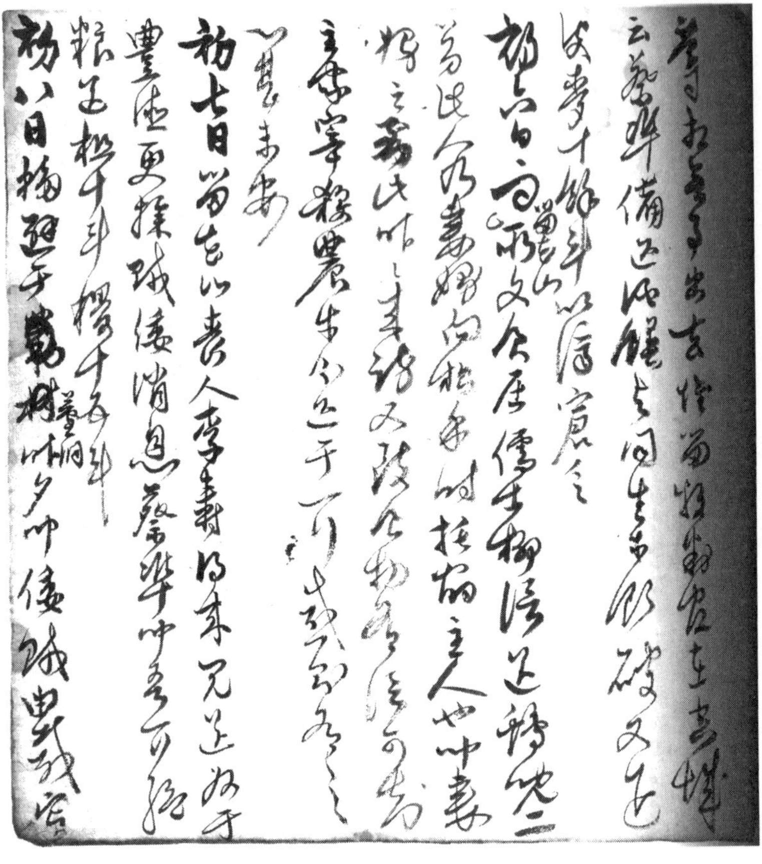

55

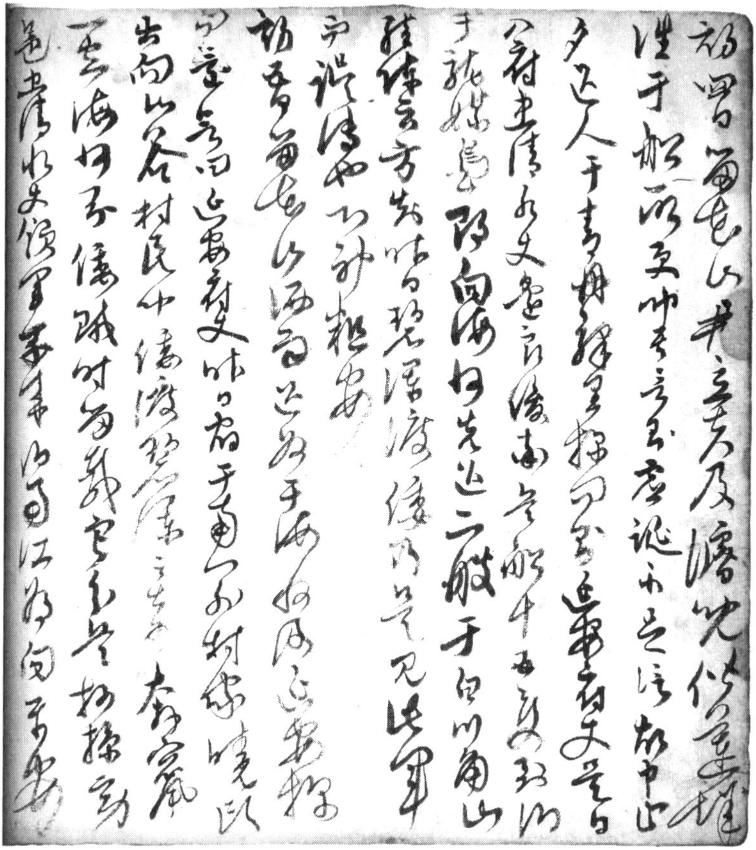

54

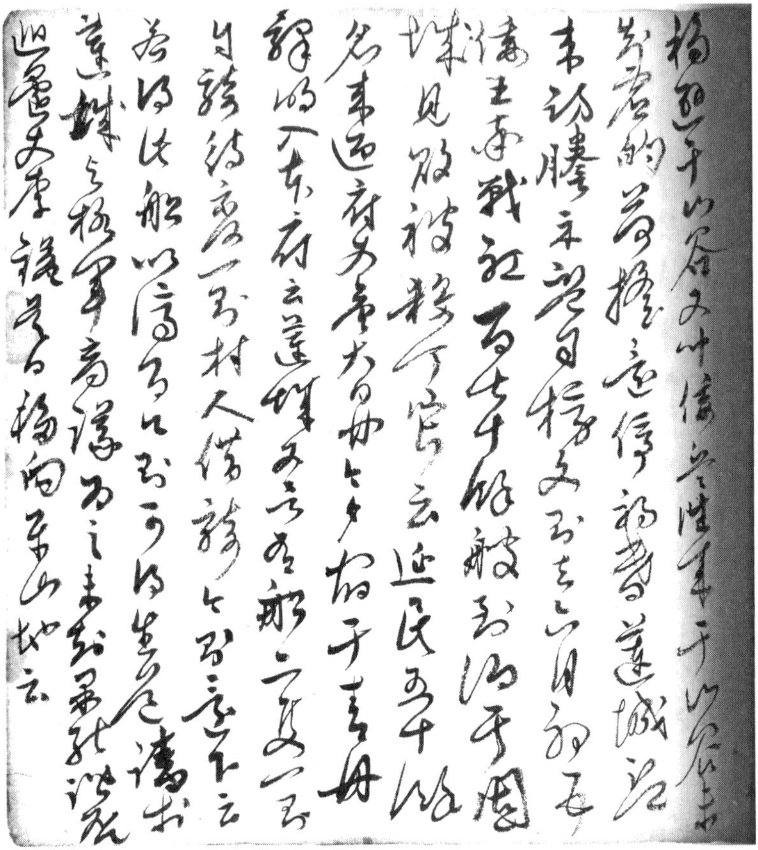

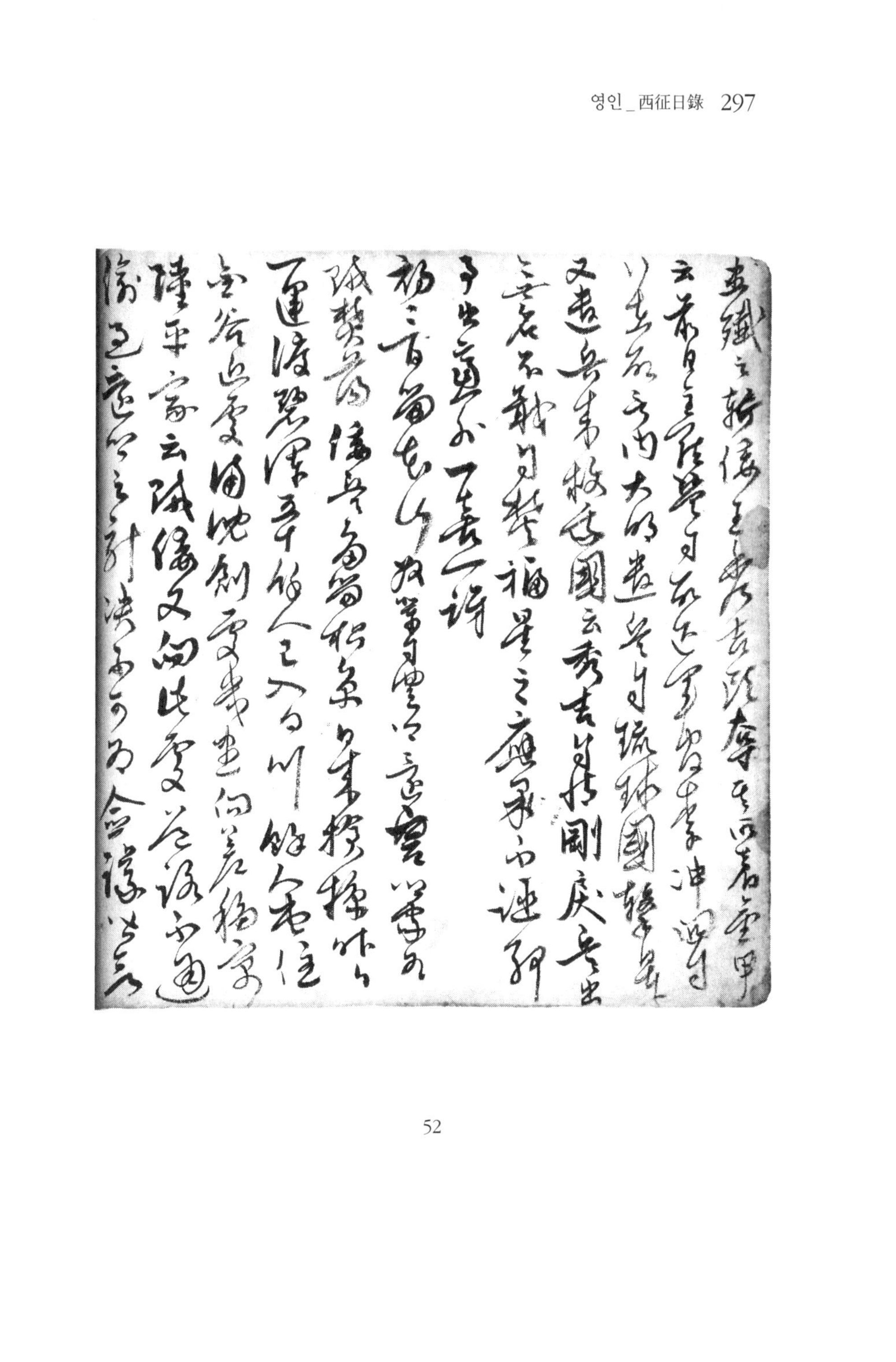

[illegible]

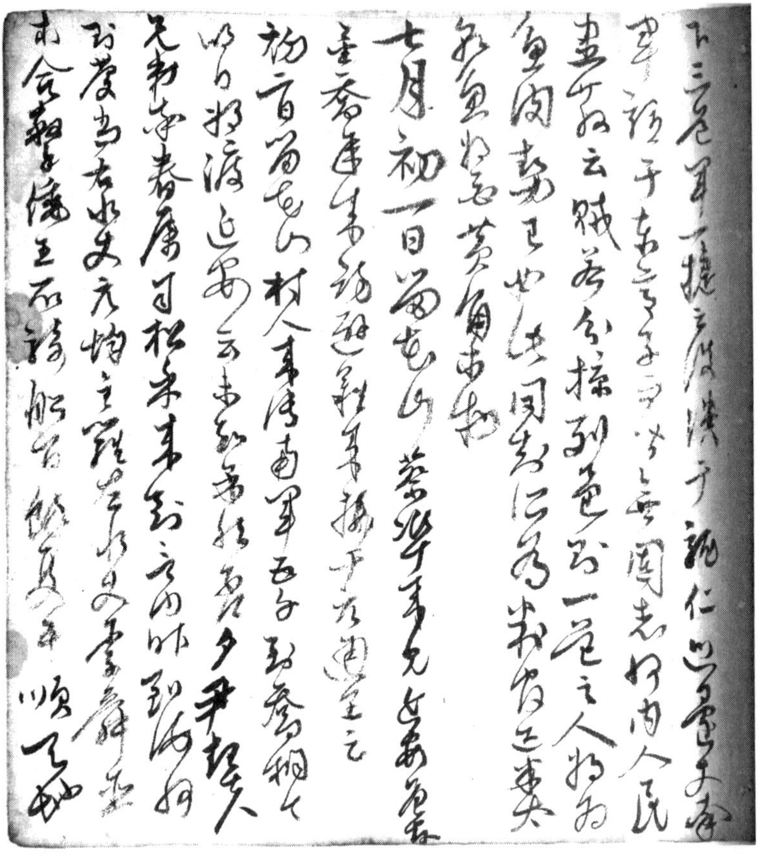

51

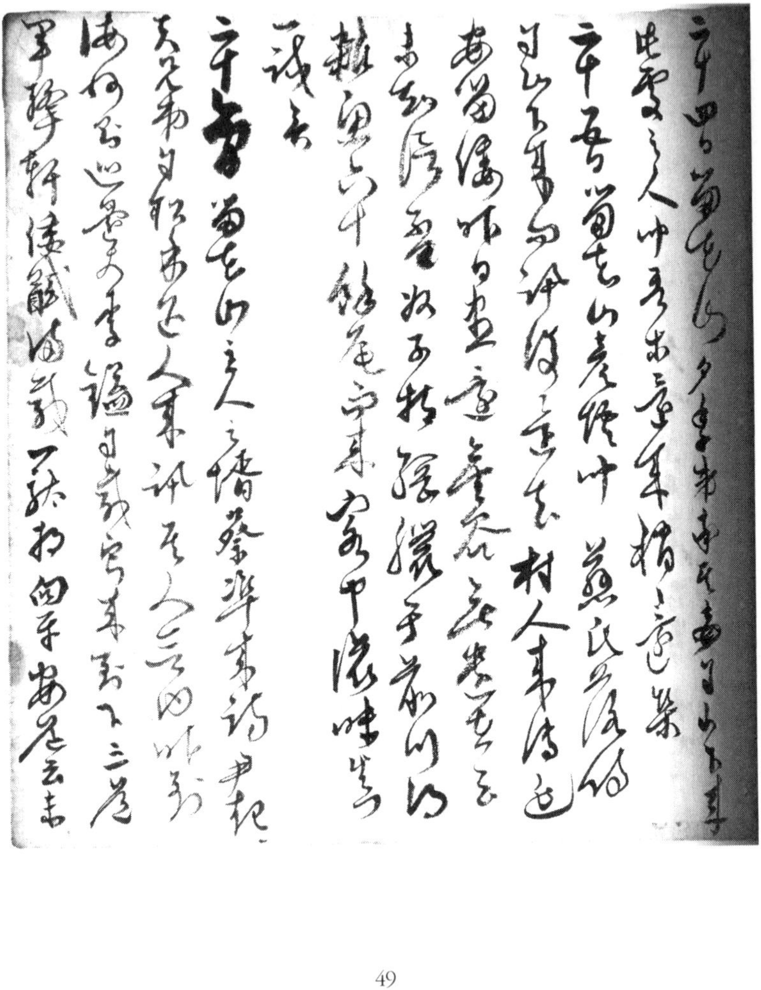

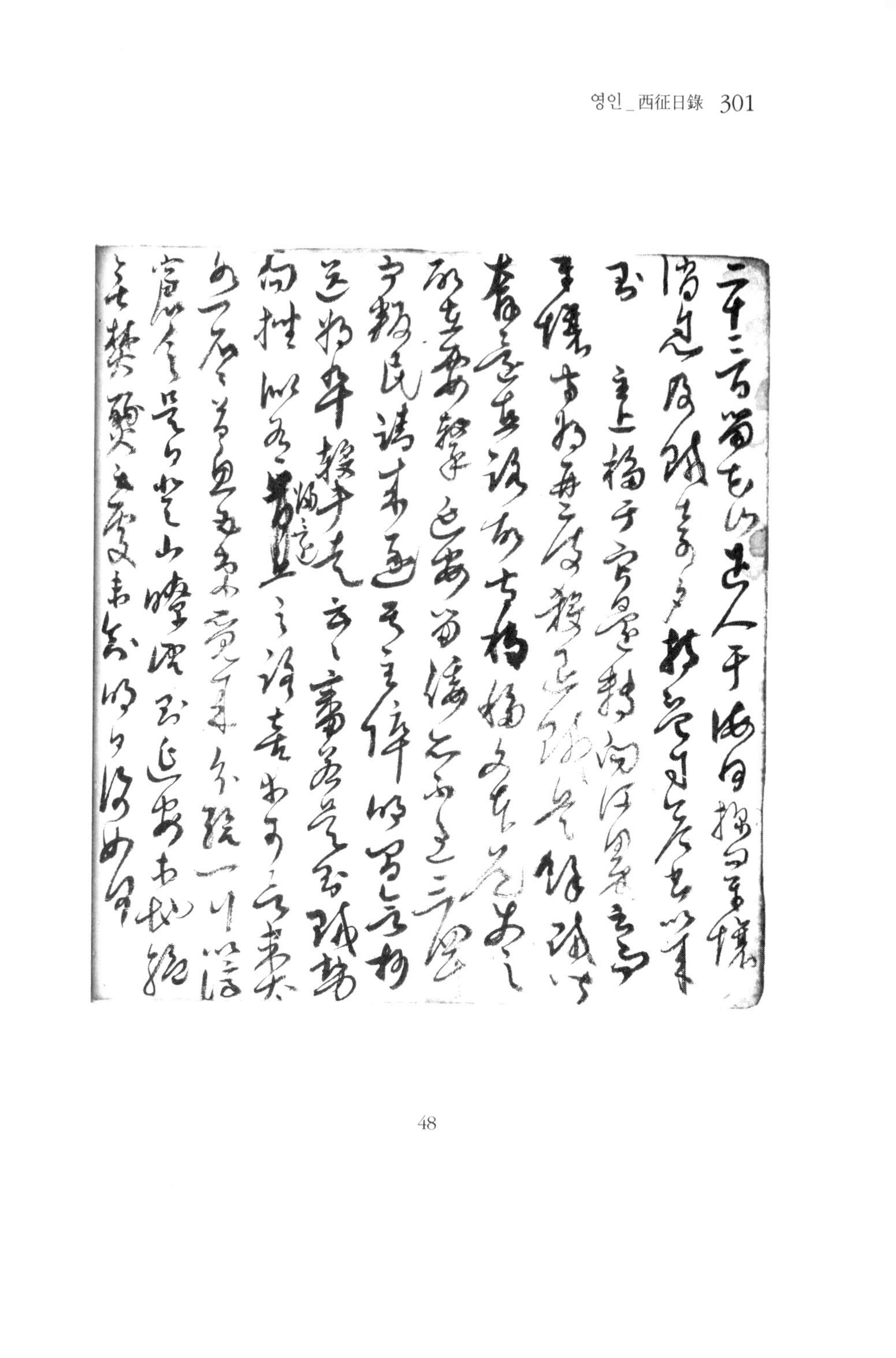

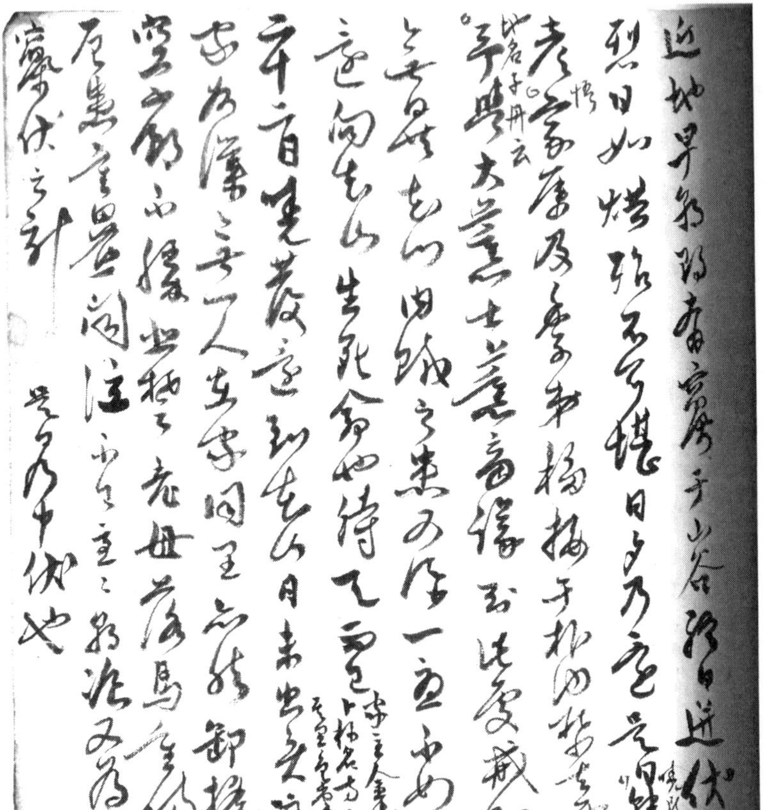

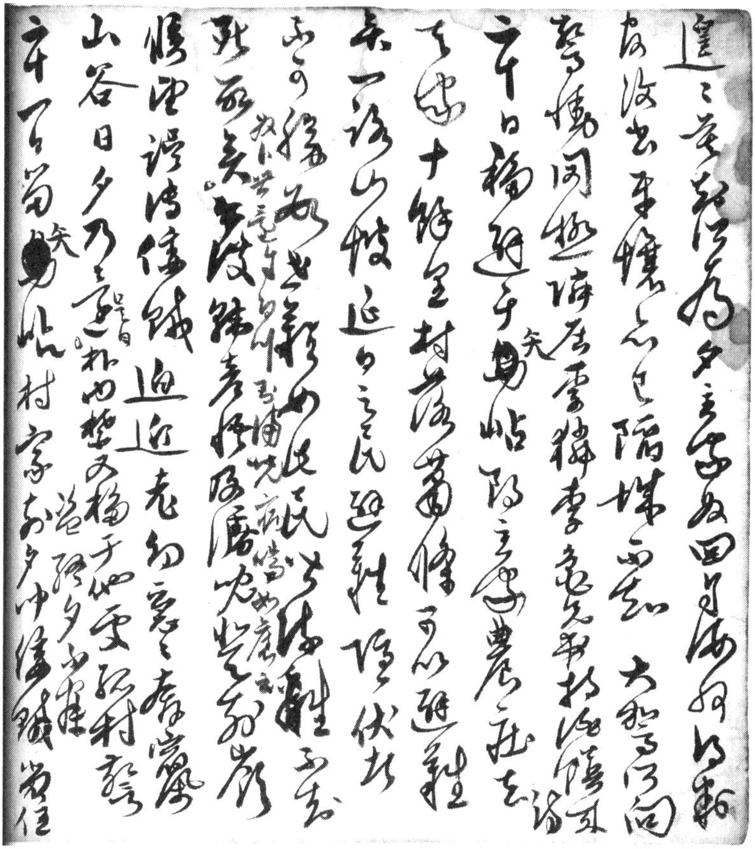

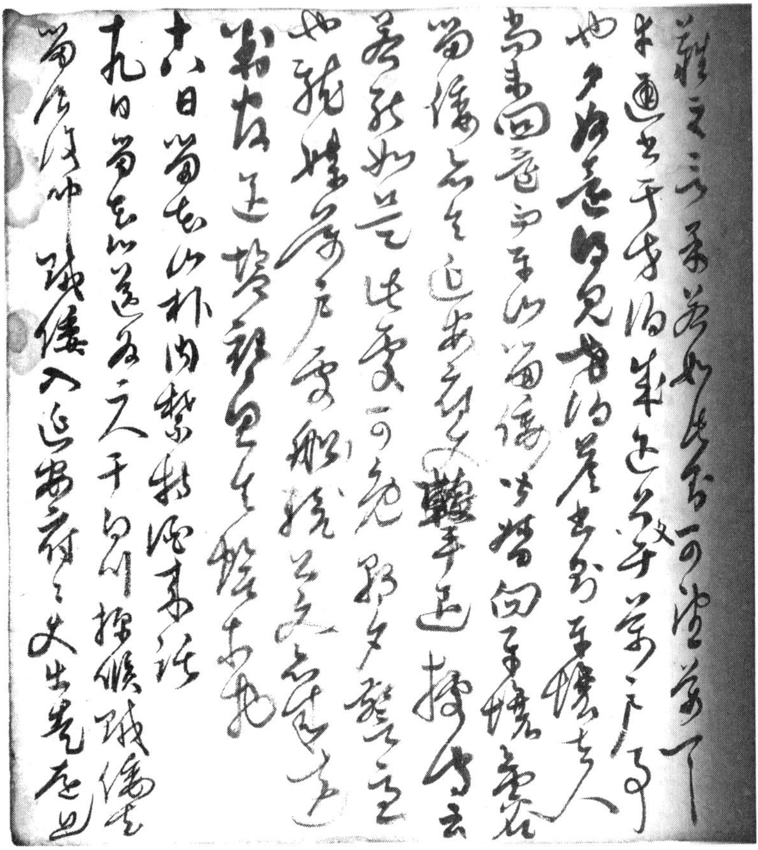

45

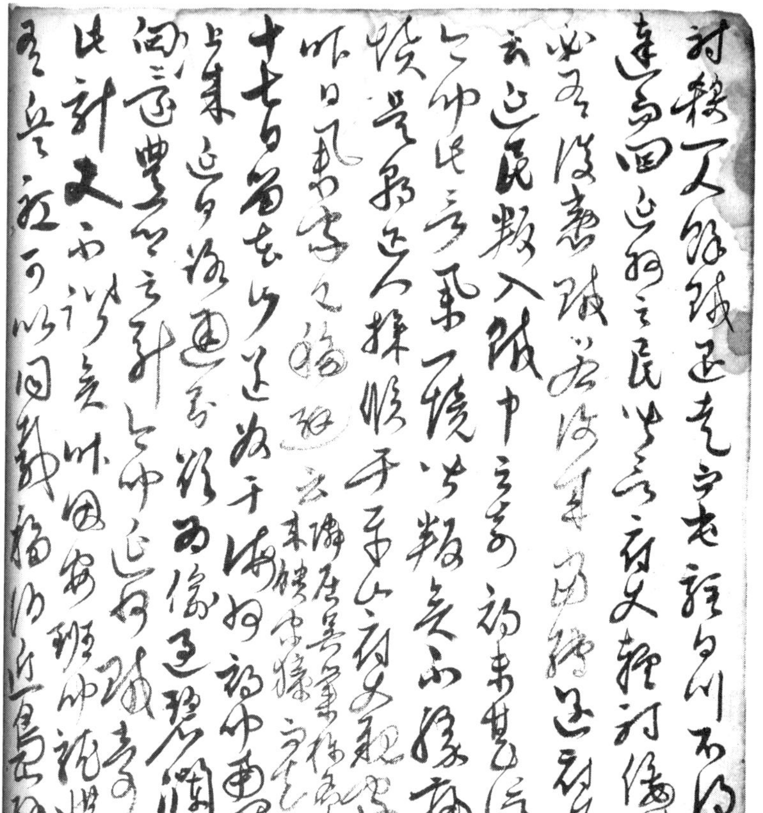

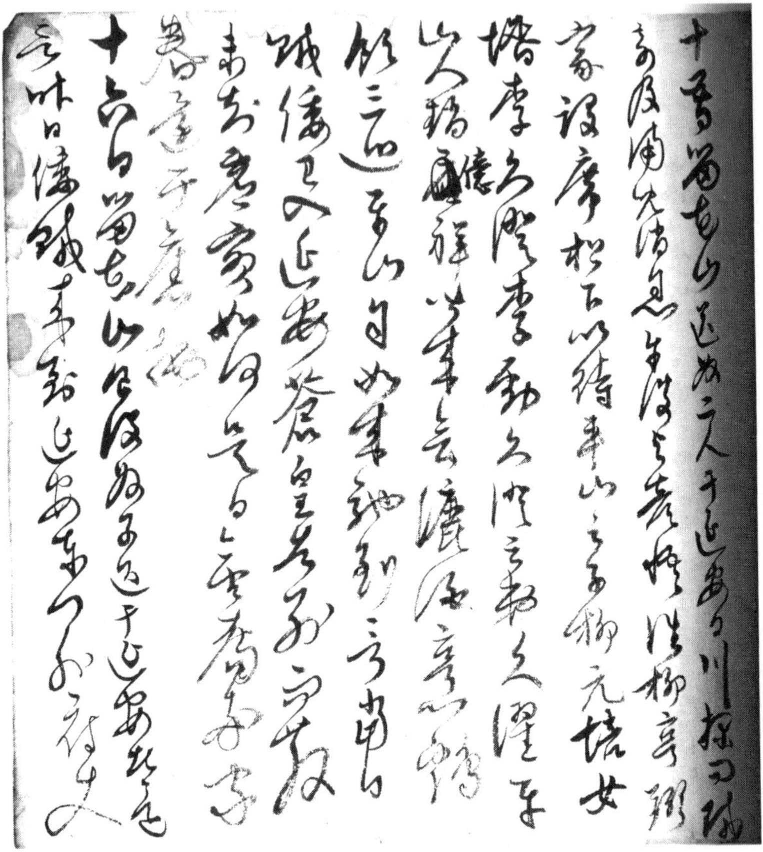

43

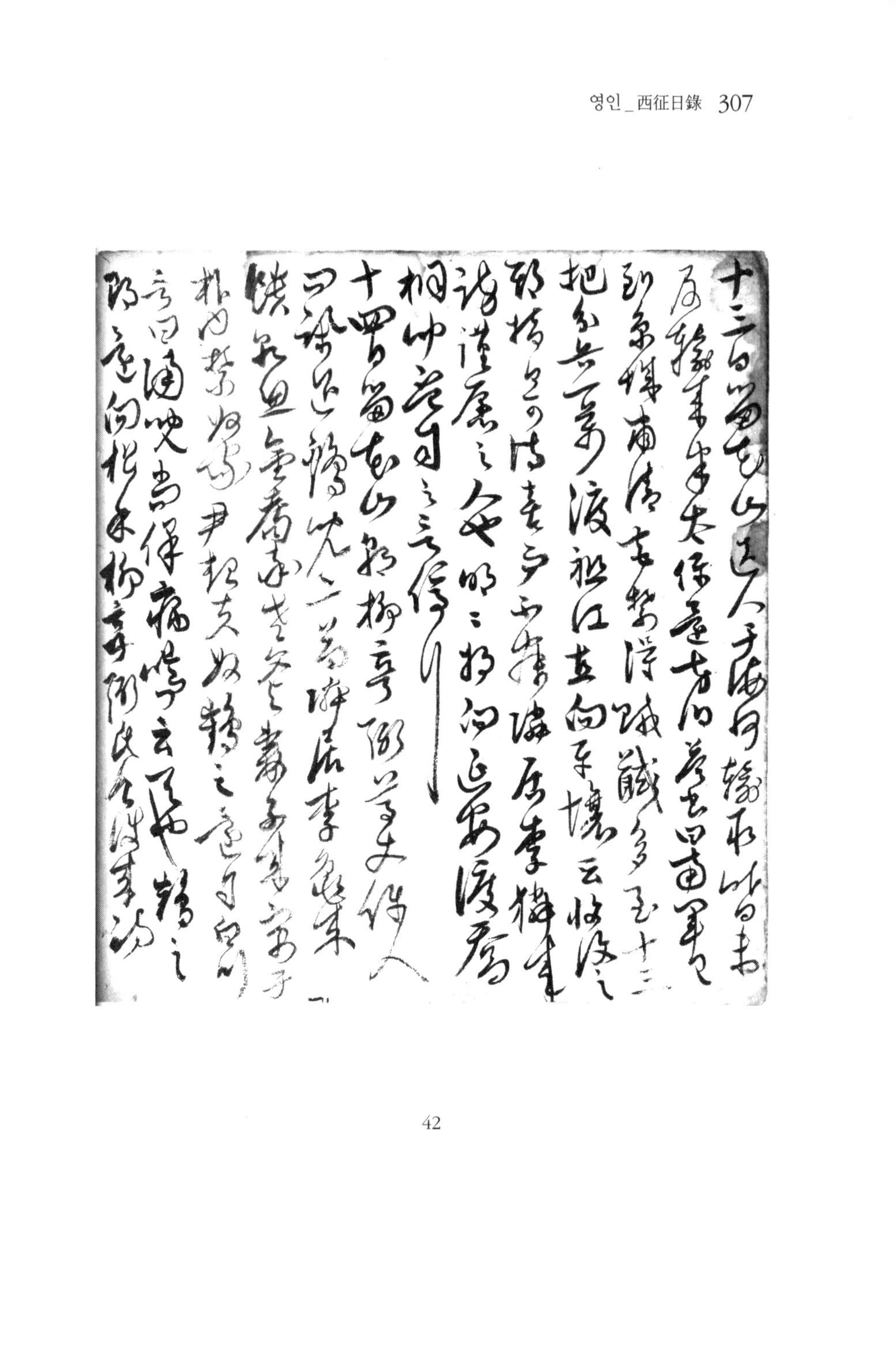

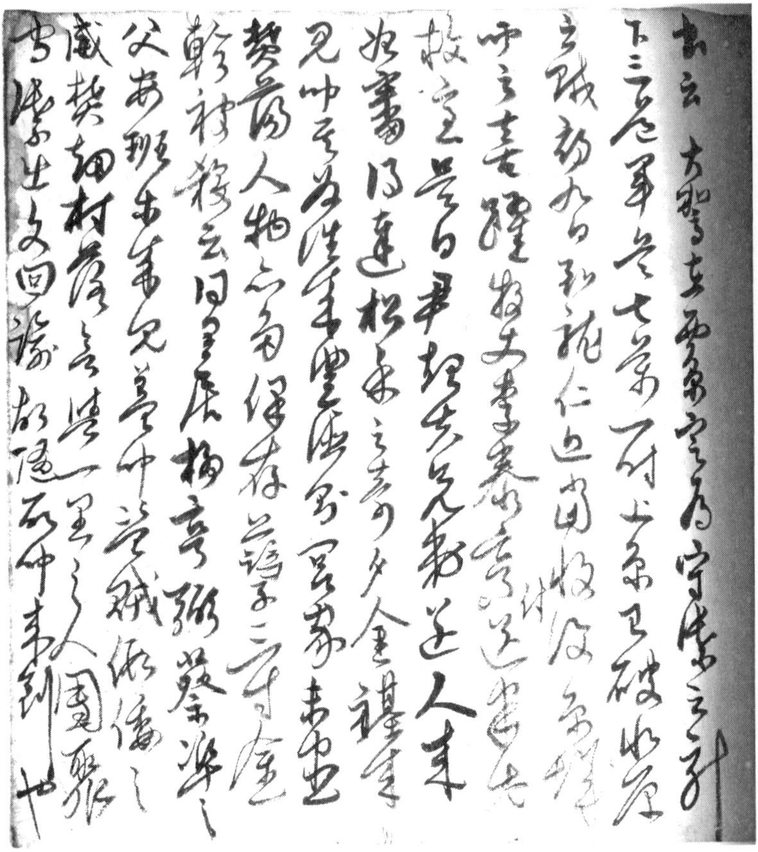

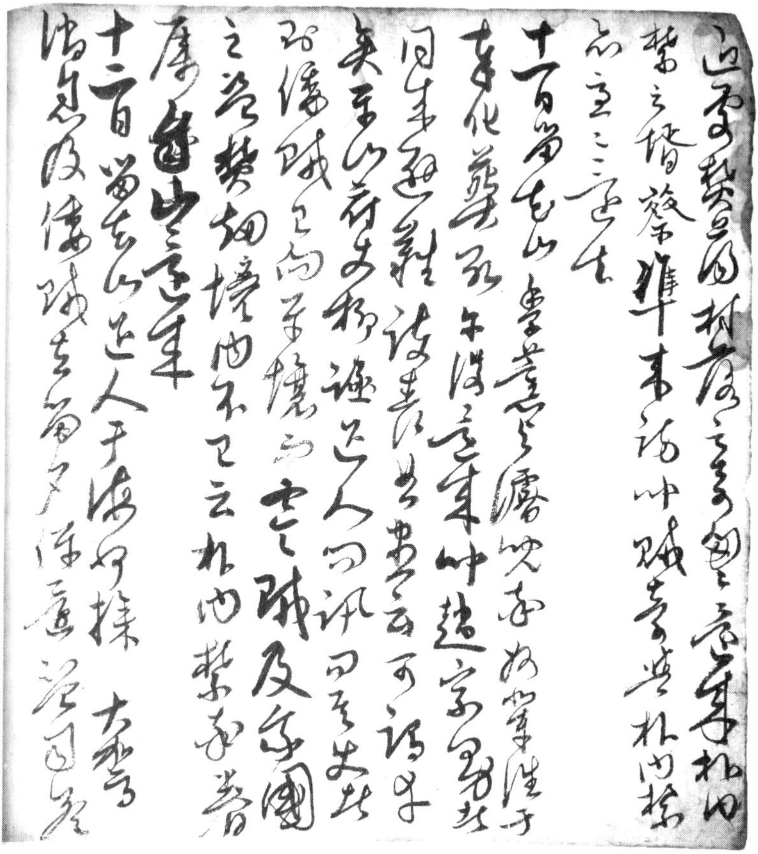

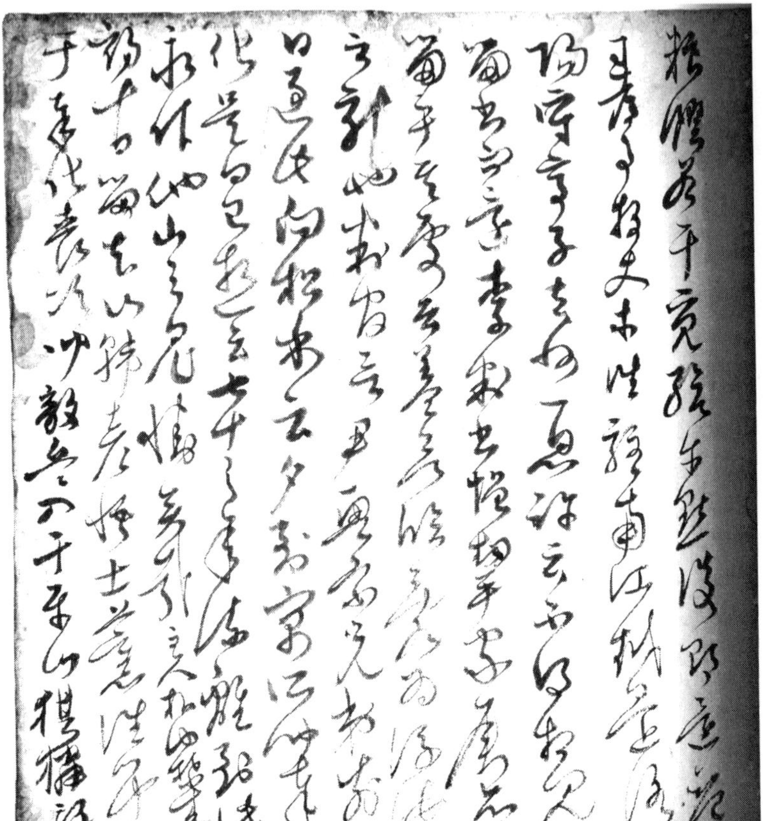

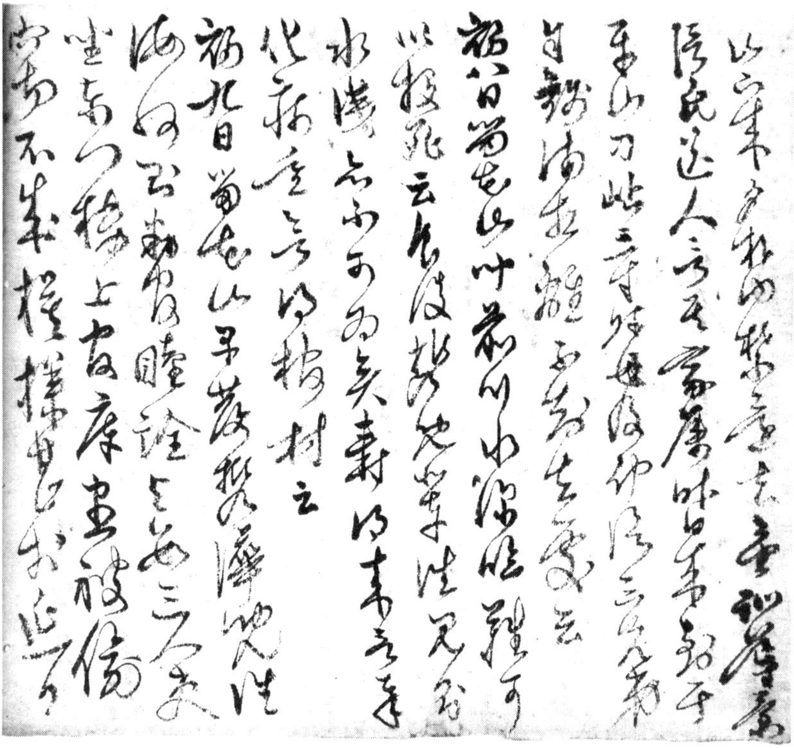

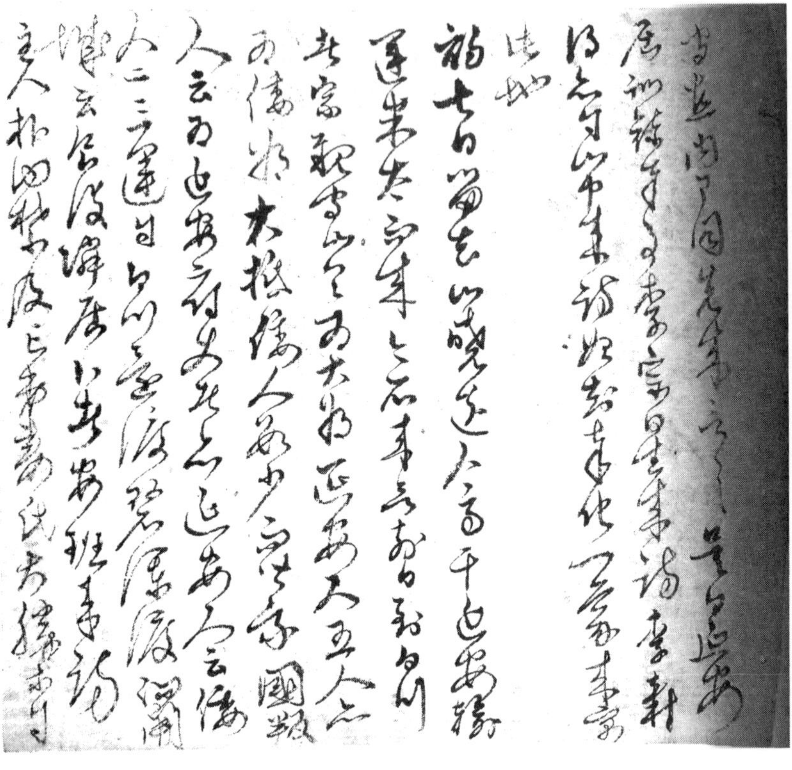

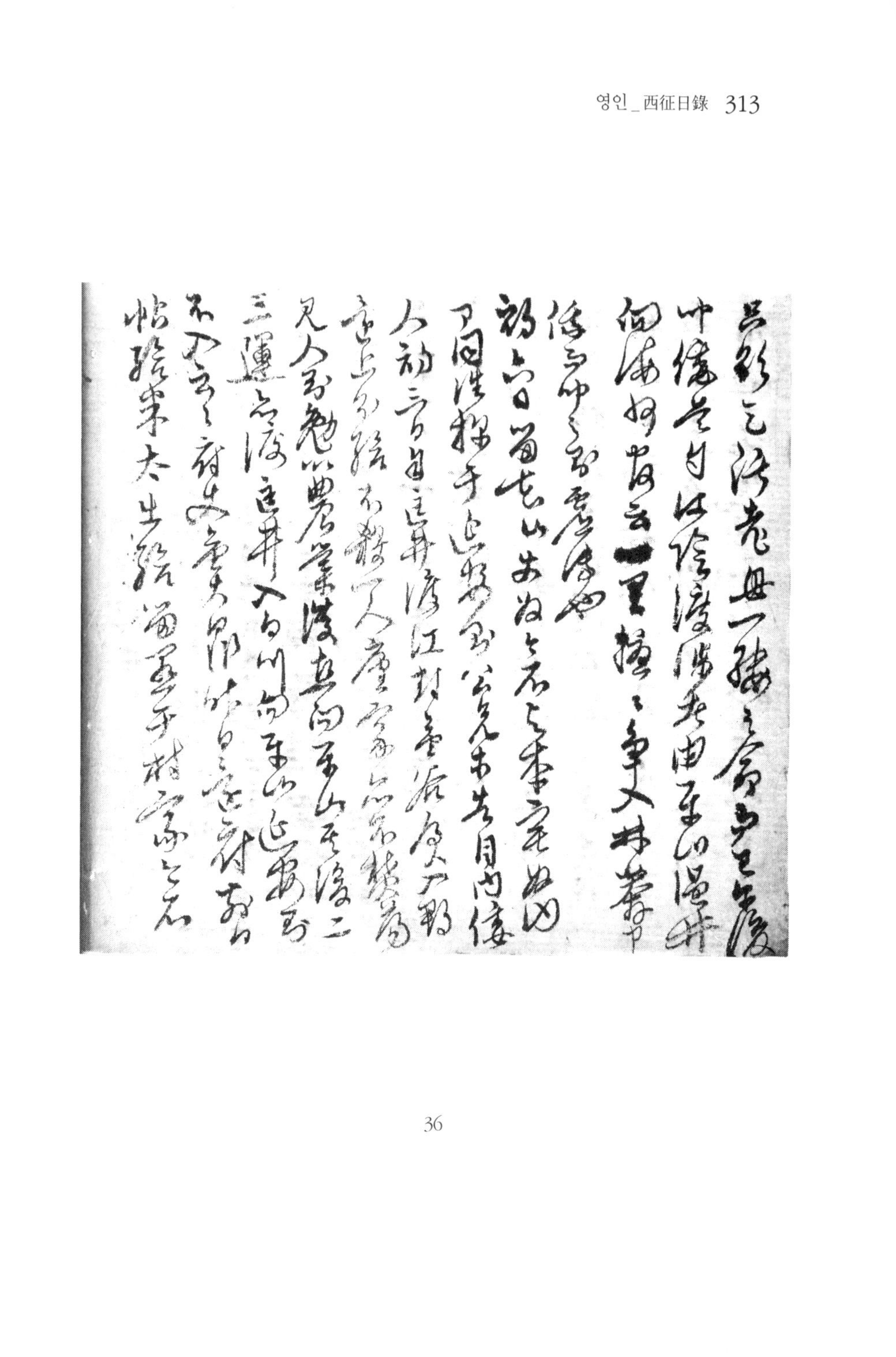

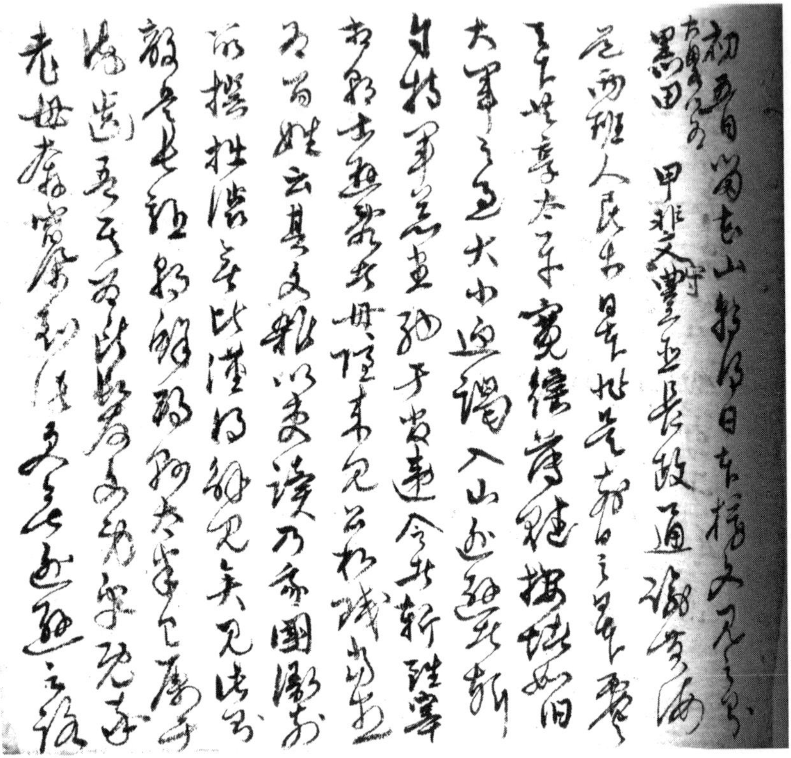

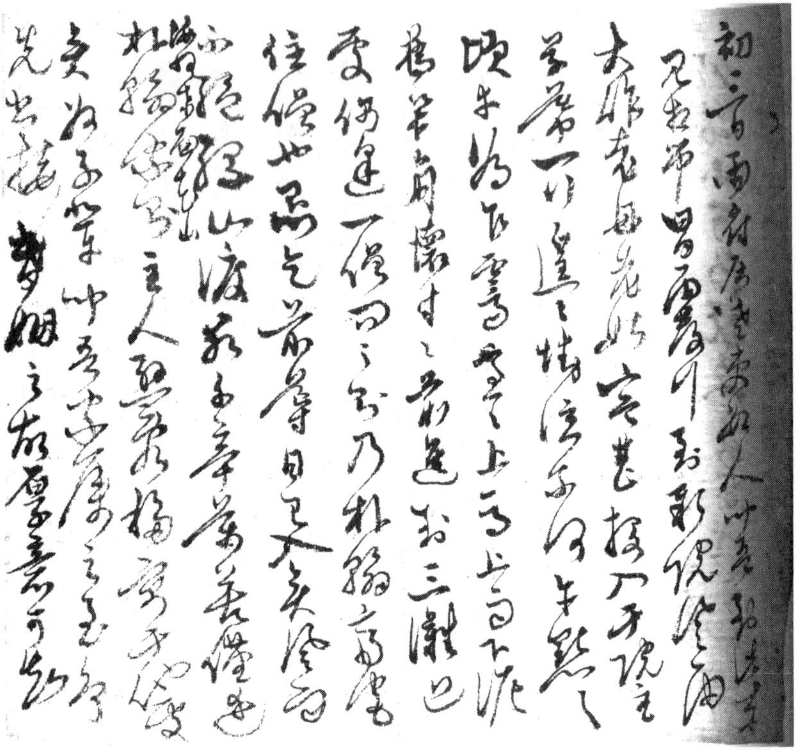

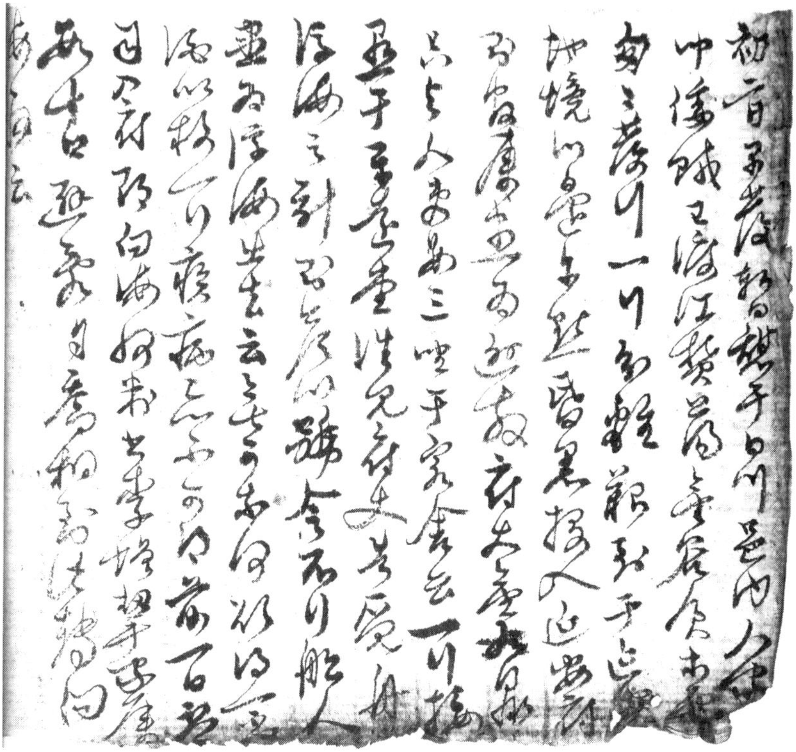

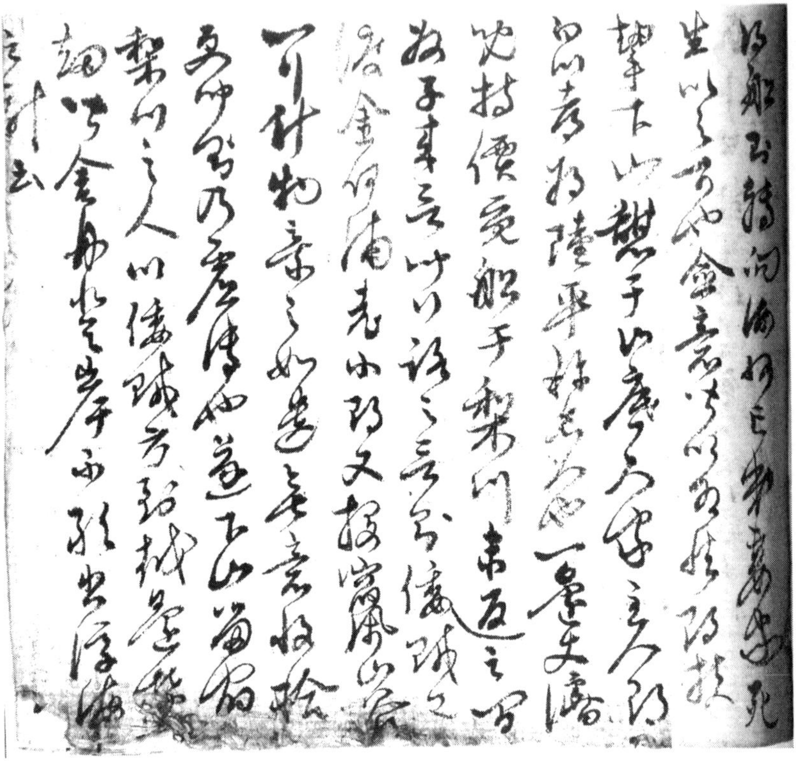

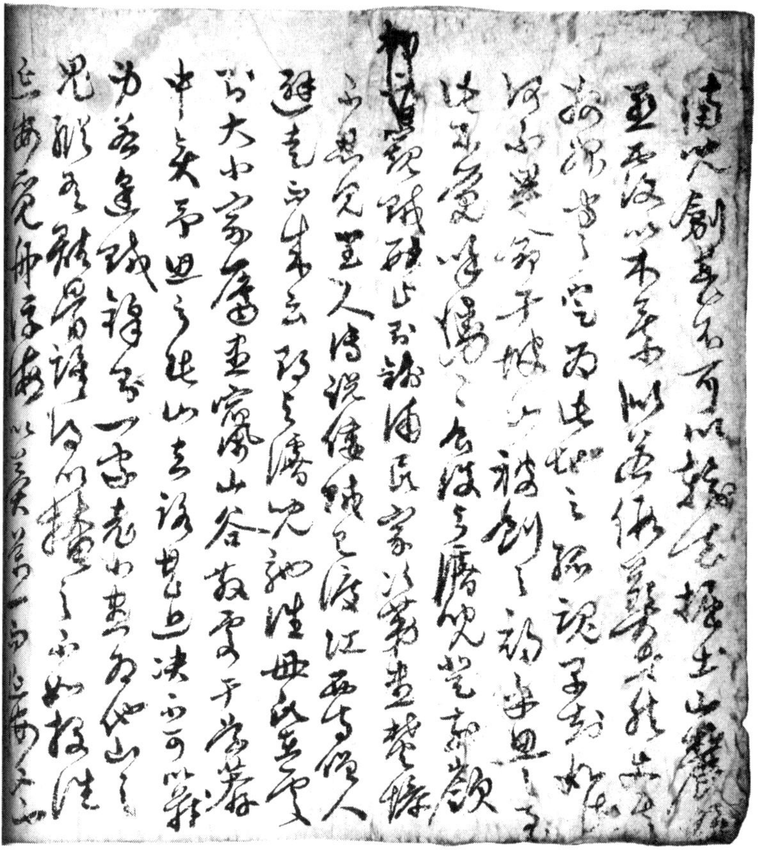

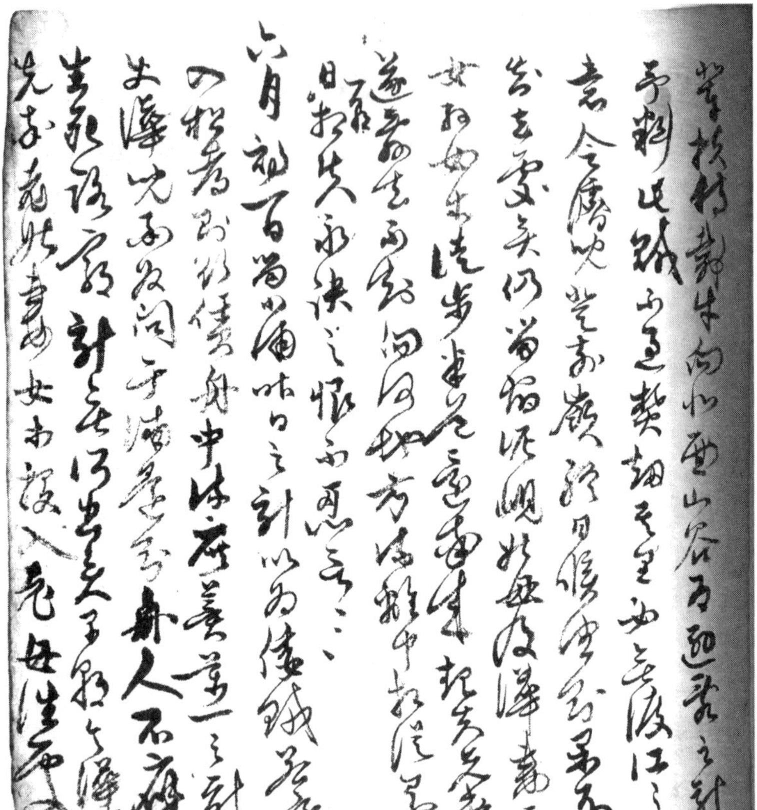

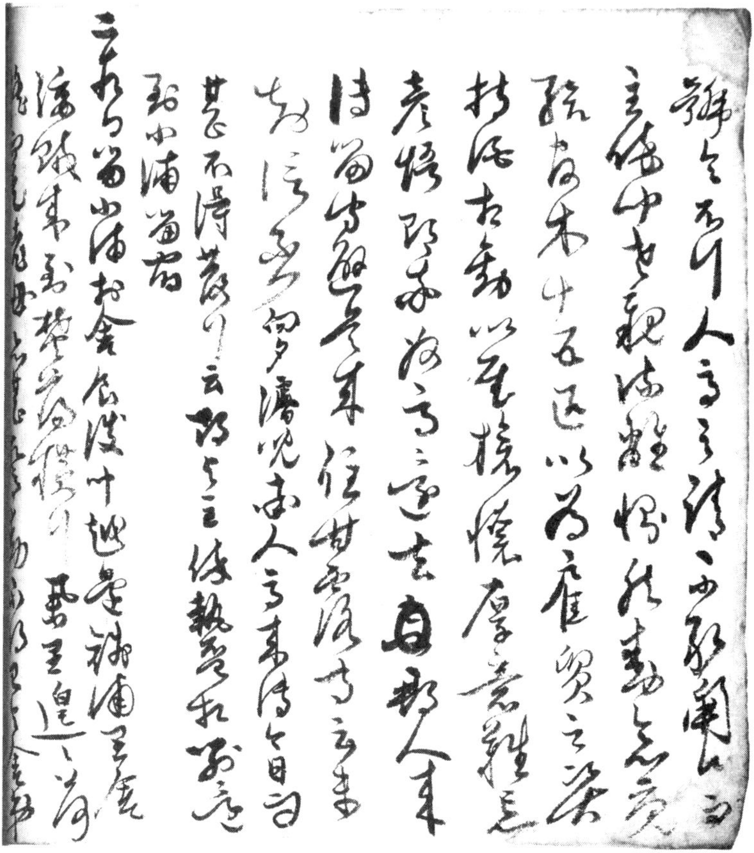

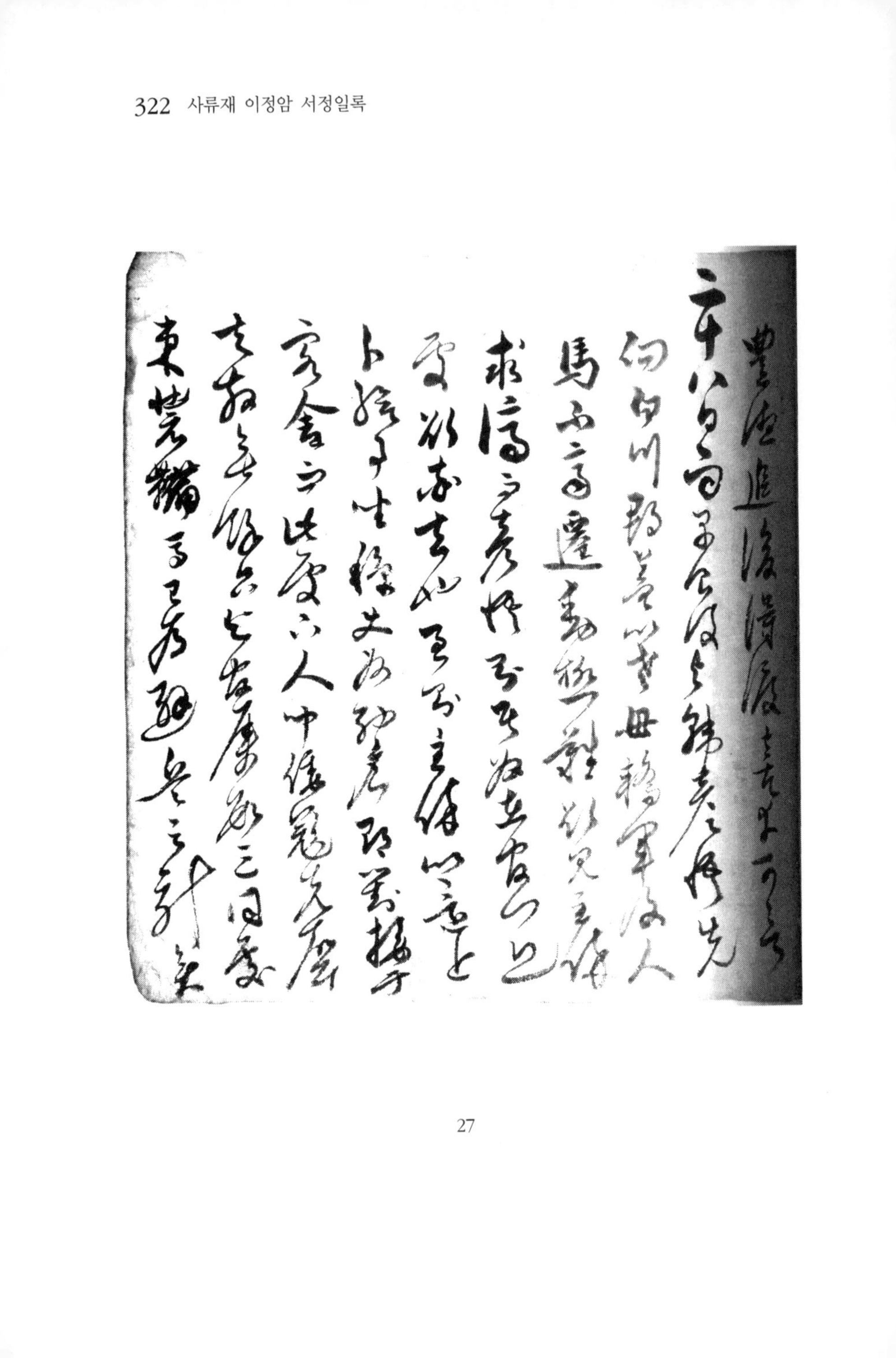

27

見之者莫不稱揚也[illegible]
康[illegible]
云可憐[illegible]送人于海州[illegible]
[illegible]以將爲避亂之意
二十七日晴[illegible]
[illegible]
[illegible]
[illegible]
海西路極動手先幼兒之上船投
白川地名小浦里村舍宿留日
[illegible]

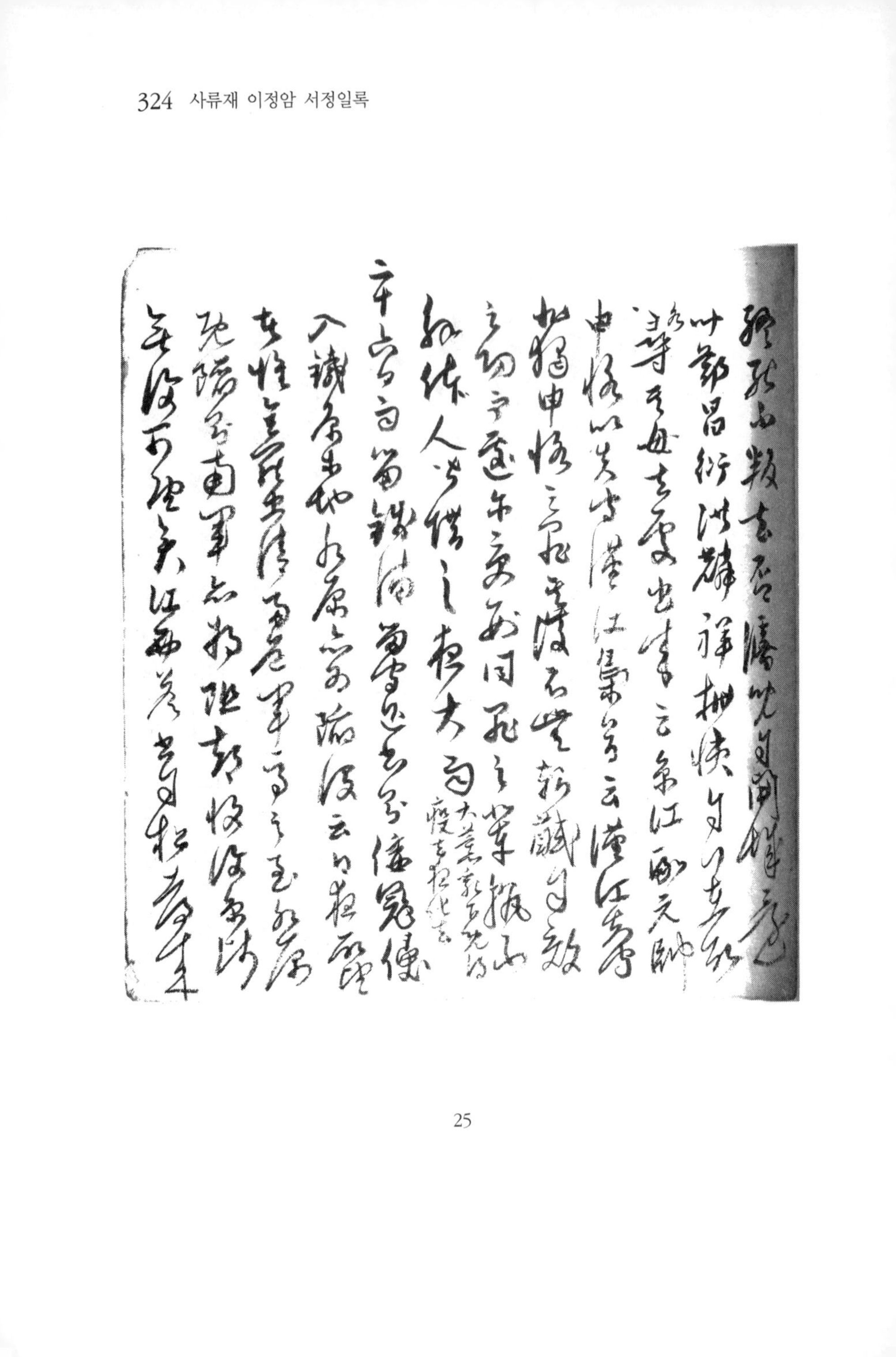

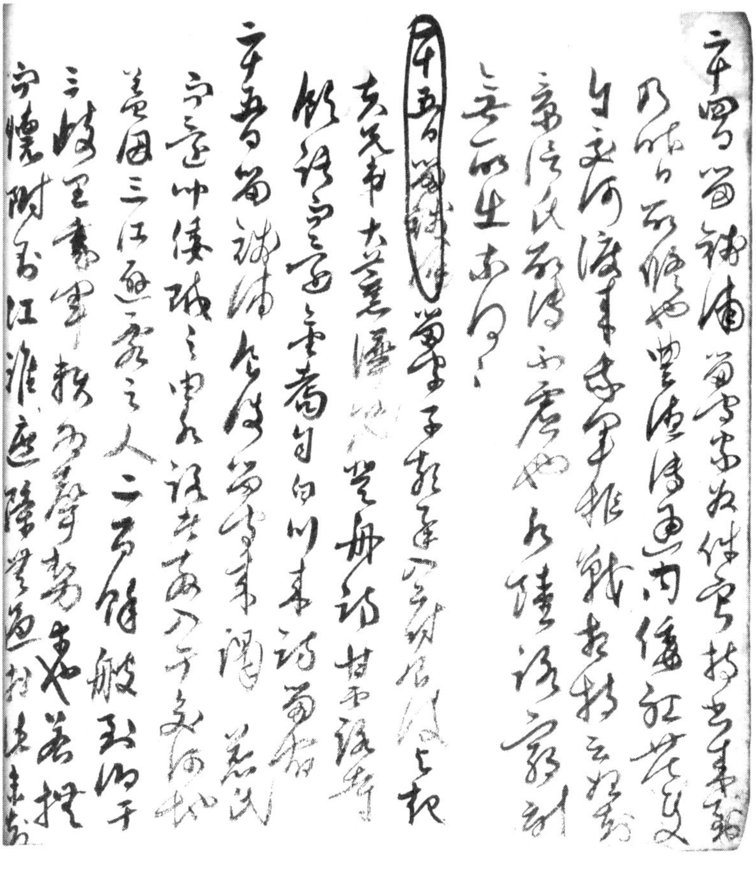

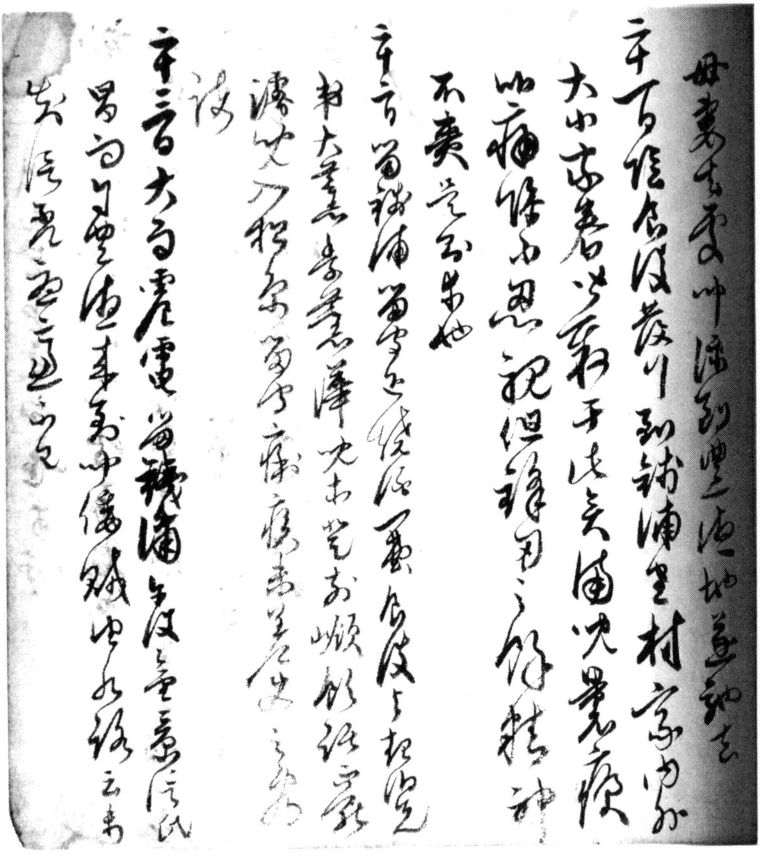

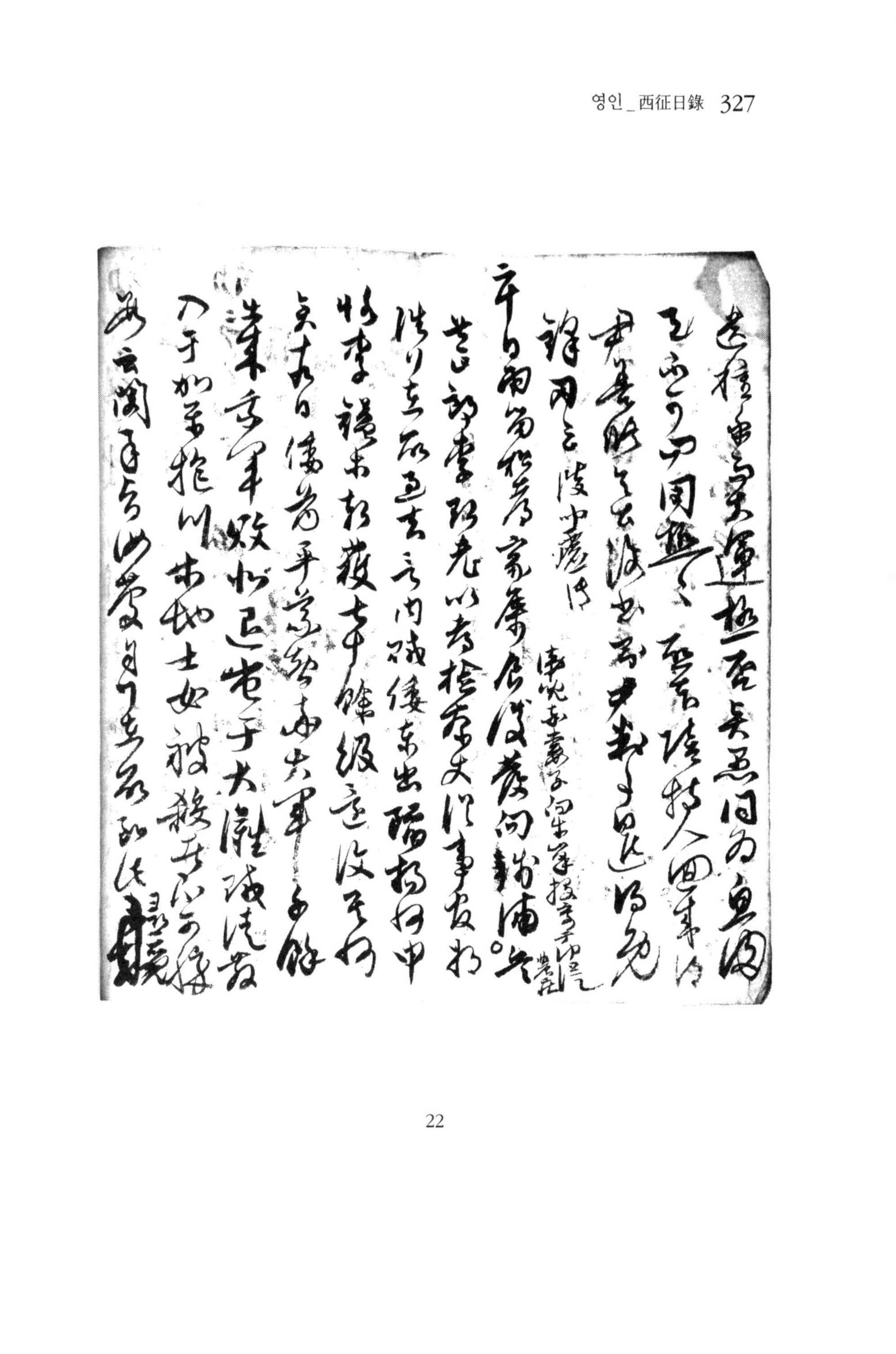

[illegible]

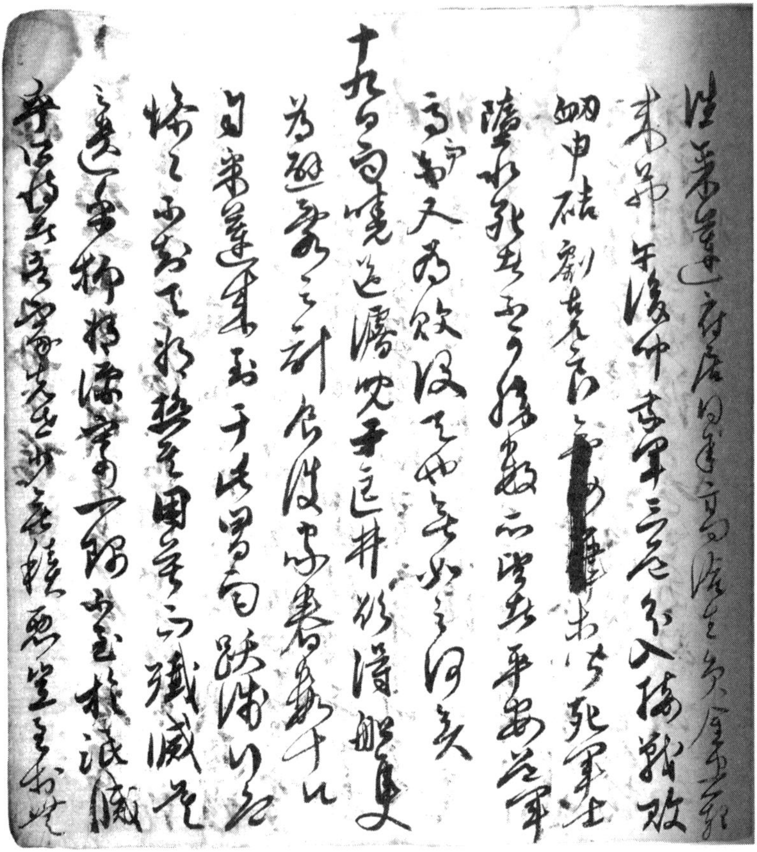

21

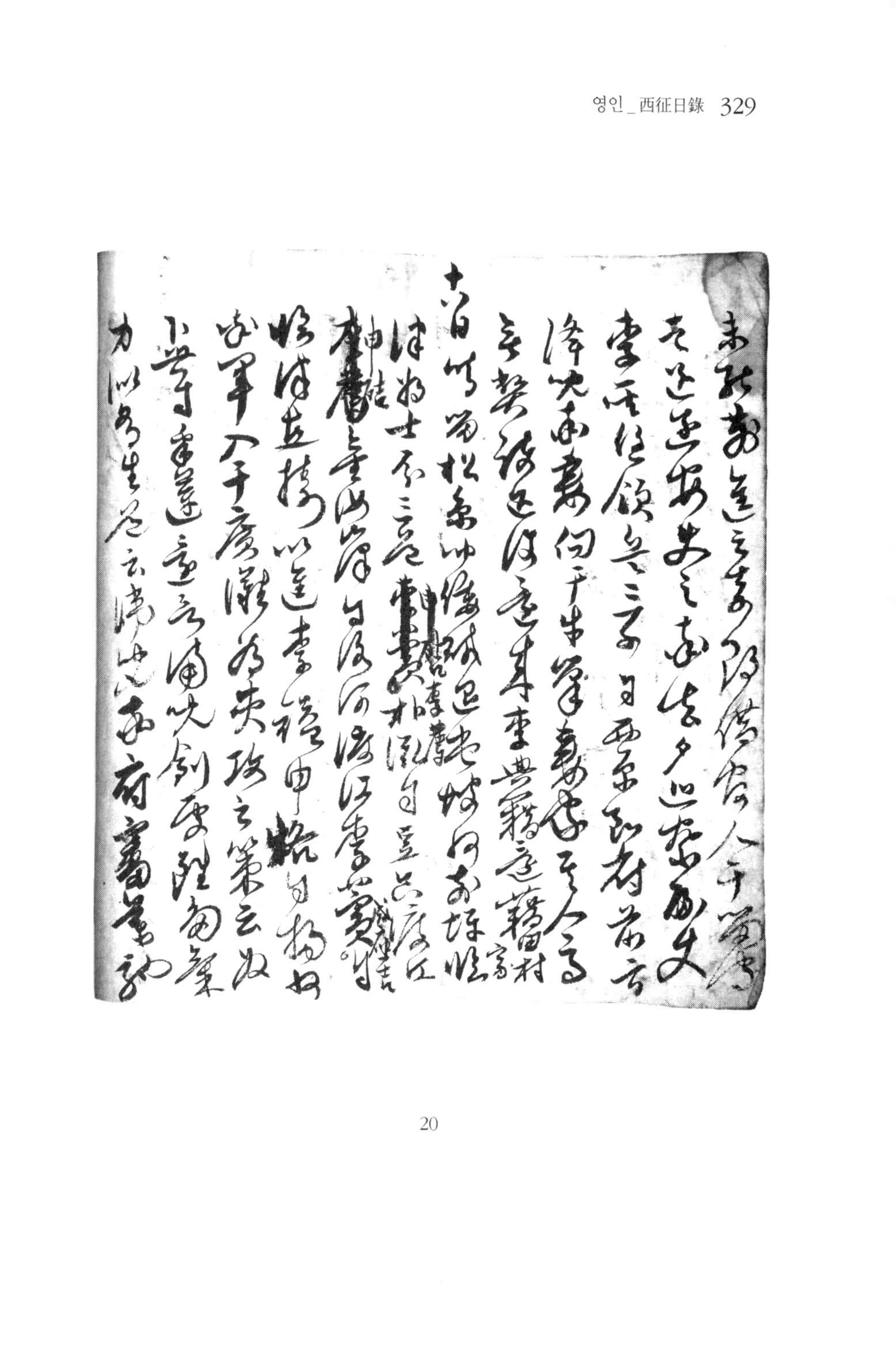

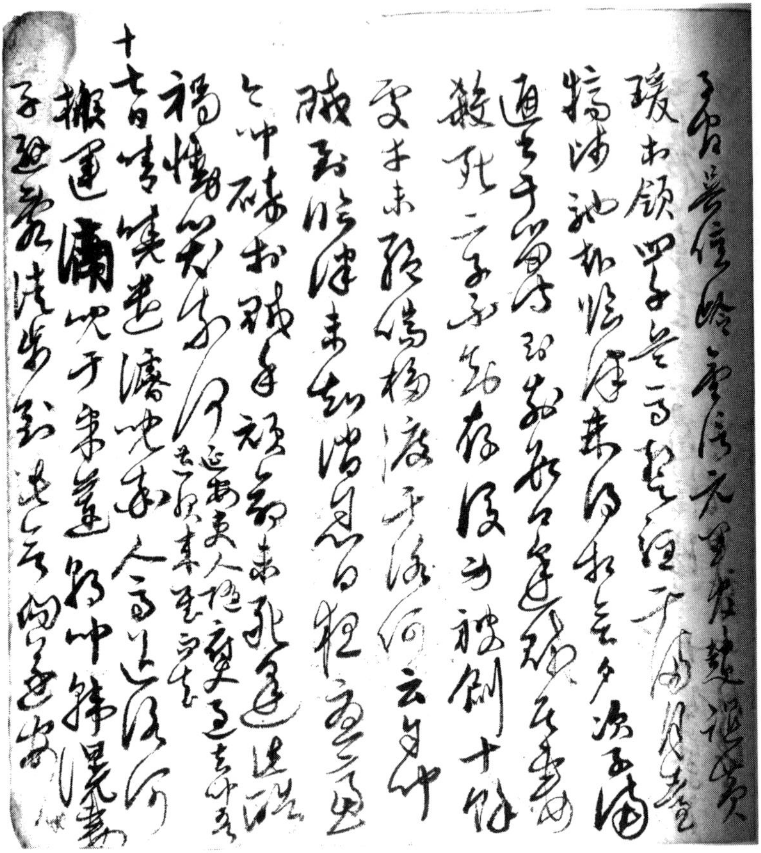

19

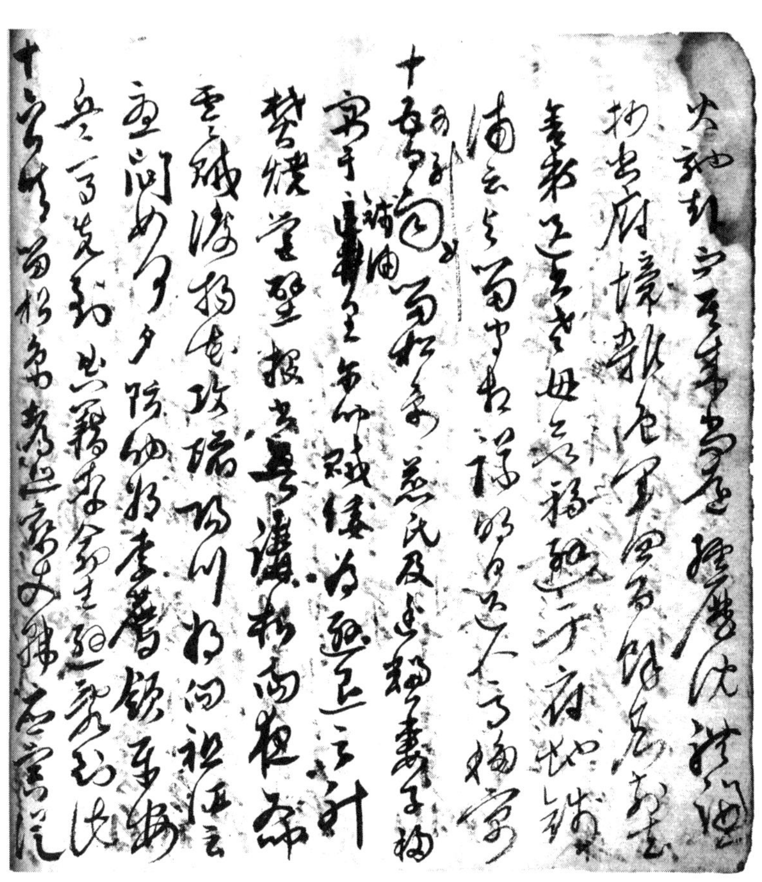

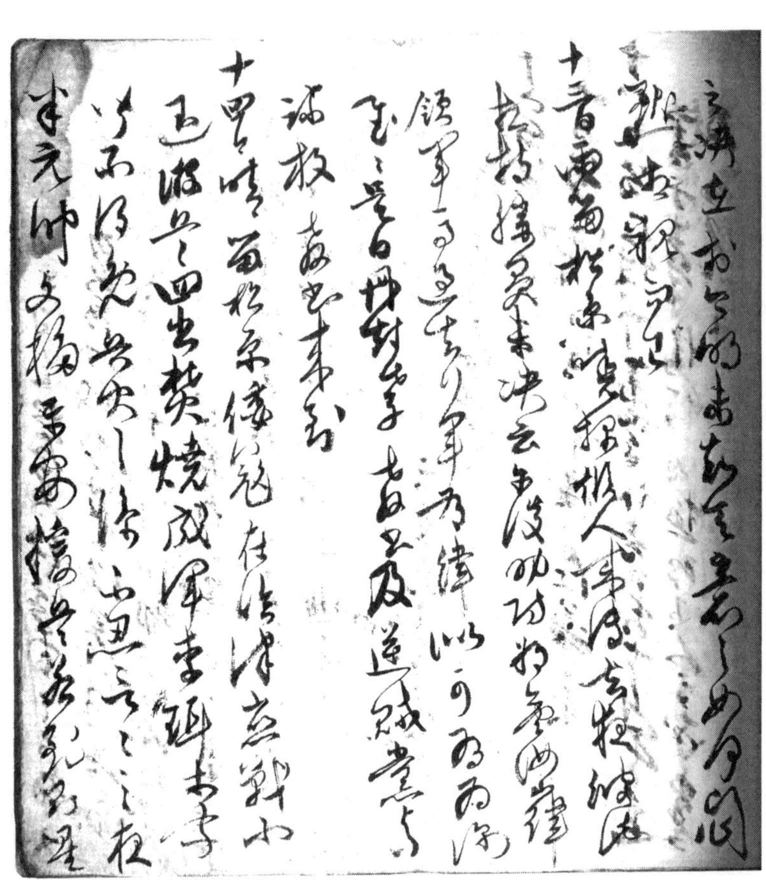

17

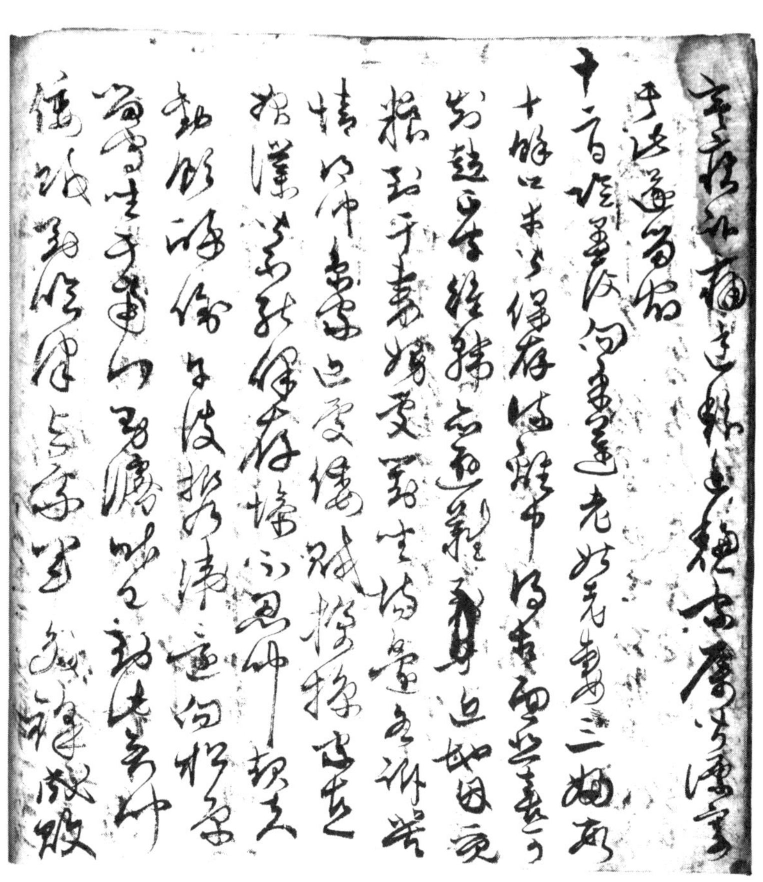

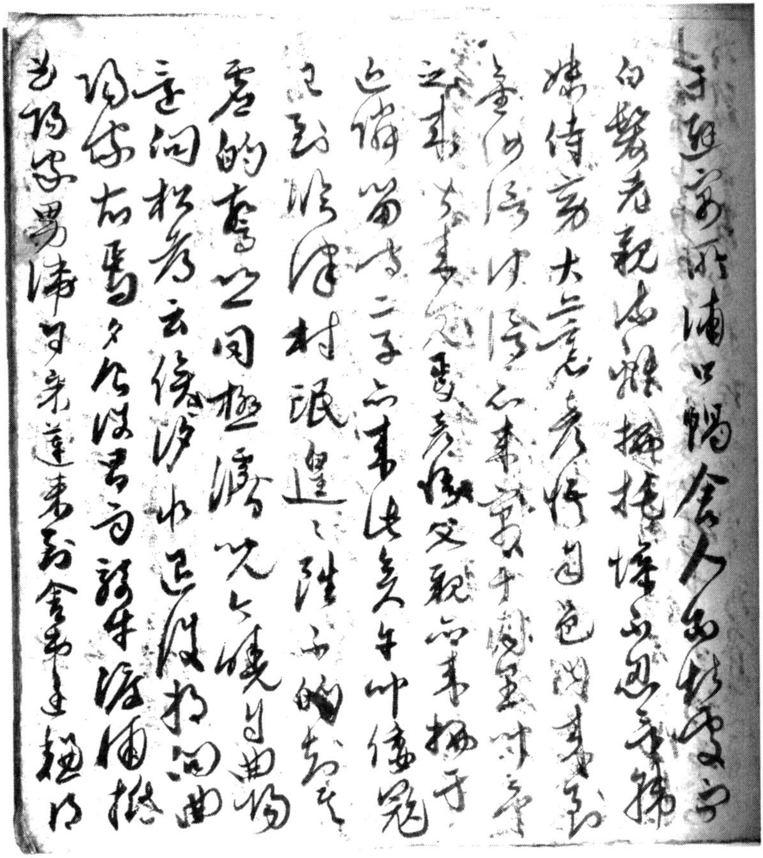

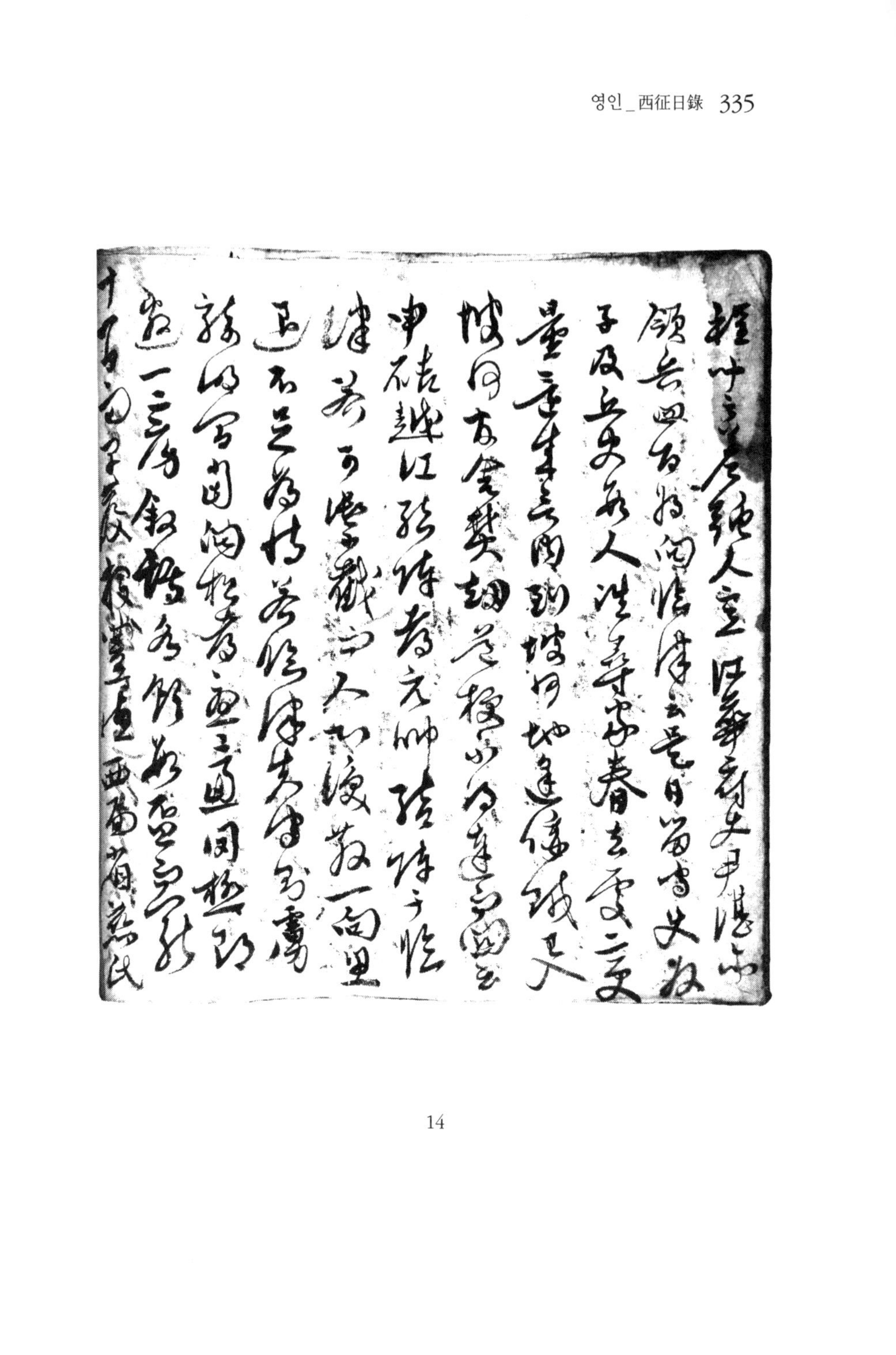

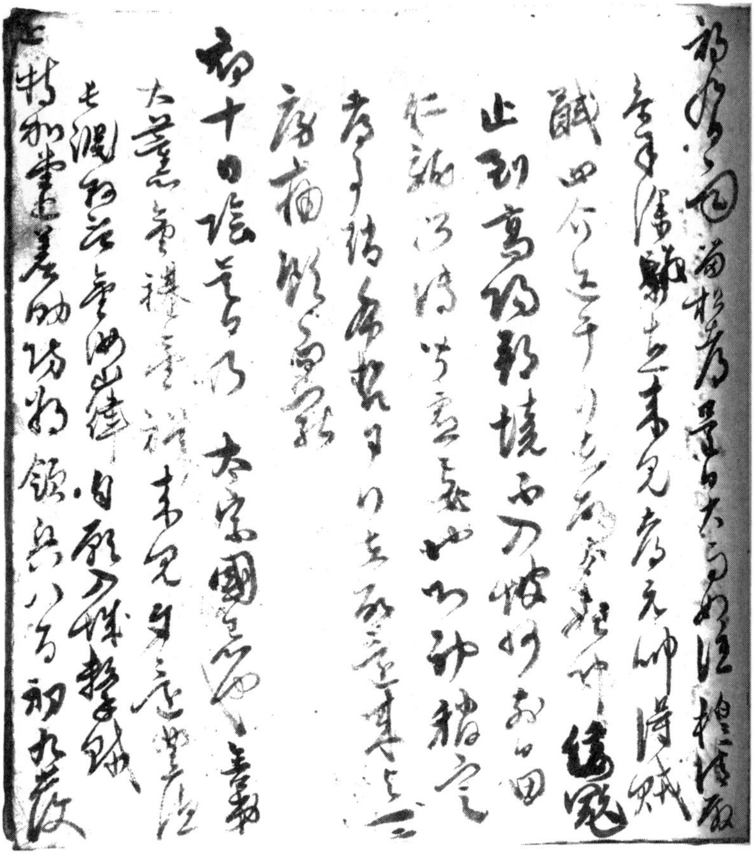

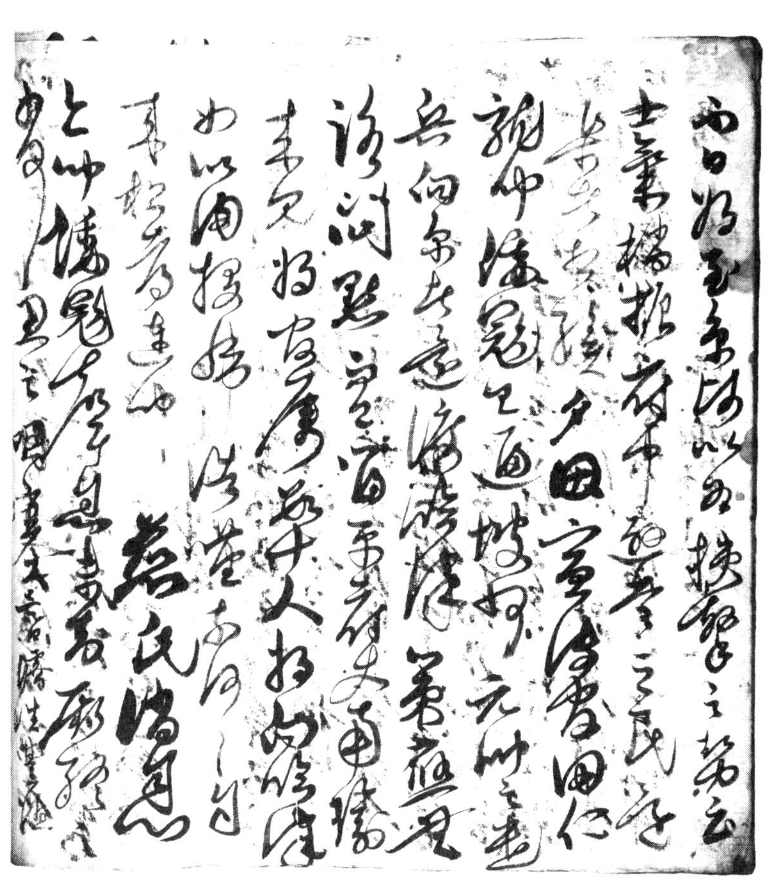

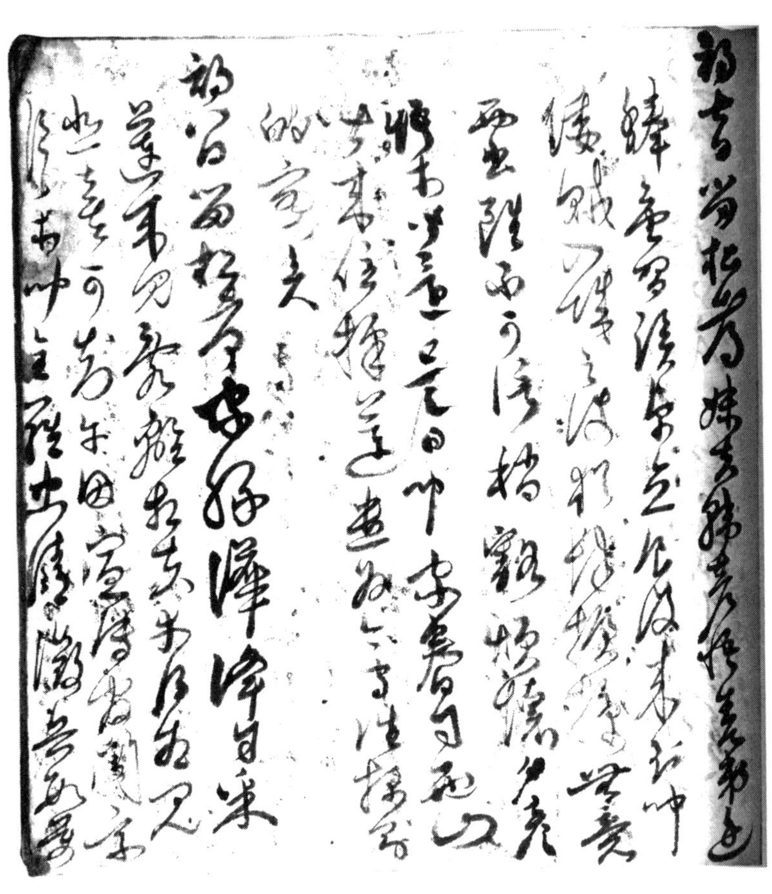

11

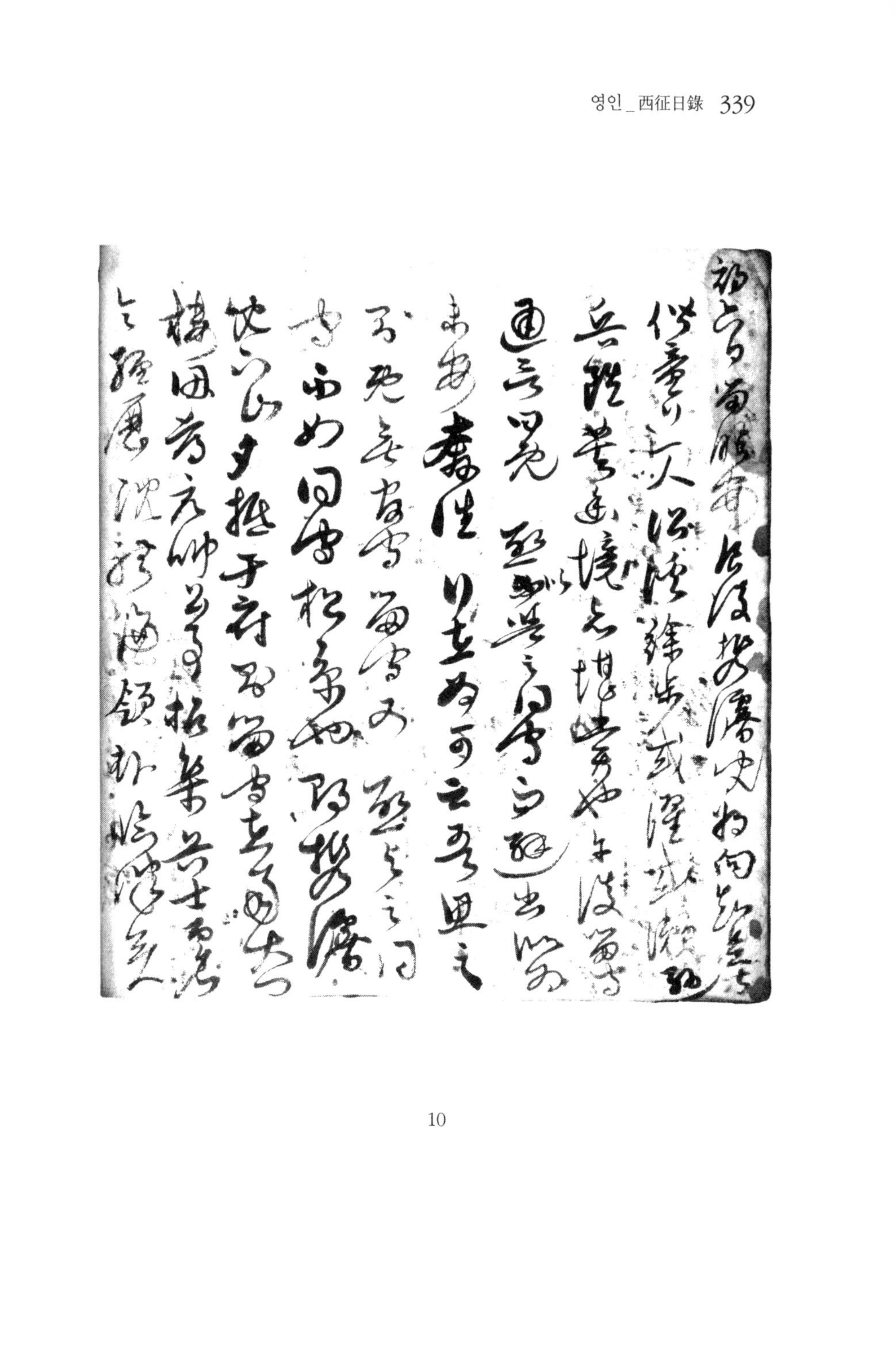

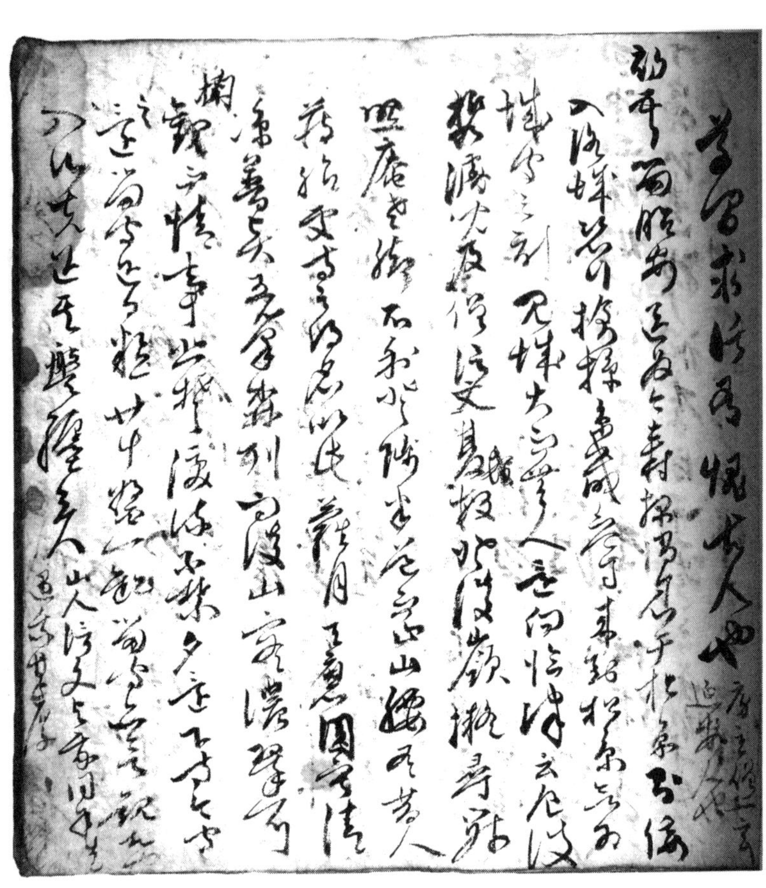

9

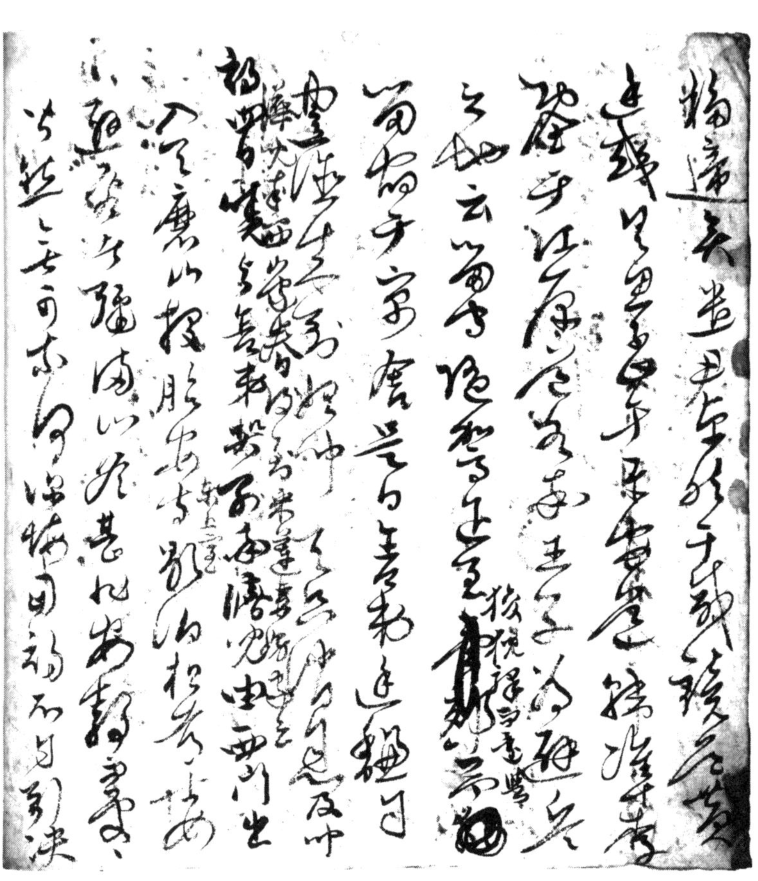

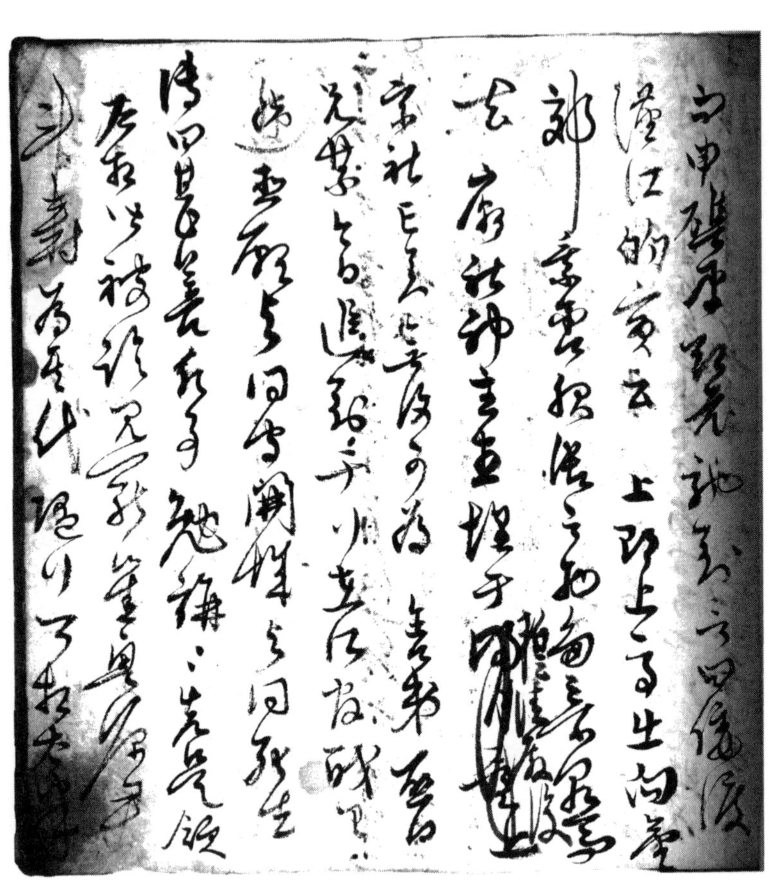

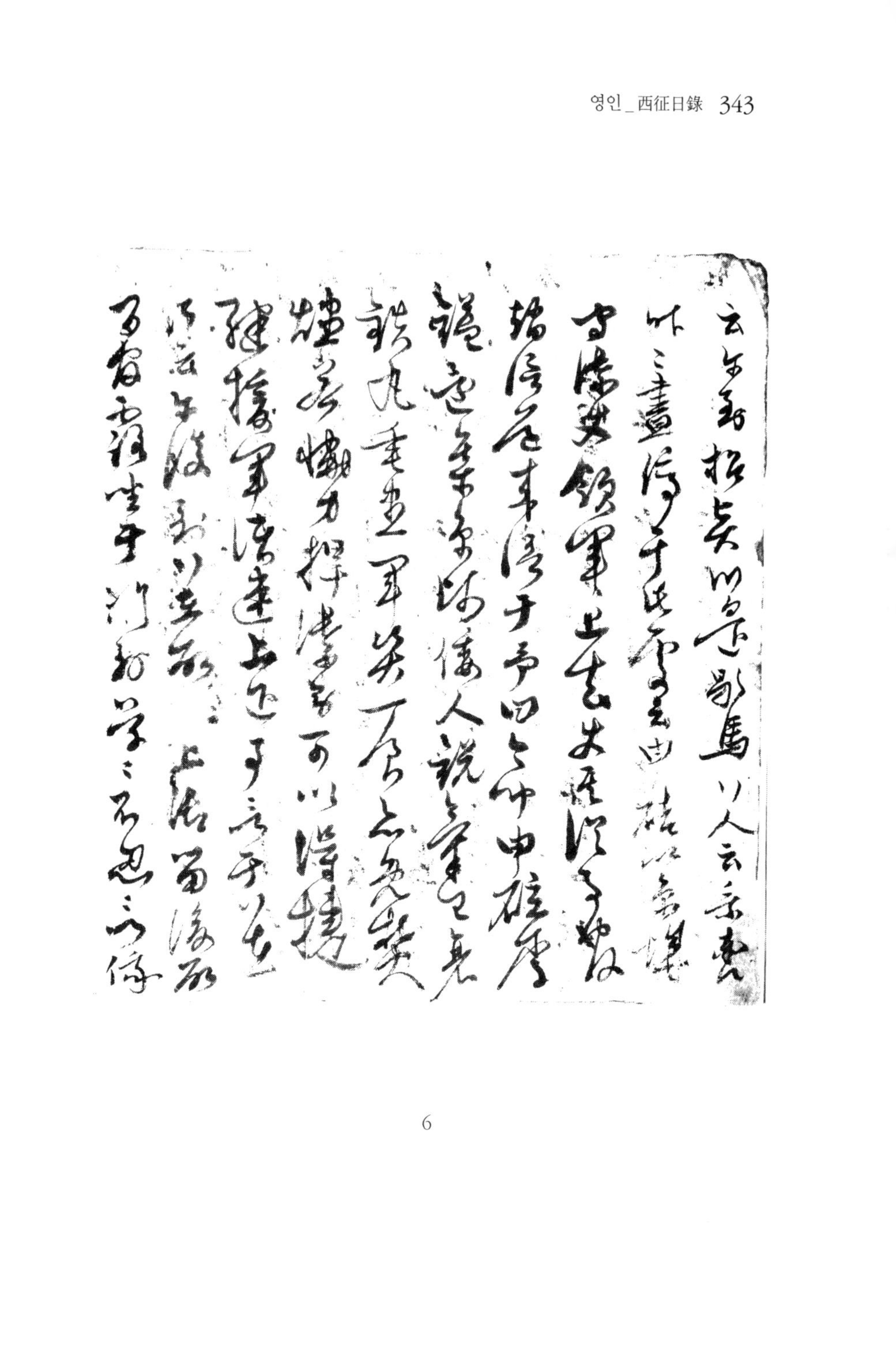

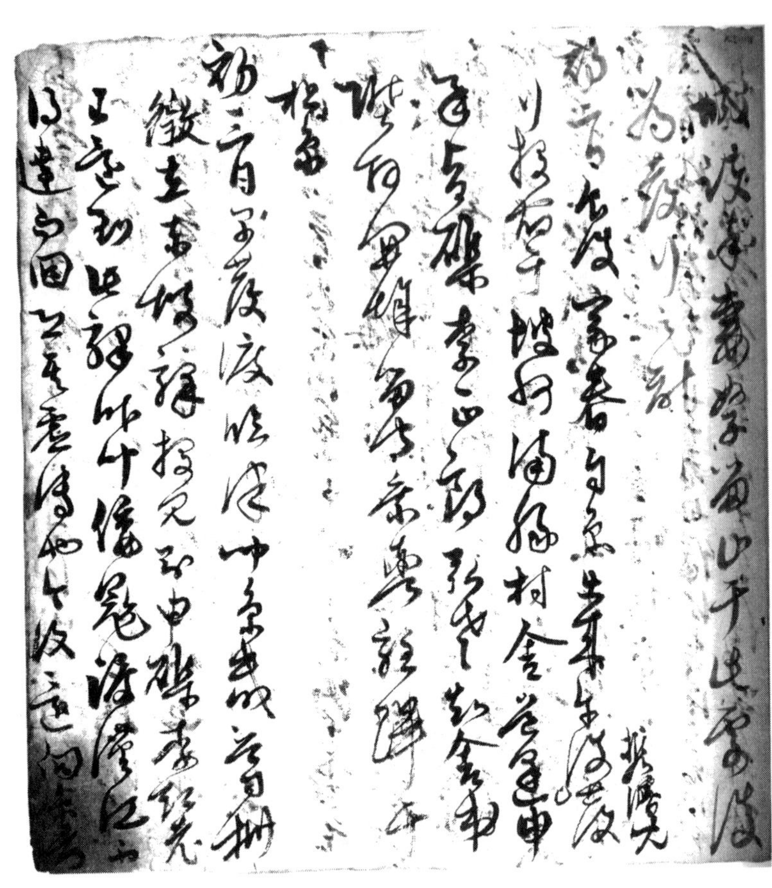

5

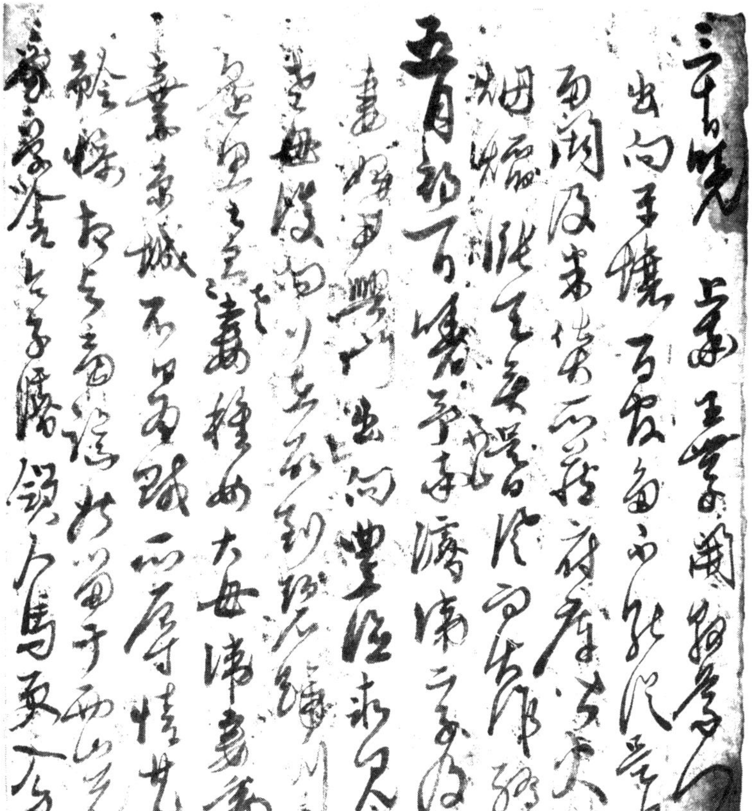

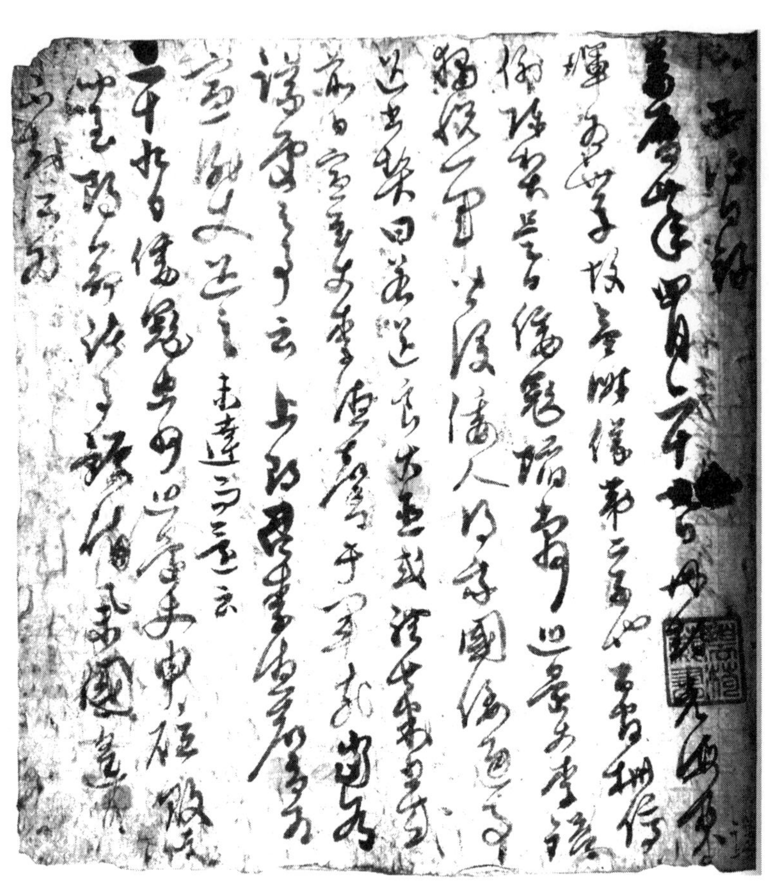

1

| 영인자료 |

서정일록

西征日錄

『《西征日錄》 附 退憂詩』, 1973 再裝, 플러스예감, 2006.

여기서부터 영인본을 인쇄한 부분입니다. 이 부분부터 보시기 바랍니다.

역주자 **신해진(申海鎭)**

경북 의성 출생
고려대학교 국어국문학과 및 동대학원 석·박사과정 졸업(문학박사)
전남대학교 제23회 용봉학술상(2019) ; 제25회·제26회 용봉학술특별상(2021·2022)
현재 전남대학교 인문대학 국어국문학과 교수

저역서 『농포 정문부 진사장계』(보고사, 2022), 『약포 정탁 피난행록(상·하)』(보고사, 2022),
『중호 윤탁연 북관일기(상·하)』(보고사, 2022), 『취사 이여빈 용사록』(보고사, 2022),
『양건당 황대중 임진창의격왜일기』(보고사, 2022)
『농아당 박홍장 병신동사록』(보고사, 2022), 『청허재 손엽 용사일기』(보고사, 2022)
『추포 황신 일본왕환일기』(보고사, 2022), 『청강 조수성 병자거의일기』(보고사, 2021)
『만휴 황귀성 난중기사』(보고사, 2021), 『월파 류팽로 임진창의일기』(보고사, 2021)
『검간 임진일기』(보고사, 2021), 『검간 임진일기 자료집성』(보고사, 2021)
『가휴 진사일기』(보고사, 2021), 『성재 용사실기』(보고사, 2021)
『지헌 임진일록』(보고사, 2021), 『양대박 창의 종군일기』(보고사, 2021)
『선양정 진사일기』(보고사, 2020), 『북천일록』(보고사, 2020),
『괘일록』(보고사, 2020), 『토역일기』(보고사, 2020)
『후금 요양성 정탐서』(보고사, 2020), 『북행일기』(보고사, 2020)
『심행일기』(보고사, 2020), 『요해단충록 (1)~(8)』(보고사, 2019, 2020)
『무요부초건주이추왕고소략』(역락, 2018), 『건주기정도기』(보고사, 2017)
이외 다수의 저역서와 논문

사류재 이정암 서정일록
四留齋 李廷馣 西征日錄

2023년 3월 6일 초판 1쇄 펴냄

원저자 이정암
역주자 신해진
펴낸이 김흥국
펴낸곳 도서출판 보고사

책임편집 이경민
표지디자인 김규범

등록 1990년 12월 13일 제6-0429호
주소 경기도 파주시 회동길 337-15 보고사 2층
전화 031-955-9797(대표)
팩스 02-922-6990
메일 bogosabooks@naver.com
http://www.bogosabooks.co.kr

ISBN 979-11-6587-448-3 93910

정가 25,000원